SOCIAL PROBLEM SOLVING AND
LIVING LAB

사회문제 해결과
리빙랩

성지은 · 정병걸 · 송위진 · 박희제 · 김명심 · 김민수 지음

도서출판 홍릉

사회문제 해결과

리빙랩

인　쇄 : 2023년 8월 10일 초판 1쇄
발　행 : 2023년 8월 25일 초판 1쇄

지은이 : 성지은 · 정병걸 · 송위진 · 박희제 · 김명심 · 김민수
발행인 : 송 준
발행처 : 도서출판 홍릉
주　소 : 01093 서울시 강북구 인수봉로 50길 10
등　록 : 1976년 10월 21일 제5-66호

전　화 : 02-999-2274~5, 903-7037
팩　스 : 02-905-6729
e-mail : hongpub@hongpub.co.kr
http://www.hongpub.co.kr
ISBN : 979-11-5600-118-8(93300)

정　가 : 19,000원

서문

사회문제 해결형 혁신이나 리빙랩은 더 이상 낯설지 않은 용어다. 하지만 리빙랩에 대한 정의가 수십 개에 이르듯 리빙랩 활동을 하나의 의미로 규정지을 수는 없다. 그럼에도 리빙랩을 활용하는 활동이나 사업이 크게 증가하고 있으며, 사회문제 해결형 연구개발사업은 리빙랩을 활용하여 사회문제 해결을 시도하는 대표적인 사업이다.

현재 우리가 겪고 있는 사회문제는 대부분 정부나 시장에 속하는 단일 집단이나 행위자의 노력만으로 해결할 수 없는 복잡한 것들이다. 따라서 부문과 영역을 넘어서는 초부문, 다행위자의 협력이 반드시 필요하다는 인식이 나타나고 있다. 이런 맥락에서 사회문제 해결형 혁신사업이 리빙랩을 핵심방법론으로 선택한 것은 어쩌면 불가피하고 자연스러운 귀결이라고 할 수 있다. 리빙랩의 핵심은 공동창조이며 공동창조는 사용자를 포함한 여러 부문과 영역의 행위자나 집단의 참여와 협력을 전제하기 때문이다. 따라서 리빙랩과 리빙랩을 핵심 방법론으로 하는 사회문제 해결형 혁신의 논거와 성과, 한계 등을 이해하기 위해서는 부문과 영역을 넘어서는 협력과 시민, 전문가, 관료와 같은 공동창조의 주체를 중심으로 살펴볼 필요가 있다.

이 책은 공동창조의 주체인 시민과 시민을 대표하는 시민사회조직이나 사회적경제조직, 전문성을 대표하는 연구자와 대학의 전문가들, 정부를 대표하는 행정조직과 관료 등의 행위자를 중심으로 사회문제 해결형 혁신사업과 리빙랩을 살펴본다. 이 책에는 이론적 논의와 경험적 사례분석까지 다양한 내용이 포함되어 있다. 사회문제 해결을 위한 사회혁신에서 왜 리빙랩이 필요하고 유용한 지를 이해하고 리빙랩을 실행하는데 도움이 되기를 기대한다.

이 책은 3부로 구성되어 있다. 제1부에서는 사회문제 해결형 혁신과 리빙랩의 의미와 함께 사회문제 해결형 연구개발사업의 진화와 리빙랩의 활용에 대해 다룬다. 1장에서는 사회문제 해결형 연구개발의 논거가 되는 과학기술혁신 담론들을 검토하고, 시민과 함께하는 과학기술혁신(Innovation with people) 관점을 중심으로 전문가와 시민의 협업, 시스템 전환 관점의 도입, 과학기술혁신정책의 재정립과 같은 사회문제 해결형 과학기술혁신정책의 변화 방향에 대해 논의한다. 2장은 사회문제 해결을 위한 사회혁신의 장이자 도구로서 리빙랩의 활용과 그 과정에서 나타날 수 있는 문제들에 대해 논의한다. 3장에서는 리빙랩의 확산 계기라고 할 수 있는 사회문제 해결형 연구개발사업이 어떤 과정을 거쳐 진화해 왔는지에 대해서 살펴본다.

제2부에서는 리빙랩이 핵심인 사회문제 해결형 연구개발사업에서 전문가 조직의 역할과 특성에 대해 살펴본다. 4장은 사회문제 해결형 연구개발사업이 어떻게 수행되며 기존의 연구개발사업과 어떤 차이가 있는지를 전문가집단의 역할을 중심으로 살펴본다. 5장은 리빙랩의 주요 행위자로서 대학과 대학에서의 리빙랩 활동과 의미에 대해 논의한다. 국내외 사례를 비교함으로써 대학의 리빙랩 활동 양상과 의의가 무엇인지를 살펴본다. 6장은 사회문제 해결형 연구개발사업이라는 새로운 상황에서 과학기술자의 역할과 이에 대한 과학기술자의 인식을 살펴본다. 기존의 연구개발사업과 대조되는 리빙랩 활용 상황에서 과학기술자들의 경험과 인식을 분석하고 이를 바탕으로 사회문제 해결형 연구개발의 발전을 위한 정책적 시사점을 제시한다.

제3부에서는 기존의 과학기술혁신에서는 관찰 대상 정도였지만 리빙랩에서는 공동창조의 주체인 시민 등 사용자집단의 구성과 역할, 중요성과 한계 등을 살펴본다. 7장은 리빙랩의 성과를 좌우하는 최종사용자집단의 구성과 역할에 대해 논의한다. 대표적인 최종사용자집단인 스스로해결단과 마을연구원 사례를 분석하고 최종사용자집단의 구성과 운영 방식에 대해 살펴본다. 이를 바탕으로 리빙랩 최종사용자집단의 효과적 구성과 운영을 위해 고려해야할 사항이 무엇인지를 살펴본다. 8장은 리빙랩의 핵심 주체로 시민성을 대표하는 시민사회조직의 역할과 과제에 대해 논의한다. 사회문제 해결형 연구개발사업에서 사회적경제조직의 역할과 경험을 살펴보고, 사회적경제조직이 혁신 주체로서의 역할을 수행하는데 필요한 조건에 대해 논의한다. 9장은 리빙랩 활동에 혁신 주체로 참여하는 관료의 역할에 대해 논의한다. 치

안문제 해결을 위한 리빙랩인 폴리스랩 사례를 분석하고 리빙랩 혁신의 일선 관료의 역할을 살펴본다. 나아가 리빙랩을 활용한 행정혁신의 가능성과 제약요인에 대해서도 살펴본다.

이 책은 지금까지 축적된 사회문제 해결형 연구개발과 리빙랩에 대한 논의와 경험을 정리한 결과물로, 이 책에 실린 논문은 모두 학술지에 이미 게재되었던 것으로 책의 목적에 맞게 일부 내용을 수정, 보완했다.

이 책이 리빙랩에 대한 모든 논의를 다루고 있는 것은 아니지만 핵심 주체와 논제를 대부분 포함하고 있다는 점에서 전환적 관점의 사회혁신과 지속가능성을 담보하는 과학기술혁신에 기여하는 계기가 되었으면 한다. 원고를 작성한 필자들과 원고 정리에 도움을 준 모든 이들과 출간을 허락해준 학술지 관계자 여러분께 감사의 말씀을 드린다.

필자들을 대표해서

성지은, 정병걸

2023년 7월

차례

제1부 사회문제 해결과 리빙랩

제2부 전문가 조직과 리빙랩

제3부 시민 · 사용자와 리빙랩

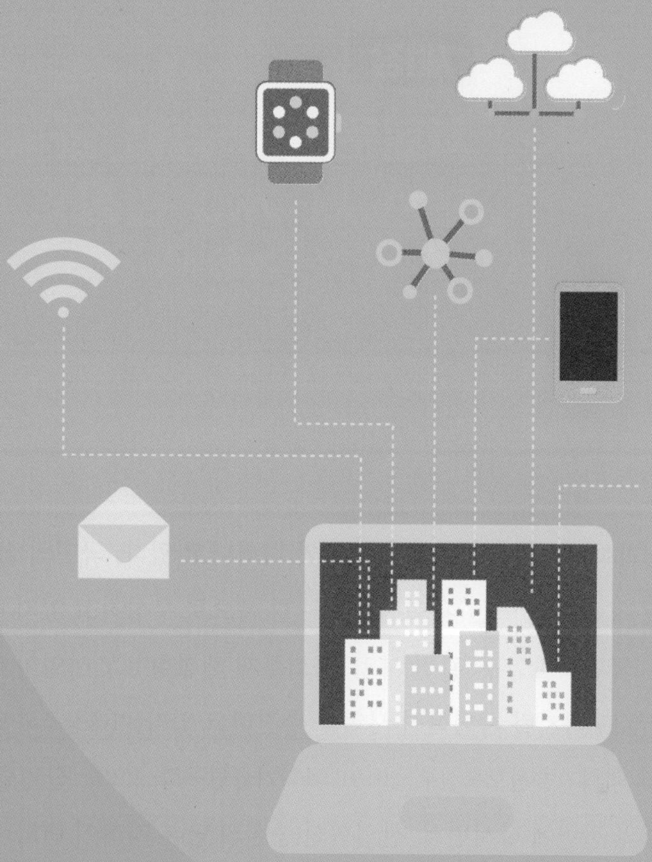

제1부

사회문제 해결과 리빙랩

제1장

사회문제 해결형 과학기술혁신을 보는 세 가지 관점

송위진

우리나라 과학기술혁신정책에 큰 변화가 나타나고 있다. 국민의 삶의 질 향상을 목표로 하는 '**사회문제 해결형 혁신**'이 혁신정책의 한 축으로 부상하고 있기 때문이다. 과학기술정보통신부의 '국민생활연구' 관련 사업, 사회문제 해결형 ICT 사업이 빠르게 발전하고 있으며 행정안전부도 디지털 사회혁신 사업을 추진하고 있다(미래창조과학부·한국과학기술기획평가원, 2016; 과학기술정보통신부, 2018a; 과학기술연구회, 2018). 산업발전과 함께 사회문제 해결이 정책의 전면에 나서면서, 산업혁신 중심의 담론 지형이 변화하고 있다. 과학기술계나 산업계의 눈이 아니라 국민과 시민사회의 눈으로 과학기술혁신정책을 보는 관점이 등장한 것이다(송위진·성지은, 2013b; 송위진 외, 2018).

그러나 현재의 담론 지형에서 사회문제를 해결하는 과학기술혁신을 보는 관점은 하나가 아니다. 소속 집단에 따라 혁신을 보는 시각이 다양하기 때문에 전통적 프레임의 연장선에서 사회문제 해결형 혁신을 바라보는 관점들과 새로운 관점들이 공존하고 있다. 이에 따라 사회문제 해결이 과학기술의 주요 활동인지가[1] 아니라 사회문제 해결형 과학기술혁신

1) 전통적인 접근은 과학기술을 통해 사회적 차원의 문제를 과연 해결할 수 있는가라는 질문을 하면서 사회문제는 제도적 접근을 통해 해결해야 한다고 주장한다. 나아가 사회문제 해결형 과학기술혁신은 연구개발 활동의 영역이 아니며, 사회문제 해결은 행정이 기술을 활용해서 풀어야 할 일이라고 본다. 최근 이런 시각에 변화가 나타나고 있지만 여전히 많은 사람이 이런 입장을 취하고 있다.

을 어떻게 수행해야 하는지가 초점이 되고 있다. 이런 현상은 관점별로 과학기술활동의 특성과 가치에 대한 이해나 이해관계자들이 형성해 온 네트워크가 다르기 때문에 나타난 것이다. 이에 따라 사회문제 해결을 위한 과학기술혁신을 이야기하고 있지만 지향점이나 추진방식이 다른 여러 관점이 병렬적으로 논의되고 있다.

관점 1

R&SD(research and solution development) 기획과정에 전문가 참여를 확대해야 한다. 국민생활 문제를 선정하는데 최종 수요자인 국민을 포함시키는 것은 문제를 본질적으로 이해하는데 많은 도움이 될 것이다. 하지만, 조직화된 시민사회 지역단체는 매우 다양하며 특정 분야와 지역에 편중된 목소리를 낼 경우, 오히려 갈등이 조장되거나 또 다른 문제를 야기시킬 수 있다. 그동안 온오프라인을 통한 무차별 의견 개진과 집단지성이라는 이름하에 왜곡된 솔루션이 채택됐던 부정적인 사례들을 반면교사로 삼아야 한다(임명환, 2018.6.8).

관점 2

(건너유 리빙랩 프로젝트를 통해) "일상의 문제를 해결하는 데 있어 행정에만 의지하지 않고 시민의 자발성과 집단지성을 활용해 해결할 수 있다는 것을 보여주고 싶었다"며 실험을 추진했던 이유를 설명했다. 또한 "오픈소스 운동으로 누구나 ICT를 활용할 수 있게 되면서 기술을 가진 개인 간 호혜적 네트워크가 사회 발전의 새로운 모멘텀이 되리라는 확신이 있었다"고 덧붙였다(서울혁신파크 리빙랩, 2017: 9).

관점 3

국민생활연구는 과학기술자와 기업의 시선이 아니라 시민의 관점에서 과학기술 활동을 바라본다. … 시민은 과학기술 활동의 대상이 아니라 주체로 호명된다. 과학기술자들과 현장에 있는 사용자들이 협업을 통해 문제를 구체화하고 대안을 검토하는 활동이 필요하기 때문이다. 이를 위해 과학기술활동을 수행하는 과정에서 새로운 소통채널과 네트워크가 필요하며 문제 해결에 동참하는 '공공성을 지닌 조직화된 사용자 그룹'이 결합돼야 한다(송위진, 2017.11.1).

이 글에서는 현재 우리 사회에서 사회문제 해결을 지향하는 과학기술혁신 담론들의 내용을 검토한다. 각 담론이 어떤 전제와 논리를 가지고 있고 한계는 무엇인지를 살펴볼 것이다. 그리고 이를 바탕으로 사회문제 해결형 혁신정책이 향후 혁신정책의 주요 흐름으로 자리 잡기 위해 필요한 것이 무엇인지를 제시하고자 한다. 이는 빠르게 발전하고 있는 사회문제 해결형 혁신정책을 체계화하고 주류화하는 데 도움을 줄 수 있을 것이다.

이를 위해 현재 논의되고 있는 사회문제 해결형 혁신에 대한 담론을 과학기술혁신과정에서 전문가와 시민사회가 형성하는 관계에 따라 1) 전문가 중심 관점, 2) 시민 중심 관점, 3) 전문가-시민의 협업적 관점으로 나누어 논의한다. 이를 사회문제 해결의 핵심 주체인 시민이 혁신활동에 관여하는 방식에 따라 유형화하면[2)] **시민을 위한 과학기술혁신**(Innovation for people), **시민에 의한 과학기술혁신**(Innovation by people), **시민과 함께하는 과학기술혁신**(Innovation with people)이라고 표현할 수 있다. 이는 현재 사회문제 해결형 과학기술혁신을 둘러싼 논쟁의 지형을 정리하는 데 매우 유용하다. 사회문제 해결형 연구개발에 관여하는 전통적인 전문가 집단, 시민사회조직, 혁신적 전문가・시민사회조직의 입

2) 이 세 가지 유형화는 리빙랩의 특성을 묘사하기 위해 제시된 개념이다. 이 글에서는 이 아이디어를 확장시켜 정책 차원에서 논의를 한다. Schuurman의 리빙랩 관련 발표자료(2017)에서 이런 분류가 이루어지고 있다. 필자가 참여했던 사회문제 해결을 위한 과학기술 관련 위원회와 네트워크에서의 경험을 돌이켜 보면 이 분류는 우리나라의 담론 지형에서도 유효하다.

장과 각각 대응되기 때문이다.[3)]

이 글에서는 3개의 관점을 정리한 후 이들의 내용을 종합해서 사회문제 해결형 과학기술혁신정책의 발전방향을 검토한다. 따라서 이 글은 사회문제 해결형 과학기술혁신정책 담론에 대한 '비판적 검토'라고 할 수 있다.

3) 거칠게 정리하면 한국과학기술인단체총연합회과 같은 전통적인 과학기술자 단체나 출연연구기관・대학과 같은 연구조직은 시민을 위한, 사회혁신을 지향하는 시민단체나 사회혁신파크 같은 풀뿌리 기관들은 시민에 의한, 사회문제 해결형 정책을 담당하고 있는 공무원이나 정책연구자들은 시민과 함께하는 혁신을 지향하고 있다.

1 전문가 중심의 관점: 시민을 위한 과학기술혁신

1) 특성

전문가 중심의 관점은 사회문제 해결형 연구개발을 '전통적인 임무지향적 관점'에서 논의한다. 전문가와 관료가 중심이 되어 문제 원인을 밝히고 이에 대응하는 과학기술혁신을 통해 문제를 해결할 수 있다고 본다. 우리 사회의 핵심적 이슈인 기후위기, 감염병, 안전문제 등과 같은 국가적·국제적 수준의 사회적 난제를 전문성을 바탕으로 해결하거나 완화시킬 수 있다는 것이다.

이 관점은 사회적 도전과제 해결을 위해서 국방연구처럼 주어진 임무를 달성하는 연구개발이 필요하다고 본다. 연구를 위한 연구, 산업화를 위한 연구를 넘어 국가적 차원의 문제해결을 위해 과학기술지식을 창출하고 적용하는 목표지향적 연구가 필요하다는 것이다(이명호, 2017). 이런 접근에서는 관료와 과학기술 전문가가 객관적 관점에서 국가적 차원의 문제를 정의하고 해결해야 한다는 점을 강조한다. 과학기술 전문가가 중립적 관점에서 문제를 재정의하고 해결하기 위한 대안을 찾는 것이다.

전통적 임무지향적 연구개발 프로그램은 기술적 목표를 달성하는 데 초점을 맞춘다. 또 목표는 명확하게 정의될 수 있다고 본다. 임무지향적 프로그램의 대표적 사례인 아폴로 프로젝트는 인간을 달에 보낸다는 기술적이고 명료한 목표를 달성하는 사업이었다. 이러한 유형의 사업은 기술적으로는 고난도의 사업이고 다른 과학기술분야와 협업이 필요하지만 이해당사자의 사회적 갈등은 상대적으로 적다.[4)]

4) 최근에 논의되고 있는 신 임무지향적 혁신프로그램(New Mission-oriented Program)은 이런 전문가주의를 비판하면서 문제 정의와 해결과정에서 시민사회 및 이해당사자의 참여를 강조하고 있다. 한국의 경우 산업정책의 전통이 강해서 신 임무지향적 프로그램을 전통적인 임무지향적 프로그램으로 해석해서 수용하는 상황이 나타나고 있다(Mazzucato, 2020).

이 때문에 전문가 중심의 관점은 사회문제 해결을 지향하고 있지만 문제 정의 및 해결 과정은 사회적이지 않을 수 있다. 해결해야할 사회문제의 구체적인 내용은 전문가나 테크노크라트가 정의하고 대안도 전문가들의 논의를 거쳐 결정될 가능성이 높다. 그리고 문제와 대안을 도출하는 과정도 '전략기획'을 통해 하향식으로 전개되는 경향이 나타난다. 따라서 여러 집단의 이해관계가 부딪히는 상황에서 객관성을 가지고 문제를 효율적으로 풀어내는 방법으로서의 이점은 있다.[5)]

전문가 중심의 관점은 다양한 방식으로 나타나고 있다. 스마트시티를 구현하는 기술개발 프로그램은 그 한 사례이다. 기존 U-city 사업이 기술시스템 공급 중심의 접근이라는 비판을 받으면서 도시문제 해결에 초점을 맞춘 스마트시티 사업들이 진행되고 있다. 그러나 많은 사업이 여전히 전문가 중심으로 문제를 정의하고 시스템을 구축하는 방식으로 진행되고 있다. 문제 상황에 대한 정확한 이해나 사용자인 시민들의 참여와 협업과정에 대한 설계가 충분히 검토되지 않은 채 기존 기술시스템의 확장 속에서 논의되고[6)] 세계은행에서 시민주도형 혁신(Citizen-driven Innovation)이라는 개념을 제시하면서 사용자인 시민의 주도성을 강조하고 있지만(World Bank, 2015) 기존의 관성이 ICT 시스템 구축에 있기 때문에 방향을 바꾸기는 쉽지 않다.

같은 맥락에서 시·산·학 복합체를 주장하면서 도시문제 해결과 연구개발을 연계시키려는 논의도 있다(이명호, 2017). 군·산·학 복합체를 중심으로 진행되는 국방연구의 프레임을 도입해서, 도시가 문제해결과 관련된 수요를 창출하고 이를 충족시키는 연구개발 활동을 통해 문제해결과 새로운 산업 형성이 동시에 이루어질 수 있다는 주장을 하고 있다.

이런 논의는 사회문제 해결을 담당하는 지원조직으로 DARPA(Defense Advanced Research

---

5) 이런 면에서 전문가 중심적 관점을 기술해결주의(technological solutionism)으로 비판하기도 한다(Morozov, 2014).

6) 이런 상황은 결국 스마트시티 관련 서비스와 정보가 특정 기업과 조직에 독점되는 결과를 초래할 것이라고 비판하는 논의도 있다(이광석, 2017).

Projects Agency) 같은 틀이 필요하다고 주장한다. 전문가와 테크노크라트가 모여 전문성을 바탕으로 치밀한 전략기획을 통해 해결할 사회문제를 정의하고 이것을 해결하는 기술적 대안을 찾는 방식을 강조하고 있다. 문제 인식이나 조직설계 등에 익숙하지 않은 현장 연구자가 아니라 기획전문조직이 문제를 정의하고 해결하는 연구시스템을 조직하는 방식을 주장하고 있는 것이다(이명호, 2017).

2) 논평

사회문제 해결형 연구개발에 대한 전문가 중심의 관점은 과학기술계, 산업계를 위한 과학기술을 넘어 '시민을 위한 과학기술', 수요에 기반한 연구개발을 주장한다. 사회적 목표 달성을 위해 과학기술계가 나서야 한다고 주장하는 점에서 산업발전과 연구의 수월성을 지향하는 기존의 국가연구개발사업에서 한 단계 더 나아간 입장이다.

하지만 여전히 선형적 혁신모델에서 벗어나지 못하고, 전문가와 테크노크라트가 문제를 정의하고 대안을 찾아나가는 일종의 확장된 선형모델의 틀을 유지하고 있다. 전문가에 의한 문제 정의, 수요 발굴이 기술기획의 앞단에 위치하는 것이다.

따라서 사회문제 해결형 연구개발에 참여하는 주요 주체는 기술공급부처, 기술사용부처 그리고 각 부처 업무와 관련된 공공기관이나 공기업 등이다. 정부부처나 공공기관이 중요하다고 인식하는 문제가 정책대상인 사회문제가 된다. 문제가 발생하는 사회 현장과의 직접적 상호작용도 약하다. 사회문제 해결 활동을 수행하는 민간 영역의 비영리조직, 시민사회조직, 사회적 기업은 개발된 기술을 수동적으로 사용하는 주체로 인식된다.

그러나 사회문제 해결 활동은 포스트노멀한(post normal) 문제를 다루는 경우가 많다. 이해당사자에 따라 문제를 다르게 보며 문제가 애매하고 복잡한 경우가 많다(현재환 · 홍성욱, 2012; 김효민 외, 2016). 따라서 문제와 대안도 명료하게 정의될 수 없다. 사회문제 해결과정에서 이해충돌과 갈등을 피할 수 없으며 숙의를 통해 합의를 이끌어 내는 과정이 필요한 경우가 많다. 한편 문제가 정의된다 하더라도 기술이 현장에 구현되는 과정에서는 많은 시행착오가 발생하고 협상과 타협이 필요하다. 문제가 복잡하고 애매하기 때문에 가설을 가지고 다양한 실험을 반복해야 한다. 우리가 경험하고 있는 기후위기, 감염병, 안전 문제는 대부분 이런 성격을 지니고 있다. 따라서 전문가가 문제를 분석하고 전략기획을 통해 대안을 도출하고 평가하는 방식은 사회문제 해결과정에는 적합하지 않을 수도 있다.

한편 사회문제 해결을 위해서는 기술뿐 아니라 관련 제도, 생활방식, 사회관계도 같이 변해야 한다. 예를 들어 기후변화나 에너지 고갈에 대응하기 위한 에너지 문제 해결활동은 재생에너지기술개발・확산만으로는 이루어질 수 없다. 에너지 수요관리 제도, 에너지 사용 방식의 변화 등 사회적 요소들이 동시에 변화해야 한다. 이 때문에 기후변화나 미세먼지 대응 사업이 아폴로 프로젝트보다 오히려 더 어렵다고 이야기되기도 한다. 따라서 사회문제 해결과정은 기술혁신을 넘어 사회도 변화하는 '사회・기술혁신(socio-technical innovation)'인 경우가 많다. 사회문제 해결을 위해서는 기술적 요소와 사회적 요소의 동시적 변화가 필요하기 때문이다(Geels, 2004).

이런 이유로 새로운 관점에서 임무지향적 접근을 주장하면서 시민사회의 참여와 실험을 통한 대응 방안 개발이 필요하다는 주장도 나오고 있다(Mazzucato, 2018). 전략적 문제해결을 위해 임무지향성을 강조하고 있지만 사회적 도전과제 대응을 위해서는 새로운 방식이 필요하다는 것이다.

2 시민 중심의 관점: 시민에 의한 과학기술혁신

1) 특성

시민 중심의 관점은 사회문제 해결을 위해 시민이 주체가 되어 문제를 정의하고 해결하는 혁신활동을 주장한다. 여기서 시민은 대중(mass)이 아니라 공공적 문제해결에 참여할 수 있는 권리와 의무, 능력을 가지고 있는 주체를 말한다. 사회문제 해결에 관심이 있고 그것에 대한 지식・정보・경험이 있는 사람들(informed citizen)을 지칭한다.

시민 중심의 관점은 전문가가 사회문제를 정의하고 대안을 제시하는 전문가 중심의 접근을 비판하면서 사용자 주도성을 강조한다. 이 관점은 그 동안 과학기술 활동에서 배제되어 있던 일반 시민을 과학기술혁신의 주체로 호명하고 실질적인 문제 해결에 참여하도록 한다. 문제를 정의하고 대안을 구축하는 것을 현장 시민 중심으로 진행해야 한다고 말한다. 시민에 의한 혁신(innovation by people)을 주장하는 것이다(김효민 외, 2016; 현재환・홍성욱, 2012; 이영희, 2002).

이 관점에서는 우선 전문 연구기관의 과학기술활동이 현장지향성・문제지향성・사회지향성이 부족하다고 지적한다. 따라서 지역의 문제를 외면하고 국제적 수준의 활동이나 산업 발전에만 초점을 맞추는 연구기관・대학・기업의 혁신활동에 대해서도 비판적이다. 또 공공자금이 투입되는 활동임에도 시민의 삶의 질을 높이는 것보다는 연구자의 자기만족적인 연구활동이나 이윤을 추구하는 기업을 위한 연구개발 활동에만 초점을 두고 있다고 비판한다(한재각・장영배, 2009; Hess, 2007). 또 전문조직이 사회지향성을 강화해서 사회문제 해결을 위한 연구개발을 수행해도 현실적으로 효과가 있을지에 대해서 의구심을 가지고 있다. 그리고 거대기업이나 국가가 주도하면 사회문제 해결형 혁신활동이 기존 주류 조직에 포획될 수 있다는 경계심도 지니고 있다(이광석, 2017).

이로 인해 시민 중심의 관점에서는 제도화된 과학기술 연구조직을 통해 문제해결 방안을 찾는 것보다 문제현장에 있는 시민들이 과학기술지식을 습득해서 대안을 구성해 나가는 방법을 선호한다. 전문조직과 협업을 통해 문제를 해결하기 보다는 자신들이 주체가 되어 기술지식을 획득하고 조직하는 활동을 수행한다. 주류 과학기술과 궤적이 다른 기술, 시민들이 쉽게 구현할 수 있는 기술을 선호한다(Smith et al, 2014). 또 기술개발 자체보다 기술의 효과적 활용을 통한 문제해결을 지향한다.

이 관점은 연구기관과 대학 중심의 연구개발 활동을 넘어 시민이 주도하는 풀뿌리 혁신(grassroots innovation), 팹랩(Fab Lab)과 같은 DIY 과학기술활동을 강조한다. 시민사회나 공동체가 중심이 되는 적정기술 운동도 같은 맥락에 서있다고 할 수 있다(Seyfang & Smith, 2007; Smith et al, 2014; 신현우・이광석, 2017).

디지털 사회혁신(digital social innovation) 관련 활동도 여기에 해당된다. 비즈니스 모델과 일하는 방식에 초점을 맞추는 '사회혁신'을 넘어 ICT 기술을 효과적으로 활용해서 사회의 다양한 문제 해결을 지향하는 디지털 사회혁신도 시민 중심의 문제해결을 지향한다. 이미 개발되어 쓰이고 있는 디지털 기술, 드론, 빅데이터 기술을 활용해서 우리 사회가 직면한 문제를 해결하는 것이다(김종선 외, 2016; 한국정보화진흥원・과학기술정보통신부, 2017).

2) 논평

이 관점은 사회문제 해결을 위한 혁신활동은 과학기술 전문가가 아니라 시민이 주도해야한다는 점을 강조한다. 그리고 현장의 문제해결 중심으로 혁신활동을 추진하면서 현장의 독특한 맥락에 맞는 기술개발을 선호한다. 기업과 연구기관의 기술은 집권화되고 자본집약적이기 때문에 사회혁신과 거리가 있는 것으로 파악해서 관계 맺기를 꺼린다. 기업과 국가의 기술은 사회혁신이 지향하는 분권화된 기술시스템과 다른 경로에 있는 것으로 보기 때문이다.

그렇지만 과학기술의 궤적은 어느 정도 유동적인데, 특히 초창기에는 더욱 유동적이다(Tushman & Rosenkopf, 1992; Utterback, 1994). 그리고 과학기술에는 이론 물리학에서부터 취약지역의 주거환경 개선을 위한 기술까지 매우 다양한 분야와 활동이 포함되어 있다. 기술은 유동적이고 다양하기 때문에 적절한 사회적 요구와 압력이 있거나 미래에 대한 공유된 전망이 있으면, 분권화되고 민주적인 형태로 진화할 수 있다(Hess, 2007; 2016; Geels, 2014). 전문조직의 과학기술활동을 피하기보다는 개입하고 그것을 활용하면서 새로운 궤적을 만들어갈 필요가 있다. 그러나 시민중심의 관점은 이런 전망이 약하다.

이 때문에 개발된 기술이 기존 인프라 및 제도・기술과 잘 맞지 않은 상황이 발생하는 경우가 많다. 예를 들어 시민 주도로 에너지 적정기술을 개발해도 관련 법・제도, 교육 프로그램, 국가연구개발, 보완 기술, 문화와 연결되지 않으면 다른 곳으로 확장하는데 어려움을 겪게 된다. 아이디어는 좋지만 국지적 맥락에서만 작동하는 자기만족적 대안은 사회 전체 차원의 문제해결에 큰 도움이 되지 않는다.

이런 관점은 현장 밀착성이 높지만 혁신의 규모 확대(scale-up)에는 소홀한 경향이 있다. 문제해결이 지역 차원에만 머문다면 그것은 국지적 혁신에 불과하다. 사회문제 해결을 위해서는 여러 곳에서 널리 쓰일 수 있는 대안과 기술이 필요하기 때문이다. 즉 국지적 문제해결에서 출발했지만 유사한 상황에 있는 국가적・국제적 수준의 문제해결과 연결되어야 하며 이를 위한 전략이 필요하다. 사회를 변화시키기려면 규모가 전제되어야 하기 때문이다(사회혁신팀, 2014).

최근 시민의 주도성을 강조하는 사회혁신론에서, 다양한 아이디어와 실험을 활성화하는 정책과 활동을 넘어 규모를 확대하고 시스템 전환과 연계하는 논의들(예: 전환적 사회혁신론)이 부각되는 것도 이런 성찰과 관계가 있다(홍덕화, 2018; 장훈교, 2017; Avelino et al, 2018).

3 전문가와 시민의 협업 관점: 시민과 함께하는 과학기술혁신

1) 특성

이 관점은 사회문제 해결과정에서 시민성과 전문성의 결합에 초점을 맞춘다. 앞서 논의한 전문가 중심의 관점, 시민 중심의 관점을 통합해 시민과 함께하는 혁신(innovation with people)을 지향한다. 전문가 중심의 관점이 가진 선형적 접근의 한계와 현장 니즈에 대한 이해 부족을 시민참여를 통해 극복하면서, 시민 중심의 관점이 갖는 국지성과 확장성의 한계를 연구기관이나 대학 같은 전문조직과의 협업을 통해 넘어서려고 한다(송위진 · 성지은, 2013b; 과학기술정보통신부, 2018a; 과학기술혁신본부, 2018).

이 관점에서는 시민과 함께하는 혁신모델 구현을 위해 **민 · 산 · 연 · 학 · 관**이 참여하는 거버넌스를 지향한다. 이를 통해 이해관계가 부딪히고 불확실성이 높은 문제와 해결책을 논의하게 된다. 포스트 노멀한 문제를 숙의를 통해 해결하는 접근을 취한다.

과학기술 전문가와 현장 시민의 협업을 통해 현장 지식, 국지적 지식이 추상적 지식, 보편적 지식과 결합되며, 전문조직들은 현장지를 확보하고 현장의 시민의 아이디어는 확장성을 가지게 된다. 그리고 이를 통해 노나까가 지적한 것처럼 나선형적 지식창조가 이루어지게 된다. 현장의 암묵지와 연구실의 형식지가 융합되면서 문제해결을 위한 새로운 지식을 창출하는 것이다. 지식창출과 확산의 측면에서도 앞의 두 모델보다도 창의적이고 영향력이 큰 기술적 대안을 형성할 수 있다(Nonaka, 1994).

최근 이런 **참여형 거버넌스 방식**으로 '**리빙랩**'이 많이 논의되고 있다. 시민사회-공공-산업의 파트너쉽에 기반한 사용자 주도형 혁신 방법론인 리빙랩은 그 동안 다른 세계에 살고 있던 주체들을 서로 연결시키고 상호신뢰를 향상시키는 기능을 하고 있다(성지은 외, 2017). 개방형 혁신 2.0(Open Innovation 2.0)과 관련된 논의도 같은 맥락에 있다(Samlelin,

2015). RRI(Responsible Research and Innovation)와 같은 연구방법론(Stilgoe et al, 2013), 초학제적 연구(Transdisciplinary Research), '검소한 혁신'도 유사한 접근이라 할 수 있다(송위진 외, 2018: 제3장, 임홍탁・송위진, 2017; Radjou & Prabhu, 2016). 리빙랩 방식을 활용하는 연구개발사업인 과기정통부의 사회문제 해결형 사업 등도 이러한 협업 방식으로 사회문제 해결을 위한 혁신활동을 수행하고 있다.[7)]

2) 논평

전문가와 시민의 협업을 강조하는 관점은 다른 세계에 살고 있던 과학기술 전문가와 시민을 연결시키려는 노력이라고 할 수 있다. 이 관점은 그 동안 시민의 니즈는 있으나 연구・개발되지 않은 '**수행되지 않은 과학기술**(undone science)'을 수행하게 하는 효과가 있다(한재각・장영배, 2009; Hess, 2007; 2016). 그 간 산업논리에 따라 운영되어온 연구개발 활동의 공공성과 사회적 역할을 강화하고 현장의 니즈를 제대로 반영하지 못했던 과학기술을 현장지향적으로 변화시키는 것이다. 새로운 실용화 방식도 제시할 수 있다. 시민의 아이디어로 문제를 해결했지만, 협업 방식은 국지적 차원에 그쳤던 문제해결 활동을 보편적 문제해결 활동으로 바꿔주는 역할도 한다. 전문가와의 협업을 통해 해결책을 좀 더 일반화된 모델로 발전시켜 보편적 적용가능성을 높이고 대안 확산을 위한 관련 법・제도의 개정도 꾀할 수 있기 때문이다.

이는 앞서 지적한 바와 같이 암묵지와 형식지, STI(Science, Technology and Innovation) 방식과 DUI(Doing, Using and Interacting) 방식의 혁신을 통합해서 새로운 지식을 창출하고 확산시키는 데에도 기여하게 된다(Lundvall, 2008; Isaksen and Nilsson, 2013; 송위진, 2017). 동시에 협업에 바탕을 둔 혁신으로 사회문제를 해결함으로써 전문가와 시민의 사회변화 능력도 향상(empowerment)시킬 수 있다. 과학기술 전문가는 자신의 전문적 활동을 통해서 사회

7) 국내에서 추진되고 있는 다양한 리빙랩 관련 사업에 대해서는 성지은 외(2017)를 참조할 것

가 변화하는 경험을, 시민은 과학기술활동 참여를 통해 세상을 변화시키는 경험을 얻을 수 있다.

전문성과 시민성이 결합되는 협업 모델은 많은 장점을 가지고 있지만 말처럼 쉽지 않다. 서로 다른 가치관과 지식체계를 가진 집단이 공동작업을 하기 위해서는 사전정지 작업과 하부구조가 필요하다. 서비스 디자인 등 서로 공유할 수 있는 문제 정의 방법론, 숙의가 효과적으로 이루어질 수 있는 의사결정 과정 등 새로운 의사소통 방법론이 필요하다. 그 외에도 전문가와 시민의 협업을 지원하는 인프라와 지원체제가 부족하면 여러 문제가 발생할 수 있다.

4 사회문제 해결형 과학기술혁신정책의 발전 방향

1) 협업 관점의 정립

각 관점은 사회문제 해결형 혁신활동을 주도해야 하는 주체가 다르다고 본다. 전문가 중심주의는 전문가인 공무원, 과학기술자, 기업을, 시민중심적 관점은 현장의 문제상황에 있는 시민을, 협업주의는 협업하는 양자를 핵심주체로 본다. 이는 과학기술자와 테크노크라트의 전문가주의, 시민사회의 사회운동적 성향, 공공부문에서 나타나고 있는 거버넌스 논의와 관련이 있다.

각 관점은 나름대로 적합한 문제영역이 있다. 국방・시설물 안전・치안 등과 같이 특수 목적을 달성하기 위해 정부가 서비스를 공급하는 경우에는 전문가적 관점, 임무지향적 접근이 적합하다. 반면 지역사회 공동체의 특수한 문제 해결이 중심이 되는 경우에는 시민주도형 관점이 필요하다.

최근 사회가 복잡해지고 각 활동이 서로 네트워크로 연계되면서 정부가 제공하는 공공서비스 분야에도 다양한 사회적 요소가 반영되기 시작했다. 치안・안전문제의 경우도 문제해결 과정에서 시민과의 협의나 공동작업이 필요한 상황이다(정지범, 2013).[8] 공공 디자인을 통한 범죄 예방, 소방전 입양을 통한 소방시스템의 관리, 픽스 마이 스트리트(Fix my street)와 같은 도시・안전 관리 방안이 그 사례가 될 수 있다. 여기서는 기술적 대안과 사회적 대안이 결합되는 사회・기술혁신의 양상을 보이고 있다(한국정보화진흥원・과학기술정보통신부, 2017). 또 집권화된 시스템보다는 분권화된 시스템을 지향하는 혁신도 구체화되

8) 과거 지역 안전개선사업은 관주도로 하향식으로 진행되었다. 그러나 최근에는 지역 주민과 공무원, 전문가가 거버넌스를 구축해서 안전문제에 대응하는 방식이 논의되고 있다. 정지범(2013)은 이것을 지역안전 거버넌스란 명명하고 있다. 이는 지역 공동체 문제를 해결하기 위해 지역주민, 자치단체, 소방, 경찰, 시민사회조직, 보건 등 이해당사자가 협력하는 것을 말한다.

고 있다. 분권화된 물관리 · 에너지 시스템, 분권화된 농식품 생산과 소비, 분권화된 정보 시스템을 통해 사회문제를 해결하려는 노력이 진행되고 있다. 분권화된 시스템에서는 사회적 맥락에 맞는 기술시스템이 필요하다.

반면 시민주도형 혁신활동에서는 다른 영역이나 분야와 연계를 맺으면서 전문가 조직이나 공공 조직과 공동 작업을 해야 하는 상황이 만들어지고 있다. 예를 들어 사회문제 해결활동으로 개발된 미니 태양광 키트를 지속적으로 사용하기 위해서는 금융시스템이나 유지 · 보수를 위한 시스템이 구축되어야 한다(김준한 · 한재각, 2018). 또 개발된 기술에 대한 일정 규모 이상의 수요가 창출되어야 사람들이 낮은 가격으로 편안하게 새로운 혁신 결과물을 활용할 수 있다. 이를 위해 새로운 기술을 확산시킬 수 있는 법 · 제도의 변화와 함께 실질적 제도화가 필요하다. 따라서 시민사회에서 이루어지는 사회혁신은 지자체나 공공기관의 공공혁신, 신산업이나 신규 서비스와 관련된 산업혁신과 연결된다. 따라서 시민사회, 공공부분, 기업부문의 협업이 필요하다.

아주 특별한 상황이 아니라면, 사회문제를 해결하기 위해서는 과학기술계, 공무원, 기업과 같은 전문가 조직과 사회문제 해결에 관심과 지식을 갖고 현장에서 활동하고 있는 시민 간 협업이 필요하다. 한국 사회는 과학기술이 생활세계의 곳곳에 뿌리내려 생활을 윤택하게 만들기도 하고 위험에 빠뜨리기도 하는 고도기술사회가 되었기 때문이다. 시민참여 없는 사회문제 해결형 과학기술혁신은 '맹목'이 될 수 있고, 전문 조직의 참여와 제도화되지 않는 사회문제 해결형 혁신은 '공허'할 수 있다. 이제 사회문제 해결을 위한 과학기술혁신은 기업이나 국가, 시민과 같은 특정 주체가 지배하는 활동이 아니라 여러 주체가 협업을 통해 문제를 풀어가는 거버넌스적 관점에서 접근해야 한다.

이는 사회문제 해결형 혁신(사회혁신)을 '정책', '비즈니스', '운동'의 총합체로 보는 관점과도 통한다(김병권, 2017). 사회문제 해결형 혁신은 정부나 지자체의 공공목표 달성을 위한 문제해결 활동, 기업이나 사회적경제조직의 사회문제 해결을 통한 수익창출 활동, 시민사회조직의 문제해결을 위한 사회운동이 결합된 활동이기 때문이다.

2) 시스템 전환 관점의 도입

사회문제는 불평등, 환경・에너지, 안전, 보건・의료, 복지, 교육문제 등 여러 분야가 있고 다양한 층위로 구성되어 있다. 이미 오래전부터 사회문제를 다루는 과목인 '사회문제론'에서는 사회문제를 파악하는 다양한 이론적 관점과 사회문제 분야를 다루고 있다(박철현, 2016). 또한 사회문제는 여러 분야 문제들의 연쇄로 존재한다. 특정 사회문제가 해결되려면 그와 관련된 또 다른 사회문제가 해결되어야 한다. 미세먼지 문제를 해결하려면 발전시스템 뿐만 아니라 교통시스템, 주거 시스템 등 다양한 분야의 변화가 수반되어야 한다. 한편 기술이 요소기술-기술시스템-기술・제도시스템 등 층위별로 분류될 수 있는 것처럼 사회문제도 지역 복지관 운영문제-복지 전달체계 문제-국가 차원의 복지제도 문제처럼 층위별로 분류될 수 있다.

이렇게 사회문제는 문제들의 연쇄로서 다층위의 시스템을 구성하고 있기 때문에 구체적 사회문제는 그것을 구성하는 전체 시스템의 변화 없이는 완전히 해결되기 힘들다. 이런 측면에서 사회문제 해결형 혁신은 국지적 문제를 해결하는 활동이기도 하지만 '**사회 전체(societal) 수준**'에서의 '**사회문제 해결**'의 성격을 띠게 된다. 이로 인해 국지적 영역이나 특정 분야에서의 문제해결과 전 사회 수준의 문제해결을 서로 연계하는 틀이 필요하다. 개별적・국지적 문제 해결을 넘어 기존 시스템을 혁신해서 지속가능한 자원순환 시스템, 지속가능한 교통시스템, 식품시스템, 장애인과 청소년과 같은 사회적 약자를 위한 시민기반 돌봄 시스템, 공동체의 연대에 기초한 지역경제시스템을 형성하는 전망이 필요하다(사회혁신팀 편역, 2014; 송위진 엮음, 2017; Loorbach & Rotmans, 2010; 박미영 외, 2014).

그렇지만 앞서 살펴본 관점들은 사회문제에 대한 논의를 아직 체계적으로 다루지 않고 있다. 전문가 중심 관점은 사회문제는 과학기술 관련 연구자나 테크노크라트들이 본격적으로 탐구해야할 문제 영역은 아니라고 본다. 행정가나 사회과학자들의 분석이나 논의를 통해 정의되거나 사회적으로 이슈화되면서 과학기술계에 주어지는 것으로 본다. 물론 그 문제에 대한 과학기술적 설명은 과학기술자의 몫이라고 생각한다(엄정욱, 2018). 사회문제는 과학기술시스템의 외부에 있으며 과학기술계에 투입요소로 주어지는 것이라는 소극적 접근을 하고 있다.

시민중심 관점은 사회문제는 현장의 시민이 가장 잘 파악하고 있다고 본다. 시민들이 일상생활 공간에서 관심을 가지고 보면 파악하고 해결할 수 있는 것이 사회문제이다. 따라서 사회문제는 국지적 성격을 지니게 된다(김병권, 2017). 물론 규모 확대(scale-up)를 통해 사회 전체를 좀 더 지속가능하게 만들어야 한다고 강조하지만 이를 실현하기 위한 구체적 전략에 대한 논의는 부족하다. 시민의 자발적 참여와 동기를 이끌어내기 위해 사회문제 해결은 일상적이고 어려운 일이 아니라는 전망을 제시하고 있지만 사회변화로 연결되는데 필요한 정치적 힘과 네트워크에 대해서는 보다 심도 있는 논의가 필요하다.

협업적 관점은 사회문제 해결형 혁신을 '과학기술혁신의 새로운 모델'로 접근한다. 따라서 산업혁신이나 기초연구와 사회문제 해결형 혁신의 차이에 논의를 집중하고 있다. 기존 기술개발활동과 목표 및 추진체제가 어떻게 다른가를 설명하는데 주력하기 때문에 해결해야할 사회문제에 대한 구조적인 분석 작업은 아직 충분하지 않다.[9] 또 과학기술을 활용해서 문제를 해결하는 접근을 취하고 있기 때문에 과학기술적 문제해결이 효과가 있는 사회문제를 발굴하는데 관심이 집중되고 있다(과학기술혁신본부, 2018). 때문에 아직 사회문제를 시스템 차원에서 접근하지 못하고 있다. 사회문제는 '야간 작업자의 안전성 제고를 위한 자체 발광 키트 개발'과 같은 기술을 통해 구체적으로 해결가능한 문제나 생활폐기물, 만성질환, 의료격차 등 사회문제의 범주로 파악되는 경우가 많다(과학기술혁신본부, 2018).

9) 이런 상황을 반영해서 최근에는 사회문제은행을 만들어 사회문제에 대한 구조적 분석과 해결방향을 설정하는 작업이 기획되고 있다(미래창조과학부 · 한국과학기술기획평가원, 2016).

이렇듯 사회문제 해결형 혁신을 다루는 논의들은 국지적·개별적 차원의 문제와 시스템 차원의 문제에 통합적으로 접근하지 못하고 있다. 따라서 다양한 국지적·개별적 차원의 문제에 대한 과학기술적 해결책이 파편적으로 논의되고 있다. 그러나 파편적 활동으로는 사회문제가 해결되지 않는다. 이러한 활동은 기존 사회·기술시스템에서 문제 상황을 약간 개선하는 혁신이 되며 일시적 효과만 있다. 오히려 문제가 더욱 심화되는 경우도 많다. 기술시스템과 제도, 산업이 기존 방식을 중심으로 배열되어 있기 때문에, **전환적 접근**을 취하지 않으면 새로운 대안들은 기존 시스템에 포획된다. 탄소 중심의 중앙집중적 에너지 시스템, 치료 위주의 보건·의료 시스템, 중앙집중형 대량생산 푸드시스템 내에서 국지적·개별적 문제를 해결하는 노력은 일시적 효과를 낼 수있지만 기존 시스템을 강화하는 결과만 초래하게 된다는 것이다. 결국 시스템 개선형 사회문제 해결형 혁신은 성공할 수 없게 된다(VITO, 2012).

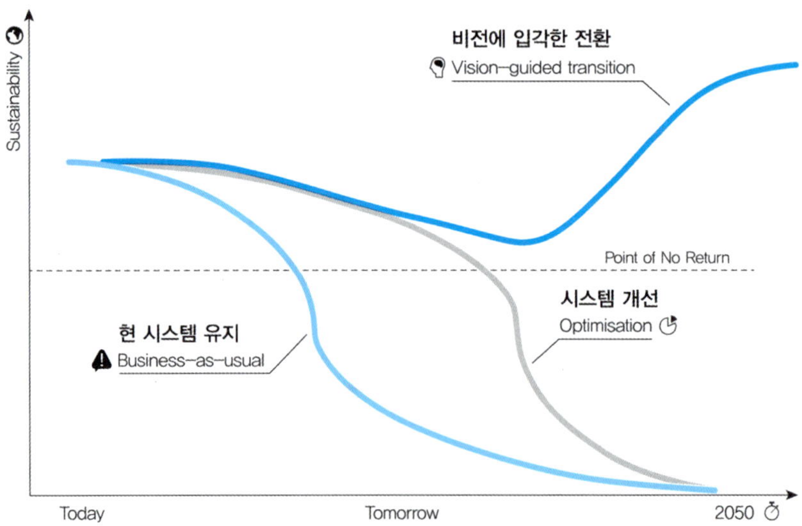

자료 VITO(2012)

| 그림 1-1 | 사회문제 해결을 위한 시스템 개선과 전환의 차이점

지속가능한 시스템으로 전환을 다루는 시스템 전환(sustainability transition)론이나 전환적 혁신정책론(transformative innovation policy), 전환적 사회혁신론(transformative social innovation)은 이런 측면에 주목한 논의이다(송위진 엮음, 2017; Schot and Steinmueller, 2016; Avelino et al, 2018). 이들은 문제해결을 위한 대안을 구성하면서 국지적 활동과 사회 수준의 활동을 연계하는 논의를 다루고 있다. 국지적 차원의 문제 해결과 사회 전체 차원의 문제해결, 시민사회와 전문가 조직, 기업, 국가의 네트워크 형성을 검토하면서 새로운 사회・기술시스템으로의 전환을 주장하고 있다. 사회문제 해결을 위한 혁신활동은 이런 관점에서 재해석되고 새로운 의미를 부여받을 수 있다. 사회문제 해결에 대한 시스템 전환의 비전과 전망이 논의되고 지향하는 사회・기술시스템의 성격과 방향이 정해지면, 현재 진행되고 있는 사회문제 해결 프로젝트가 비록 국지적이거나 특정 영역에 한정된 것이라고 해도 전환의 전망에서 이해되기 때문이다.

전환의 관점에서 보면 사회문제 해결 프로젝트와 리빙랩은 실험을 통해 좋은 결과를 가져오는 대안을 탐색하고 각 대안의 확장성을 탐색하는 **전환실험**이다. 라투르(B. Latour)는 '나에게 실험실을 다오, 그러면 세상을 일으킬 것이다(Give Me a Laboratory and I will Raise the World)'라는 말로 이를 표현한 바 있다. 새로운 사회・기술의 맹아가 그 네트워크를 확장해간다면 사회 전체를 바꿀 수 있다는 것이다(송위진・성지은, 2014; 성지은・박인용, 2016). 사회문제 해결을 위한 실험은 이런 담대한 비전을 구현하는 것이다. 이를 통해 사회문제 해결 프로젝트와 리빙랩은 새로운 사회・기술시스템을 전망하고, 실험하고, 네트워크를 형성해가는 '전환 프로젝트'와 '전환랩'으로 기능한다.

3) 과학기술혁신정책의 재구성

이렇게 사회문제 해결을 사회・기술시스템 전환의 전망에서 접근하게 되면, 사회문제 해결형 과학기술혁신정책은 혁신정책 일반으로 전환된다. 사회문제 해결의 관점에서 기존의 혁신이론과 정책을 재구성하는 프레임 전환이 이루어지면서 새로운 혁신정책론이 등장하게 된 것이다(Schot and Steinmueller, 2016; 송위진 외, 2018: 제1장).[10]

지속가능한 사회・기술시스템(에너지・환경, 보건・의료, 복지・돌봄, 자원관리, 푸드시스템, 물 관리 등)으로 전환하기 위해서는 관련 산업도 함께 변화해야 한다. 분권적 에너지 시스템을 구축하려면 재생에너지와 관련된 새로운 산업이 형성되고 기존 산업이 재구성되어야 한다(Geels, 2014; 송위진 외, 2017). 새로운 산업을 다룰 산업발전 전략을 검토해야 하는 것이다. 새로운 산업의 형성과 함께 법・제도의 변화, 과학・기술시스템의 변화, 사회 인프라의 변화도 논의되어야 한다. 새로운 관점에서 기존 혁신정책의 핵심 영역인 산업혁신정책을 다루게 되는 것이다.

기초연구와 교육시스템도 새롭게 구성되어야 한다. 문제해결과 시스템 전환 관점에서 기초연구를 조망하게 되면 목적 기초연구인 '파스퇴르형 연구'에 대한 적극적 해석도 필요하다(Stokes, 1997). 더 나아가 문제해결을 위해 과학연구와 사회연구의 융합을 다루는 '초학제적 연구'에 대한 관심도 필요하다. 교육도 대학을 문제해결 중심의 '문제해결형 대학(challenge-driven university)'으로 재구성해야 한다(Mulgan, Townsley, & Price, 2016).

정부의 역할과 거버넌스에 대해서도 새로운 논의가 필요해진다. **시스템 전환**을 위해서는 참여형 의사결정체제를 구성해서 공동의 비전을 형성하고 전환실험을 수행하는 것이 중요하다(송위진 엮음, 2017). 때문에 정부는 전략기획에 입각해 문제해결을 위한 전략기술과 산업을 선정하는 주체가 아니라 이해당사자들과 관련 부처가 참여하는 실험을 촉진하고 조직화하는 역할을 하게 된다. 기획하고 지시하는 '발전국가'에서, 비전을 제시하고 학습하며 적응하는 '실험정부(experimental government)', 참여형 거버넌스를 통해 민・산・학・연・관 네트워크를 형성하고 발전시켜 나가는 '관계국가(relational state)'로 변신하게 되는

10) Schot and Steinmueller(2016)는 이를 '전환적 혁신정책(Transformative Innovation Policy)'으로 명명하고 있다. 혁신정책은 혁신을 위한 제도 개선이나 투입 확대와 같은 관점을 넘어서 현재 사회・기술시스템의 전환을 위한 시스템 혁신정책으로 변화해야 한다고 주장한다.

것이다(Breckon, 2015; Mulgan, 2012; Muir & parker, 2014).[11]

결국 혁신정책 거버넌스, 산업혁신정책, R&D정책, 교육・인력정책, 더 나아가 지역혁신정책에 이르기까지 지속가능한 시스템 전환의 관점에서 혁신정책의 틀을 재편성하고 새로운 정책수단이 논의되어야 한다. 이를 통해 사회문제 해결형 혁신정책은 혁신정책 자체를 전환시키는 **전략적 니치**로 출발해서 기존 산업혁신 중심의 정책들을 재구성하는 논의로 발전할 것이다.

11) 핀란드는 총리실 산하에 '실험하는 핀란드'라는 팀을 설치하여 새로운 정책 아이디어를 실험하고 있다. 이들의 논의에 따르면 정책실험은 결과에 상관없이 가치를 지닌다. 성공이든 실패든 정부는 비용을 절감하면서도 신뢰성을 더 높일 수 있기 때문이다. 이에 대한 논의는 이원재, "실험하는 국가가 필요하다"(한겨레신문, 2018.5.16.)를 참조할 것

제2장

사회문제 해결과 리빙랩, 그리고 패러독스

정병걸

지금까지 과학기술의 목표는 경제성장과 산업경쟁력 강화였지만 과학기술이 시민의 삶을 향상시키는데 기여했는지에 대해서는 의문이 제기되고 있다. 대부분의 과학기술 연구개발이 공급자 중심으로 이루어지면서 수용자인 일반 시민의 요구는 제대로 반영되지 못했기 때문이다(박봉원 · 유영심, 2016: 1). 과학기술의 발전에도 불구하고 사회적 격차, 환경적 위험, 안전 등 사회 문제는 더욱 심화되면서 과학기술의 사회적 기여가 중요한 문제로 대두되고 있다. 이런 상황에서 사회혁신의 새로운 수단으로 리빙랩이 각광받고 있다(임호, 2016).

리빙랩에 대한 관심이 높아지면서 사회문제 해결 수단으로서 리빙랩의 활용가능성과 이점(장용석 외, 2015; 최인수 · 김건위, 2015; 황혜란, 2015; 박봉원 · 유영심, 2016; 임호, 2016)이나 리빙랩 활용의 교훈과 시사점(성지은 · 송위진 · 박인용, 2013; 성지은 · 박인용, 2016; 성지은 · 한규영 · 박인용, 2016) 등에 대한 논의도 활발하게 이루어지고 있다. 그런데 리빙랩 문헌을 보면 리빙랩이 마치 어떤 방법론이나 접근법도 담아낼 수 있는 '모든 것이 가능한 개념'처럼 이야기되고 있다(Schuurmann, 2015: 24). 하지만 리빙랩이 논리적 근거나 방법론적 타당성을 갖추지 못할 경우 많은 혁신 방법론이 그랬던 것처럼 잠시 유행하다 사라지는 운명을 맞이할 수도 있다. 따라서 리빙랩의 유용성과 한계에 대한 충분한 검토가 필요하다.

본 연구는 리빙랩이 사회적 난제를 해결하는 사회혁신의 수단으로서의 가능성을 가지고 있다고 전제한다. 하지만 리빙랩이 사회혁신의 수단으로서 장점과 가능성 뿐 아니라 한계도 있다고 보고 리빙랩을 사회혁신에 활용하기 위해 고려해야할 문제로서 리빙랩의 패러독스에 초점을 맞춘다. 패러독스에 대한 고려와 적절한 관리가 없다면 리빙랩의 가능성과 장점을 최대한 활용하기 어렵기 때문이다. 이런 목적에 따라 리빙랩의 확산과 전이에 대해 살펴보고, 사회 문제 해결 수단으로서 리빙랩의 장점과 성과가 무엇인지 알아본다. 이런 논의를 바탕으로 리빙랩에서 나타날 수 있는 패러독스를 살펴보고 사회혁신의 수단으로서 리빙랩의 활용을 위한 함의를 제시한다.

1 혁신의 장으로서 리빙랩

1) 리빙랩

리빙랩에 대한 단일한 정의는 없지만 문헌 분석에 따르면 70여개에 달할 정도로 다양한 정의가 있다(Leminen, 2015: 15). 사용자 참여와 사용자 혁신을 강조하기도 하고 복수 행위자와 개방형 혁신을 강조하기도 한다. 이처럼 정의마다 다소 차이가 있지만 리빙랩의 핵심요소는 사용자 주도 혁신, 복수 이해관계자와 공동창조, 실생활 상황에서의 실험 등이며, 핵심 활동은 공동창조(co-creation), 탐색(exploration), 실험(experimentation), 평가(evaluation)이다 (Westerlund & Leminen, 2011: 21).

이론적으로 볼 때 리빙랩은 개방형 혁신과 사용자 혁신의 소산이다(Bodí et al., 2016: 12). 혁신 패러다임에서 볼 때 전통적 관점은 혁신을 수직적 통합을 통한 폐쇄적 과정으로 이해하는 반면, 리빙랩 관점은 사용자 혁신과 개방형 혁신이 공동창조(co-creation)를 매개로 연결되는 분산된 혁신과정으로 파악한다(Schuurman, 2015: 10). 여기서 **공동창조**는 리빙랩의 핵심 가치로(Levén & Holmström, 2012) 개방형 혁신과 사용자 혁신 관점을 연결하는 고리이다(Schuurman, 2015: 10).

리빙랩은 **사용자 주도형 혁신**과 밀접한 관계가 있다. 리빙랩 개념은 MIT의 William Mictchell이 처음 제시했지만 리빙랩의 발전과 확산은 EU의 주도로 이루어졌다.[12] EU는 'Europe 2020'의 디지털 의제 중 하나인 '연구 및 혁신'을 위한 전략으로 '개방형 혁신 2.0'을 추진했다. 이 전략의 핵심 중 하나가 이용자를 혁신 주체로 참여시키는 4중 나선 모형(Quadruple Helix Model)(Curley & Salmelin, 2013)으로의 전환이며 그 대표적 수단이 바로 리빙랩이다(김희연, 2015).

12) 2006년 유럽위원회(European Commission)에 의해 만들어진 리빙랩은 이후 전 대륙에 걸친 지역혁신생태계 네트워크로 발전했다(Curley & Salmelin, 2013: 7).

리빙랩이 개방형 혁신의 한 유형으로 인식되지만(Westerlund & Leminen, 2011: 20-21) 기존의 개방형 혁신과 차이가 있다(Leminen, 2015: 15). 개방형 혁신이 기업간 상호작용에 관심을 두지만 리빙랩은 기업-고객의 상호작용에 관심을 둔다는 차이가 있다. 또 개방형 혁신이 사업 모델에 초점을 두는 반면 리빙랩은 사업 모델의 요소, 제품, 서비스에 초점을 두는 것도 중요한 차이이다(Bergvall-Kåreborn et al., 2009).

2) 혁신 공간과 네트워크로서 리빙랩

(1) 혁신 공간으로서 리빙랩

리빙랩은 혁신 관련 이해당사자의 참여와 협력을 촉진하고 혁신 주체의 행동 변화를 이끌어내고 선도시장을 개척하는 교두보(송위진, 2012)로 시스템 혁신을 수행하는 공간으로 정의되기도 한다(송위진・성지은, 2013b: 114). 때로는 제도적 측면을 강조하여 혁신시스템을 구성하는 실체로 보기도 한다(예: Fulgencio et al., 2012).

Bodí, et al.(2016)은 리빙랩 프로젝트를 Jespersen(2008)의 혁신성숙도 구분[13)]을 활용하여 탐색, 실험, 평가의 세 가지 유형으로 구분했다. 탐색 프로젝트는 혁신이 아이디어나 개념 단계에서 시작하고 종료되는 프로젝트이다. 실험 프로젝트는 프로토 타입 단계까지 포함하는 프로젝트이다. 한편 평가 프로젝트는 출시 전 단계나 이후 단계에서 시작되는 프로젝트를 지칭한다.

리빙랩에서 이루어지는 혁신활동은 지식 활용에 따라 탐사(exploration)와 활용(exploitation)으로 구분할 수도 있다. 탐사와 활용은 조직학습이 이루어지는 상황을 설명하는 개념으로 새로운 가능성의 탐색과 확실성의 활용 사이의 관계를 설명하는데 활용된다

13) Jepersen(2008)은 혁신활동을 혁신 성숙도에 따라 아이디어, 개념, 프로토 타입, 출시전, 출시, 출시후 등 5단계로 구분한다.

(March, 1991). 활용은 이미 알고 있는 것을 사용하는(use of already known) 것이며, 탐사는 '새로운 지식의 추구(pursuit of new knowledge)'라 할 수 있다(March, 1991). 리빙랩은 기존 지식을 최대한 사용하는 활용뿐 아니라 새로운 가능성을 탐색하고 발견하는 탐사에도 활용된다.[14] 개방형 혁신을 강조할 경우 리빙랩 활동으로서 탐사는 현재의 기술적 발전을 강화하기 위해 외부 지식원을 포착하고 편익을 만들어내는 혁신활동이며, 활용은 조직경계 외부에 존재하는 지식이나 기술 역량을 활용하는 혁신활동으로 볼 수 있다(Schuurman, 2015: 10).

(2) 혁신네트워크로서의 리빙랩

리빙랩은 특정 지역이나 공간에서 공공연구 부문, 민간 기업, 시민사회가 협력해 혁신활동을 수행하는 '사용자 주도형', '개방형' 혁신생태계로 정의되기도 한다(송위진 · 성지은, 2013b: 113). 리빙랩은 다양한 이해관계자가 참여하고 연계를 형성하는 개방형 혁신의 네트워크로(Leminen, 2015), 다양한 관점의 결합은 신속하고 성공적인 개발과 새로운 시장 발견에 핵심적 역할을 한다(Bergvall-Kåreborn et al., 2009). 따라서 리빙랩은 다양한 행위자들이 상호 연계된 집합체로 생각할 수 있다. 리빙랩 활동이 개별 리빙랩을 통해 이루어지지만 개별 리빙랩이 연결될 때 집합체로서 리빙랩이 형성될 수 있다.

Schuurman(2015)은 분석수준에 따라 리빙랩을 거시, 중범위, 미시로 구분하는 리빙랩 3계층 모델을 제시하고 있다. 미시수준은 리빙랩 프로젝트 내에서 수행되는 연구 활동을 지칭하며, 대개 사용자 주도의 통찰력 개발과 암묵적인 영역별 지식을 표면화시키는 구체적 리빙랩 방법론으로 구성된다. 중범위 수준은 리빙랩 집합체내에서 수행되는 리빙랩 프로젝트들을 의미한다. 거시와 미시의 두 수준이 공동창조를 통해 중범위 수준을 통해 연결된

14) 리빙랩의 활동 내용을 탐사, 개발에 보유(retention)을 추가하여 세 가지로 구분하는 경우도 있다. 여기서 보유는 조직 경계 외부의 지식을 장기적으로 유지, 축적, 재사용하는 것을 의미한다. 내부지식을 재활용하는 능력과 지식의 축적과 재사용을 위해 외부 행위자들과 연결하는 역량이 핵심적 조직 역량이 된다(Schuurman, 2015: 122).

다고 본다. 개방형 혁신과 사용자 혁신을 핵심 개념으로 하는 것으로 실생활 실험, 적극적 사용자 개입(involvement), 복수의 방법과 복수의 이해관계자를 전제한다. 거시수준은 민산관 협력에 참여하는 행위자 또는 인프라로 구성된 일단의 리빙랩 집합체(constellation)를 가리킨다. 리빙랩 연구와 프로젝트를 수행하기 위해 조직화된 다양한 이해관계자로 구성되며, 리빙랩 연구와 프로젝트를 수행하기 위해 조직된 민-산-학-연-관 협력체(Public-Private-People Partnership, PPPP)를 거시수준의 리빙랩으로 보고 있다. 거시적 수준에서 리빙랩은 개방형 혁신 개념을 활용하여 분석 가능하다고 본다(Schuurman, 2015: 185).

거시적 수준에서 리빙랩에서는 다양한 행위자간의 협력이 이루어진다. 개별적으로 볼 때 리빙랩은 대개 소수의 프로젝트를 수행하지만 리빙랩에서 이루어지는 실험이 다른 리빙랩의 실험이나 혁신과 연결될 때 리빙랩 간의 지식 이전을 통해 혁신생태계나 혁신시스템으로 진화할 수도 있다.

3) 사회적 적실성과 리빙랩

(1) 사회혁신과 리빙랩

리빙랩에 관심이 높은 이유는 현실을 제대로 반영하는 혁신 제품과 서비스 개발이 가능하다는 데서 찾을 수 있다. 하지만 리빙랩의 진정한 가치는 **공공성**과 **사회적 가치의 실현**을 위한 좋은 수단이라는 점에 있다. 생활 현장의 문제를 해결하는 혁신활동을 통해 사용자에 맞춘 제품이나 서비스를 만들고 사회문제 해결에 기여할 수 있다는 것이다(성지은・송위진・박인용, 2013: 10). 따라서 공공-민간-시민사회의 협력을 통해 창출한 리빙랩의 혁신성과와 이익은 공공성을 지니며, 기업 혁신과 달리 모든 이해관계자에게 혁신 성과가 골고루 돌아간다(황혜란 외, 2015: 3).

리빙랩은 도서지역 주민 서비스 개발을 위한 핀란드의 Tarku 리빙랩이나 지역 주거문제 해결을 위한 브라질의 Habitat처럼 기술 검증과 실증을 넘어 공익적 기술개발을 목표로 하는 사회가치 실현의 도구로도 사용된다(안준모, 2016: 129-130). 이런 이유로 리빙랩은 사회혁신의 도구로 각광받고 있다(최인수・김건위, 2015; 황혜란 외, 2015; 박봉원・유영심, 2016; 임호, 2016). 사회혁신은 사회구성원들의 협력과 참여를 통한 사회적 가치를 실현하고 사회문제에 대한 창의적 접근을 통해 지속가능성을 높이는 것이 목적인데(임호, 2016: 2) 리빙랩이 이러한 요구를 잘 충족시켜줄 수 있기 때문이다.

최근 주요 정책의제로 등장한 사회문제 해결을 위한 혁신은 사회적 맥락에 대한 이해 없이 성공할 수 없다. 또 사회문제는 복합적인 경우가 많기 때문에 다양한 이해관계자의 관점과 이해를 반영하는 창의적 해결이 필요하다. 하지만 기존의 제도・절차・기술로는 문제 해결을 위해서는 혁신적 접근이 필요하다(임호, 2016: 2). 이런 상황에서 사회문제가 발생하는 생활현장에서 수요자 주도의 민・산・학・연・관 협력에 기초해 새로운 정책, 제도, 기술을 개발하여 문제를 해결하는 개방형 혁신 생태계인 리빙랩(최인수・김건위, 2015)이 사회혁신을 위한 도구로 큰 관심을 받고 있는 것이다.

(2) 실용화와 리빙랩

리빙랩이 혁신과 실험의 장으로 각광받고 있지만 리빙랩에서 수행해야할 활동이 명확하게 규정되어 있는 것은 아니지만, 대개 응용연구, 실증, 서비스나 제품 개발 등이 이루어진다(European Commission, 2009). 이때 리빙랩의 역할은 기초연구와 시장을 연결하는 죽음의 계곡을 넘어서도록 하는 도와주는 것이다. 이는 사용자 주도형 혁신과 개방형 혁신이라는 리빙랩의 특성때문이다.

과학기술혁신 성과의 실용화는 일종의 패러독스로 여겨지고 있다. 과학기술혁신에 많은 자원을 투입하고 있는 국가 대부분이 투자에 비해 성과가 낮다는 비판을 받고 있다. 공공연구에 대한 투자는 늘었지만 성과는 이에 비례하지 않는 상황에 대한 우려와 비판이 높다. 최근 국가의 산업경쟁력 강화, 공공연구의 결과에 대한 불만, 과학연구 비용의 증가와 예산압박, 인적 자원과 자금에 대한 경쟁, 개방형 혁신의 등장으로 사업화에 대한 관심이 높아지고 있다(OECD, 2013: 14-15). 이런 상황에서 EU는 '연구 수준은 높지만 시장에서의 성공은 낮은' 유럽 패러독스(Almirall & Wareham, 2011)를 극복하기 위해 제시된 대안의 하나로 리빙랩(Schuurman, 2015: 12)을 적극 장려하고 있다. 그 논거는 다음과 같다.

첫째, 실생활에 가까운 환경에서 최종사용자가 개발과 시험에 참여하기 때문에 다른 사용자 혁신 방법에 비해 수요자의 실제 요구를 더 정확히 반영할 수 있다. 리빙랩은 학계, 연구, 산업 간 가교 역할을 통해 연구를 사업화하는 직접적 경로 역할을 한다(Azzopardi & Balog, 2011: 36). 특히 여러 산업의 혁신과정에서 사용자 참여가 핵심적 성공요인임이 밝혀졌듯(Edvardsson et al., 2010) 사용자 참여는 실용화의 중요한 요소다.

둘째, 리빙랩은 제품・서비스의 활용성과 실제 수요를 파악하는데 유리하므로 사업화의 성공 가능성을 높여 준다. 리빙랩은 실험실 상황에서 통제된 시험을 하는 테스트베드나 실생활 환경이지만 제한된 환경에서 이루어지는 현장실험과 분명한 차이가 있다(Westerlund & Leminen, 2011: 20). 말 그래도 실생활 환경에 해당하는 구체적인 상황에서 실험을 진행하기 때문이다. 폐쇄된 환경에서는 인간관계와 의사소통이 인위적으로 제약되고 기술수용의 동적 측면을 제대로 확인할 수 없는 경우가 많아 개방적 실험 체계가 필요하다(Higgins & Klein, 2011: 35). 또 실생활 상황에서 실험이 이루어지면 현실의 복잡한 상호작용을 더 잘 이해할 수 있다. 이처럼 실생활 환경에서의 실험으로 수요자의 요구나 수요를 직접 확인하고 검증할 수 있기 때문에 제품과 서비스의 실용화와 사업화 가능성을 높여준다(Ståhlbröst, 2013: 41).

2 리빙랩의 확산과 전이

1) 리빙랩의 양적 확산

리빙랩은 2006년 핀란드와 스웨덴에서 본격적으로 시작된 후 전 세계로 확산되고 있다. EU는 사용자를 관찰의 대상이 아닌 혁신활동의 핵심 주체로 설정하고 리빙랩 개념을 확대하여 적극적 사용자 참여와 혁신생태계 조성을 강조하는 리빙랩 운동을 적극 추진해왔다. 리빙랩이 유럽을 중심으로 시작되었지만 최근에는 브라질 등 라틴아메리카는 물론 대만 등 아시아 국가와 아프리카로까지 빠르게 확산되고 있다.[15)]

한국에서 리빙랩의 역사는 오래되지 않았는데 지금까지는 공공부문이 리빙랩 활동을 주도해 왔다. 중앙정부 차원에서는 과기부의 사회문제 해결을 위한 연구개발사업과 산업부의 '에너지기술 수용성 제고 및 사업화 촉진사업'이 리빙랩 활동의 출발점이 되었다. 현재 국토부, 환경부, 농식품부, 행정안전부, 복지부 등 많은 중앙정부 부처가 리빙랩 사업을 추진하고 있으며, 지방정부에서는 집계하기 어려울 정도로 많은 수의 리빙랩 프로젝트가 진행되고 있다.

2) 리빙랩의 질적 전이: 사회혁신의 장으로서 리빙랩

리빙랩은 지역 문제해결을 통해 지역 활성화를 추동하는 새로운 지역혁신모델로 인식되기도 한다(황혜란 외, 2015). 최근에는 ICT 기반의 응용 기술・서비스 개발에 그치지 않고 '지속가능한 사회・기술시스템'으로의 전환을 위한 실험 공간으로 활용되면서 거버넌스, 지속가능성 제고를 위한 수단 등으로 의미가 확장되고 있다. 이에 따라 현재 문제를 해결하는 대증적 정책대안을 넘어 새로운 사회・기술시스템 구현 수단으로 파악하는 '전환랩' 사업

15) 아프리카에서는 기존 ODA사업의 한계를 극복하기 위한 새로운 대안으로 리빙랩에 주목하고 있다(성지은・한규영・박인용, 2016: 6).

이 진행되고 있다(Schliwa, 2013. 성지은・박인용, 2016에서 재인용). 여기서 리빙랩은 궁극적으로 시스템 내의 행위자, 기술・제도가 재구성되는 시스템 전환을 지향한다. 전환 과정에서 리빙랩은 새로운 사회・기술시스템을 구성하고 실험하는 공간(arena) 역할을 한다(성지은・박인용, 2016: 5). 농업・농촌 시스템 전환을 위한 C@R(Collaboration at Rural), 에너지 전환을 위한 SusLab NWE(Sustainable Labs North West Europe)16) 등을 예로 들 수 있다.

리빙랩이 **사회혁신**의 수단으로 의미와 용도가 확장되는 현상은 질적 전이로 볼 수 있는데, 이는 개방적 참여와 열린 실험을 강조하는 리빙랩이 시민의 적극적 참여와 역할을 강조하는 사회혁신의 지향과 성격에 잘 부합하기 때문이다. 정부나 시장이 해결할 수 없는 사회적 난제(wicked problem)가 늘어날수록 시민의 창조적 발상과 적극적 협력이 필요한데, 시민의 주도적 참여와 개방적 실험을 강조하는 리빙랩은 이런 요구에 잘 들어맞는다.

최근 사회 통합을 위해 과학기술혁신이 사회문제 해결에 기여해야 한다는 주장이 거세지고 있다. 심화되는 사회문제에 제대로 대응하지 못하면 건전한 사회 발전이 저해되고 과학기술 활동의 사회적 정당성도 약화될 수밖에 없기 때문이다. **사회적 혁신정책**(societal innovation policy)의 필요성도 여기에서 찾을 수 있다(송위진・성지은, 2013b: 60). 사회혁신은 보건복지・의료・교육・위생・환경・안전 등에서 사회적 목표를 달성하기 위해 새로운 아이디어를 개발하고 구현하는 활동이다. 새로운 아이디어로 수익을 창출하는 산업혁신

16) SusLab NWE(Sustainable Labs North West Europe)은 '지속가능한 주거공간(sustainable home)' 시스템 구현을 목표로 하는 유럽 서북지역의 리빙랩 인프라 구축 프로젝트이다. SusLab NWE 프로젝트는 개발된 프로토타입을 일상생활공간에서 테스트하고 실증하며, 사용자와 이해당사자가 개발에 효과적으로 참여하는 리빙랩 방식을 활용하였다. 리빙랩 체계를 통해 지속가능한 주거공간을 가능하게 하는 기술개발 및 평가가 수행될 수 있도록 하며, 사용자와 이해당사자의 참여를 구체화하기 위한 방법론을 개발・적용하였다(성지은・박인용, 2016: 9).

과 달리 새로운 제품, 공정, 서비스 등으로 사회문제를 해결하는 것이다[17](Mulgan, Tucker and Wilkie, 2006; Mulgan et al., 2007. 송위진・성지은, 2013b: 61에서 재인용).

사회혁신에서 리빙랩이 활용될 여지는 매우 다양하다. 사회혁신의 특징으로는 세 가지를 들 수 있다. 첫째, 사회혁신은 대개 기존 요소들의 조합 또는 혼합의 결과이며 그 자체로 완전히 새로운 것은 아니다. 둘째, 사회혁신의 진행과정은 조직・부문・학제간 경계를 넘어선다. 셋째, 사회혁신은 분리되어 있던 개인과 집단이 새로운 사회적 관계를 맺도록 강력히 유도한다. 지속적으로 역동성을 불어넣어 개별 혁신이 더 많은 혁신으로 이어질 가능성을 높여준다(Mulgan, 2011). 이처럼 사회혁신에는 기존 요소들의 새로운 조합을 위해 경계를 넘어서는 다양한 행위자의 참여와 긴밀한 협력이 필요하다. 혁신의 실현과정에서 부문의 경계를 넘는 다양한 참여자들이 개입하며, 개인과 집단이 리빙랩이라는 공간을 통해 긴밀한 협력을 한다는 점에서 리빙랩은 사회혁신의 도구로서 큰 장점을 가지고 있다.

17) 사회혁신은 기존의 아이디어와 차별화되는 새로운 방식으로 다양한 사회 영역에서 나타나는 문제를 해결하거나 사회적 목적・요구를 달성함으로써 사회적 가치를 창출하고 변화를 이끄는 일련의 활동으로 정의할 수 있다. 사회적 요구 충족에 목적을 둔 혁신활동으로 이윤극대화를 목적으로 하는 기업혁신과 대비되는 개념이다(장용석 외, 2015: 50-51). 기업의 혁신활동이 기업과 산업의 경쟁력 강화와 경제성장을 이끄는 반면 사회혁신은 사회서비스 영역에서 사회적 가치를 이끌어내고 삶의 질을 향상시킴으로써 사회의 지속가능성을 강화시키는 데 의의가 있다. 특히 기존에 존재하지 않는 새로운 아이디어를 고안하여 달성할 수도 있지만 때로는 기존의 아이디어를 새로운 시각으로 바라보고 접근하는 것만으로도 충분히 가능하다는 점에서 종래의 기술혁신과 차이가 있다(장용석 외, 2015: 51).

3 리빙랩 패러독스

리빙랩은 혁신활동의 장이 연구실에서 실생활로 바뀐 것으로(Mirijamdotter et al., 2006) 실질적 문제 해결에 매우 유용한 혁신 수단이다. 그런데 개방형 혁신과 폐쇄형 혁신을 동시에 추진하거나 하나의 혁신유형에서 다른 혁신유형으로 전환을 시도하는 경우 긴장(tension)의 증가나 딜레마 또는 패러독스가 나타나기도 한다(Smith & Lewis, 2011; Nyström et al., 2014; Leminen, DeFillippi, & Westerlund, 2015). 패러독스는 상호 배타적 요소들이 동시에 존재하는 것이다(Quinn & Cameron, 1988). 사회혁신의 수단으로 리빙랩을 활용하는 과정에서도 다양한 형태의 긴장으로 인한 딜레마나 패러독스가 발생할 가능성이 높다.

첫째, 참여 대상과 범위 차이에 따라 발생하는 '동질성 패러독스'를 들 수 있다. 리빙랩은 개방적 참여가 필수적 조건이다. 리빙랩에서는 다양한 이해관계자가 참여하여 각자의 역할을 수행함으로써 다면적 차원에서 혁신을 촉진한다(Ståhlbröst, 2013: 41). 이질성이 높은 사용자들의 요구를 충족시켜야 하는 문제인 경우 다양한 지역과 유형의 사용자가 리빙랩에 참여해야 한다.

하지만 다수의 이질적 사용자가 참여할 경우 해결책 도출에 지나치게 많은 시간이 걸리거나 해결 자체가 어려워질 수도 있다. 반대로 다양한 사용자와 넓은 지역을 대상으로 하는 제품이나 서비스임에도 소수의 동질적 사용자만 참여할 경우 문제 이해와 해결책의 적실성이 떨어지게 된다. 이처럼 다양한 행위자의 참여가 제한될 경우 리빙랩은 사회혁신이나 전환과 관련된 대규모의 문제 해결에는 활용할 수 없고 지엽적이고 제한된 범위의 문제 해결에만 사용할 수 있는 한계가 발생하게 된다.

둘째, 리빙랩에 참여하는 사용자의 선발과 대표성에 관련된 문제로 '경험 패러독스'를 들 수 있다. 리빙랩에서 사용자는 정보 제공자인 동시에 공동창조자이다(Kusiak, 2007: 869-870; Weserlund & Leminen, 2011: 19). 따라서 어떤 사용자가 참여하는지가 프로젝트의 방향, 내용, 성과에 큰 영향을 미친다. 문제를 잘 알고 있는 사용자는 문제에 대한 경험을 바탕으로 문제 해결에 큰 도움을 줄 수 있다. 그런데 사용경험이 중요하지만 경험이 풍부할수록 제품이나 서비스 개발에 더 큰 기여를 할 것이라고 확신할 수는 없다. 사용경험이 없는 새로운 사용자가 오히려 제품 개발을 촉진할 수도 있다(Leminen, et al., 2015: 8-9). 새로운 시각에서 문제를 볼 수 있기 때문이다. 이처럼 사용자의 선발과정에서 경험을 과도하게 고려하거나 고려하지 않을 경우 과다대표나 과소대표와 같은 '대표성 문제'가 발생할 수 있다. 참여가 혁신을 촉진하지만 잘못된 대표성은 새로운 아이디어의 제시나 혁신적 대안의 발견을 저해할 수도 있는 것이다.

셋째, 공동창조 과정에서 이해관계자 사이에서 발생하는 이해관계나 관점의 충동 때문에 발생하는 '갈등 패러독스'다. 실생활 맥락에서 이루어지는 공동창조가 성공하려면 공공과 민간, 시민과 지역사회 등이 목표를 공유하면서 실험 설계부터 해법 도출에 이르는 모든 과정에서 긴밀하게 협력해야 한다. 리빙랩에서 사용자는 관찰대상이 아니라 공동창조자이기 때문에 상반된 관점 간 충돌을 촉진하는 시스템이다(Lewis, 2000). 역할과 행동 방식이 다른 여러 행위자가 참여하면 긴장과 패러독스가 발생할 수 있다(Leminen, et al., 2015: 2). 이러한 긴장과 패러독스는 협력이 아니라 갈등과 대립을 초래하기도 한다. 그런데 협력만 강조하면 집단적 의사결정의 문제가 나타날 수 있다. 집단적 의사결정에서는 의견 대립이 발생할 때 갈등 해결을 위한 의견 조정에 많은 시간과 비용이 든다. 또 특정 개인이나 집단이 의견을 주도하면 잘못된 해결책이 선택될 가능성이 높아진다. 하지만 갈등과 대립이 항상 혁신을 저해하는 것은 아니며 오히려 혁신 속도를 높일 수도 있다. 실생활에서 발생할 수 있는 충돌이 새로운 단계의 제품이나 시스템을 만드는 투입으로 작용할 수도 있는 것이다(Leminen, et al., 2015: 2). 따라서 협력과 갈등을 어느 정도로 허용하고 균형을 유지할 수 있는지가 리빙랩의 성공에 중요한 영향을 미치게 된다.

넷째, 리빙랩 활동에 필요한 자원 확보와 성과에 관련된 문제로 '사업화 패러독스'를 들 수 있다. 리빙랩에서 이루어지는 혁신활동에는 시장 출시 전후에 이루어지는 평가 외에 탐색, 실험도 있다(Bodí, et al., 2016). 따라서 모든 리빙랩 프로젝트가 사업성을 갖춘 해결책을 만들어낼 수는 없다. 리빙랩 프로젝트의 상당수는 아이디어, 개념, 프로토타입 단계에서 종결되기 때문에 실용화를 위해서는 추가 연구와 실험이 필요한 경우가 많다. 그런데 리빙랩 운영이나 혁신활동을 위한 자원의 충당을 위해서는 재정적 성과가 필요하다. 사업화를 통해 지속적 이익을 만들어낼 경우 리빙랩에 대한 자원 투자의 정당성이 높아질 수 있다. 리빙랩의 사업화 가능성을 높이려면 시장 수익 확보까지 견디기 위한 재정 능력 확보를 위해 기업의 참여 유도가 필요하다. 리빙랩은 초기 수요 창출을 위해 민관협력을 활용하며, 복잡한 환경에 진입할 때 존재하는 진입장벽을 낮추기 위해 중소기업 등을 참여 시킨다(Almirall, et al., 2012: 16).[18] 이때 리빙랩 참여 기업에게 사업화 가능성은 매우 중요한 문제다. 기업 입장에서 리빙랩은 개발과정 단축, 제품 개선, 혁신과정과 사용자 참여에 대한 이해와 학습 강화 뿐 아니라 시장에 대한 이해와 사업 확장 기회다(Ståhlbröst, 2013). 하지만 사업화가 불가능하거나 이익을 만들어내기 어렵다고 판단할 경우 기업의 참여 의지는 낮아질 수밖에 없다.

이렇게 리빙랩 성과를 사업화하는 것은 리빙랩에 필요한 자원 확보에 중요한 조건이지만, 사업화를 지나치게 강조하면 리빙랩의 잠재적 가치와 공적 기여 가능성을 저해할 수 있다. 리빙랩 프로젝트나 참여자의 목표가 아이디어나 개념 탐색인 경우도 많기 때문에 리빙랩의 연구 활동 결과가 시장출시로 이어져야 성공인 것은 아니다. 사업화를 과도하게 강조하면 신속한 성공이 가능한 프로젝트에만 집중하게 되어 리빙랩이 제품과 서비스의 공급자로 전락하게 된다(Katzy, 2012). 사업화를 전제하면 리빙랩은 사업화의 보조적 수단의 하나로 인식될 수밖에 없기 때문이다.

18) 사업화를 위해서는 좋은 비즈니스 모델, 재정 조건, 새로운 제품・서비스의 시장 진입을 가능케 하는 신생기업설립 등의 조건이 필요하다(Corallo, et al., 2013).

다섯째, '확산 패러독스'이다. 새로운 제도나 관리기법이 확산될 때 이를 받아들이는 동기는 효율성과 정당성으로 구분할 수 있다(이규용 · 손동원, 2001: 2; Pfeffer & Salancik, 1988: 193-197; Scott, 1995). 효율성 동기는 효용을 극대화하기 위해 새로운 제도와 기법을 수용하는 동기인 반면 정당성 동기는 성과가 아닌 정당성 강화에 기여하기 때문에 새로운 제도나 기법을 도입하려는 동기다. 최근 리빙랩에 대한 관심이 높아지면서 ICT 기반의 응용 기술 · 서비스 개발에 그치지 않고 지속가능한 시스템으로 전환을 위한 실험 공간(성지은 · 박인용, 2016)이나 사회혁신의 수단으로 운용되는 확산과 질적 전이가 나타나고 있다. 그런데 리빙랩의 확산이 효율성이 아니라 정당성의 동기에 의해서만 이루어질 경우, 부적절한 문제 상황에 리빙랩을 활용하거나, 리빙랩의 본질에서 벗어나 과제 수주를 위한 수단으로만 활용할 경우 리빙랩의 효용성과 가치뿐 아니라 정당성까지 훼손될 수도 있다.

4 리빙랩 활용과 패러독스에 대한 방안

리빙랩은 모든 문제를 일거에 해결해 주는 만병통치약이 아니다. 리빙랩이 다양한 용도로 논의, 활용되는 이유는 여전히 고정된 의미를 가지고 있지 않아서 확장가능성이 높기 때문이다. 확장 가능성만큼 해결해야할 문제도 많이 남아 있다. 앞서 살펴본 것처럼 모순적 요구에 따른 긴장은 리빙랩의 정당성과 성과를 제약할 가능성이 있다. 다양한 이해관계자의 참여는 복잡성을 증가시키고 복잡성이 증가하면 모순적 요소가 나타날 가능성도 높다. 따라서 패러독스를 인지하지 못하거나 무시함으로써 적절하게 관리하지 못할 경우 리빙랩의 성과는 제한될 수 밖에 없다. 리빙랩이 실생활 환경에서의 실험이듯 리빙랩에 내재된 패러독스를 인식하는 것이 현실 반영의 출발이라고 할 수 있다. 이와 관련된 몇 가지 함의를 살펴보면 다음과 같다.

첫째, 패러독스는 모든 유형의 관리나 운영에 거의 필연적으로 나타나기 때문에 리빙랩 패러독스의 존재를 인식하고 관리하는 것이 필요하다. 패러독스의 영향이 부정적인지 긍정적인지에 대한 일치된 의견은 없다. 하지만 패러독스를 어떻게 관리하는 가에 따라 그 결과는 긍정적일 수도 부정적일 수도 있다(Czarniawska, 1997). Poole & Van de Ven(1989)은 패러독스 해결 전략으로 패러독스를 받아들이고 건설적으로 사용하는 대립(opposition), 패러독스 요소를 상이한 분석 수준에 두는 공간적 분리(spatial separation), 패러독스 요소를 순차적으로 다루는 시간적 분리(temporal separation), 패러독스를 조화시키는 새로운 개념을 도입하는 통합(synthesis) 등 네 가지를 제시했다. 따라서 문제의 성격에 따라 다양한 해결 전략을 사용할 필요가 있다.

둘째, 혁신 주체로 참여할 사용자의 선발은 리빙랩의 성과에 중요한 영향을 미치기 때문에 상이한 요소를 가진 대표성있는 사용자를 선택할 수 있도록 선택 과정과 방법을 설계할 필요가 있다. 패러독스를 초래하는 대립적 요소를 받아들여 건설적으로 활용하는 것이다. 리빙랩의 핵심 요소는 개방적 참여와 공동창조라는 점에서 누가 참여할 지를 결정하는 선택 방법과 기준을 구체화하는 것이 필요하다. 참여자의 동질성이나 경험에서 나타나는 패러독스를 관리하지 못할 경우 리빙랩은 특정한 상황에만 적용 가능한 결과만 양산해 낼 수도 있다. 따라서 사용자나 이해관계자의 선택에 신중을 기할 필요가 있다. 동질성이나 경험 패러독스는 다양한 대표성을 가진 사용자를 선택할 수 있을 때 완화될 수 있기 때문이다. 따라서 사용자 선발과 타당성 검토를 리빙랩 기획에서 중요한 과정과 내용으로 포함시킬 필요가 있다.

셋째, 리빙랩에는 사용자 외에 여러 이해관계자가 참여하기 때문에 이들 간에 발생할 수 있는 과도한 갈등을 해소하고 혁신 공동체의 유지와 관리가 필요하다. 리빙랩의 실험 상황은 비판적 태도와 창의적 해결책 탐색을 촉진하며, 실생활 실험에 정부기관, 기업 등 다양한 집단이 참여하므로 이미 형성된 태도나 장애를 극복하는데 유용하다(Higgins & Klein, 2011: 33). 하지만 과도한 갈등은 리빙랩의 성과를 저해한다는 점에서 갈등을 적절한 범위 내로 유지할 필요가 있다. 따라서 혁신공동체의 유지와 관리에서 갈등 관리를 중요한 내용으로 포함시킬 필요가 있다. 또 상이한 이해관계를 표출하는 갈등표출과 합의를 도출하는 협력 단계를 시간적 순서에 따라 분리된 단계로 둠으로써 공통의 이해를 이끌어내는 방법도 고려해 볼 수 있다.

넷째, 목표가 다른 복수의 리빙랩을 상호 연계하는 리빙랩 집합체로서 리빙랩네트워크를 확장, 강화할 필요가 있다. 하나의 리빙랩에서 아이디어 형성, 프로토타입 개발, 출시 등을 한꺼번에 담당하는 것은 불가능한 경우도 많기 때문이다. 실용화 패러독스는 리빙랩이 당장 활용 가능한 제품이나 서비스를 만들어 내느냐의 문제와 관련된다. 그런데 모든 리빙랩의 목표가 제품 출시는 아니며 탐색이나 아이디어형성이 목표인 경우도 많다. 실용화나 즉각적 확산이 가능한 것만으로 리빙랩의 목표나 대상을 한정하면 리빙랩의 활용가치가 축소될 수밖에 없다. 따라서 상이한 단계와 영역에서 활동하는 복수의 리빙랩을 시간적 또는 공간적으로 연결하는 네트워크화가 필요하다. 탐색 프로젝트, 실험 프로젝트, 제품화 프로젝트가 독립적으로 수행되더라도 상호 연계될 수 있도록 구조화하는 것이다. 하나의 리빙랩의 성과가 다른 리빙랩의 투입이 될 경우 리빙랩의 다양성을 유지하면서도 사회적 의미가 있는 성과를 기대할 수 있다.

다섯째, 리빙랩이 단기적 유행이 아니라 사회혁신 수단으로 유용하게 활용되려면 리빙랩의 활용 조건과 범위, 대상을 구체화하는 것이 필요하다. 리빙랩이 유행으로 인식될 경우 연구개발에 필요한 사업 자금을 획득하는 통로로만 인식될 가능성이 높다. 또 실용적 측면에서 리빙랩이 패러독스를 극복하고 기대하는 성과를 거둘 수 있을 지 불확실하다.[19] 이에 따라 충분히 주목할 만한 성과나 효과가 없는 상황에서 너무 많은 리빙랩 계획이 수립, 실행되고 있다는 지적도 있다(Schuurman, 2015). 리빙랩은 어떤 문제라도 해결하는 전능한 방법은 아니다. 우리나라에서 리빙랩은 에너지, 주거, 교통, 교육, 건강 등 시민과 지역사회에 밀접한 분야에 주로 집중되어 있다(성지은・송위진・박인용, 2013: 16). 리빙랩의 활용 가능성을 고려할 때 적용 범위와 분야는 지속적으로 증가할 것으로 보이지만 리빙랩이 다룰 수 있는 범위와 한계를 이해하는 것도 필요하다.

19) 리빙랩에 대한 관심과 활용 시도는 계속 늘고 있지만 리빙랩의 성과를 판단하기에는 사례와 증거가 부족한 것이 사실이다. 특히 개별 리빙랩이 아닌 리빙랩의 전반적 성과에 대한 논의는 거의 찾기 어렵다. 그런데 Schuurman(2015)는 FLELLAP, LeYLab, Mediatuin, iMinds Living Labs 등 4개의 플랑드르 리빙랩 집단이 수행한 21개 리빙랩 프로젝트, 107개 연구 단계를 분석하고 성과를 비교했다. 성공 측면에서 보면 각 리빙랩 집단에서 절반 이상의 행위자들이 당초 목표로 삼았던 탐사와 활용 목표를 달성한 것으로 나타났다. 탐사를 목적으로 리빙랩에 참여한 행위자의 73%가 목표 달성에 성공한 반면 활용을 목표로 참여한 행위자의 성공률은 61%로 상대적으로 낮은 수준이었다(Schuurman, 2015).

제3장
사회문제 해결형 R&D 모델의 진화 과정과 과제

성지은 · 송위진

저출산 · 고령화, 저성장 · 양극화, 기후변화 · 에너지 · 환경문제가 심화되면서 이에 대한 대응이 과학기술혁신정책의 핵심 의제가 되었다. 그동안 과학기술 활동의 목표였던 경제성장 및 산업발전을 넘어 사회문제 해결, 삶의 질 향상, 지속가능성, 동반자적 생태계 구축 등의 공공적 · 사회적 가치가 중요한 이슈로 부각되고 있다. '가치지향적 전환(normative turn)'을 주장하는 이런 흐름은 혁신정책의 반성 속에서 이루어졌다. 역사상 유래 없는 과학기술발전에도 불구하고 기후변화, 고령화 같은 문제는 해결되지 않고 사회 양극화는 심화되고 있음을 성찰하면서 사회통합과 생태계 보호에 기여하는 혁신의 필요성을 강조하고 있다. 최근 이런 흐름이 전면화 되면서 지속가능한 사회 · 기술시스템의 전환을 목표로 하는 '전환적 혁신정책', 소셜 미션을 달성하기 위한 '임무지향적 프로그램'이 새로운 혁신정책 패러다임으로 부상하고 있다. 혁신정책의 방향성에 대한 심각한 고민이 시작된 것이다 (Weber and Rohracher, 2012; Schot and Steinmuller, 2018; Diercks et al, 2019; OECD, 2021; Mazzucato, 2018; Grin et al, 2010; 사회혁신팀 편역, 2014; 송위진 편, 2017; 2018).

우리나라도 이러한 변화의 흐름을 반영하여 '**사회문제 해결형 연구개발사업**'이 만들어졌다. 이 사업은 과기정통부(구 미래창조과학부)가 2013년부터 진행해왔는데, R&D의 목표를 사회문제 해결에 두고 기술 · 제도 융합 등 새로운 방식의 기획 · 관리 · 평가체계를 적용하고 있다. 기술개발뿐만 아니라 법・제도 개선, 인증 획득 등을 통합적으로 수행하며, 특히 리빙랩 방식을 추진체계로 도입하여 실제 생활공간에서 최종사용자와 연구자가 함께 제품을 개발하고 실증・평가하는 개방형 혁신활동을 수행하고 있다. 이 사업을 통해 혁신정책에서 수사(rhetoric)에 그쳤던 삶의 질 제고가 혁신정책의 의제가 되었고 정부연구개발사업으로 구체화되었다. 산업발전과 기업 지원에 초점을 둔 혁신정책을 넘어 사회와 새로운 관계를 형성하고 사회문제를 해결하는 혁신활동을 지원하는 정책이 만들어지기 시작한 것이다. 새로운 프레임에 입각한 사회문제 해결형 연구개발사업은 시행착오를 거치면서 진화하고 있다. 그리고 그 과정에서 정부연구개발사업의 중요 범주로 자리잡게 되었다.

사회문제 해결형 연구개발사업은 그 동안 한국 사회에 존재하지 않았던 사회문제 해결형 R&D 모델을 형성하는 데 결정적 기여를 했다. 사회적 목표를 지향하고 시민과 이해당사자가 참여하는 공동창조 활동을 수행하는 사회문제 해결형 R&D 모델이 필요하고 가능하다는 것을 구체적 사업과 활동을 통해 보여주었던 것이다. 그리고 이 과정에서 사회문제 해결형 R&D 모델을 지지하고 그것을 수행하는 조직공동체를 형성하는 역할도 했다.

이 연구는 2010년대에 전개된 이런 새로운 변화를 논의한다. 사회문제 해결형 연구개발사업의 진화과정을 통해 사회문제 해결형 R&D 모델이 한국 사회에 자리 잡게 되는 과정을 분석한다. 민간 기업 영역이나 시민사회에서 수행되지 않았던 사회문제 해결형 R&D 모델이 정부연구개발사업을 통해 형성되고 혁신활동을 수행하는 조직공동체가 전개되는 과정을 살펴볼 것이다.

이를 위해 제1절에서는 새로운 혁신모델인 사회문제 해결형 R&D 모델, 이를 지원・수행하는 조직공동체, 새 모델을 지원하는 제도가 공진화하는 과정을 분석하는 개념적 틀을 제시한다. 조직공동체의 발전과 새로운 모델의 학습, 정당성 확보를 위한 정치를 연계하는 틀을 제시한다. 제2절에서는 이 틀을 바탕으로 사회문제 해결형 R&D사업이 진행되면서 새로운 혁신모델이 형성・발전되는 과정을 살펴본다. 공공분야의 사업을 통해 공공・사회적 가치를 지향하면서 사회적 방식으로 추진되는 모델의 진화과정을 검토한다. 사회문제 해결형 연구개발사업의 전개과정을 정리하고 그 의미를 논의한다. 제3절에서는 논의를 종합하고 사회문제 해결형 R&D 모델의 활성화를 위한 과제와 정책 방안을 다룬다.

1 조직 · 혁신모델 · 제도의 공진화[20]

1) 조직공동체와 혁신모델, 제도의 공진화

사회문제 해결형 연구개발사업의 등장과 확산은 사회적 목표를 지향하며 다양한 **민 · 산 · 학 · 연 · 관** 주체들이 참여하는 사회적 방식으로 수행되는 새로운 유형의 혁신모델(사회문제 해결형 R&D 모델, 과학기술 · 사회혁신 융합형 혁신모델)[21]의 진화과정으로 볼 수 있다.

조직공동체론에서 논의되는 바와 같이 새로운 혁신모델이 등장하여 사회에 자리 잡는 과정은 해당 혁신모델만의 진화과정이 아니다. 사회문제 해결형 R&D와 같은 새로운 혁신모델(조직루틴), 관련 제도, 그것을 형성하고 활용하는 조직들이 상호작용하면서 혁신모델이 진화하게 된다(Tushman and Rosenkopf, 1994; 1998; Van de Ven and Garud, 1993; Wade, 1995).

새로운 혁신모델 · 제도 · 조직의 공진화는 '조직공동체(organization community)' 수준에서 이루어진다. 조직공동체는 새로운 혁신모델인 사회문제 해결형 R&D 활동에 참여하는 관련 부처, 대학 및 연구기관, 비즈니스를 전개하는 기업, 문제 상황에 있는 시민, 사회문제 해결 활동을 수행하는 사회혁신조직 등을 포괄한다. 이 조직공동체는 고정되어 있는 집단이 아니다. 제도의 진화와 새로운 모델에 대한 학습활동이 이루어지면서 조직공동체에 참여하는 구성원들과 구성원들 사이의 관계도 변화하게 된다(Wade, 1995; 1996; Van de Ven

---

20) 조직공동체와 혁신모델 · 제도의 공진화과정에 대한 자세한 논의는 송위진(2006: 제2장, 제3장), 송위진(2013: 제9장)의 논의를 참조할 것. 본 절의 논의는 송위진(2013: 제9장), 송위진 · 성지은(2021)의 내용을 일부 수정한 것이다.

21) 사회문제 해결형 R&D 모델은 그 성격 측면에서 볼 때 과학기술 · 사회혁신 융합형 혁신(techno-social innovation) 모델 혹은 사회 · 기술혁신(socio-technical innovation) 모델이라고 할 수 있다. 이 모델은 사회적 도전과제 대응 시 기술혁신만을 강조하는 접근, 시민사회의 사회혁신만을 강조하는 접근을 넘어 양자가 융합된 혁신을 강조하며 지속가능한 사회 · 기술시스템으로의 전환을 지향한다(Geels, 2004; 송위진 편, 2017).

and Garud, 1993; Tushman and Rosenkopf, 1994; 1998; DiMaggio and Powell, 1983).

혁신모델이 진화하는 과정에서 '조직공동체'는 혁신모델의 정당성을 확보하는 활동과 혁신모델 실행과 관련된 지식을 학습하는 활동을 수행한다. 즉 자신들이 참여하고 지지하는 혁신모델이 사회에 받아들여지도록 정당성을 확보하는 '정치' 활동과 모델 실행 관련 지식을 축적해가는 '학습' 활동을 하면서 혁신모델을 진화시켜 나간다. 혁신모델의 활용・확산과 관련된 제도형성 활동과 지식창출 활동을 동시에 수행하는 것이다.

'정치'는 새로운 혁신모델을 지지하는 조직공동체가 자신들이 지원하는 모델이 지배적 설계로 자리 잡도록 다른 조직에 직・간접적으로 영향력을 행사하는 과정이다. 정치과정에는 사회문제 해결형 R&D 모델에 참여하고 지원하는 조직들이 '사회정치적 정당성'을 확보하는 과정과 '인지적 정당성'을 확보하는 과정이 있다(Aldrich and Fiol, 1994). 이렇게 사회정치적, 인지적 정당성을 확보하게 되면 특정 혁신모델은 그 사회에서 당연한 것으로 받아들여져 제도화된다.[22)]

'학습'은 조직공동체 내・외부에 축적된 지식기반을 활용하여 새로운 혁신모델 실행과정에서 발생하는 문제를 해결하고 지식을 확장하는 활동이다(Dosi, 1988). 학습을 통해 조직공동체의 지식기반이 확대된다. 이는 이후 이루어지는 조직공동체에 참여하는 조직들의 학습활동에 영향을 미친다(Van de Ven and Garud, 1993; 송위진, 2009).

사회문제 해결형 R&D 모델을 지원하는 조직공동체는 학습의 주체인 동시에 정당성 확보를 통해 자신들의 이해를 관철시키고자 하는 정치활동의 주체이다. 조직공동체의 계속

22) 사회정치적 정당성이란 사회문제 해결형 R&D 모델과 관련된 이해당사자, 일반 시민, 여론 주도 집단, 정부관료 등이 그 활동을 규범과 법규에 비추어볼 때 정당하다고 받아들이는 것을 의미한다. 사회・정치적 정당성을 확보하면 그 기술을 지원하는 정책이나 제도가 만들어지게 된다(표준화, 공공구매, 국가연구개발사업 등). 인지적 정당성이란 사회문제 해결형 R&D 모델이 좋고 바람직한 것으로 인지되는 것을 의미한다. 인지적 정당성을 확보하면 그 모델에 대한 긍정적 '기대'가 형성된다.

되는 정치활동과 학습과정을 통해 어느 순간 특정 혁신모델이 사회정치적 정당성과 인지적 정당성을 확보하고 광범위하게 사용되는 상황이 전개된다. 지배적 설계가 등장하고 그것을 지지해주는 제도가 구축되면서 사회에 안착한다.

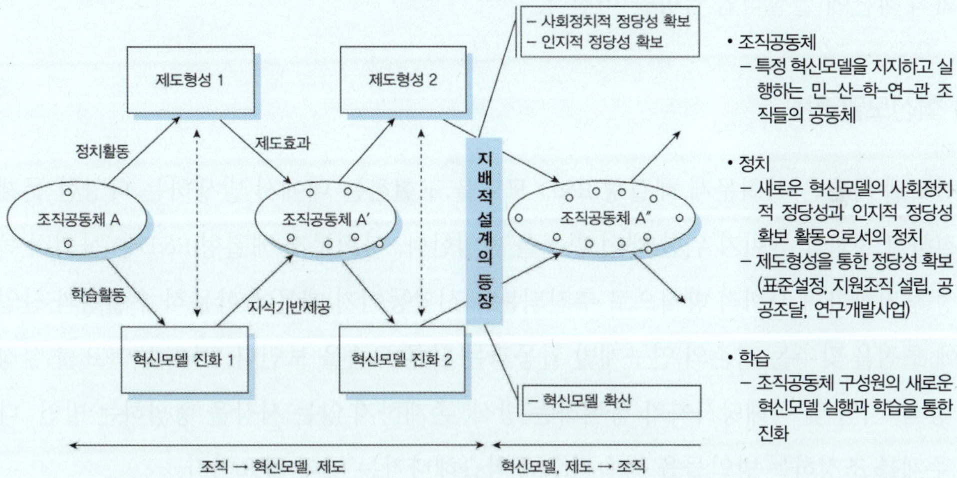

자료 송위진(2006: 24)의 일부 수정

| 그림 3-1 | 조직공동체의 정치와 학습활동을 통한 혁신모델 · 제도의 진화과정

지배적 설계가 등장한 이후 혁신활동은 그것을 개선하는 방향으로 진행된다. 즉 제도의 동형화(isomorphism) 효과 속에서 이미 형성된 지배적 설계를 따라 조직공동체의 혁신활동이 이루어지게 된다(DiMaggio and Powell, 1983). 조직공동체가 학습과 제도형성에 영향력을 행사해오던 상황에서 혁신모델과 제도가 조직들의 혁신활동을 규정하는 상황으로 변화하게 된다(Tushman and Rosenkopf, 1994; 1998).

2) 분석의 개념 틀

새로운 혁신모델인 사회문제 해결형 R&D 모델의 진화과정을 분석하기 위해 앞서 살펴본 3가지 개념을 중심으로 논의를 전개한다. 새로운 혁신모델의 학습, 새로운 혁신모델의 정당성 향상, 새로운 혁신모델을 지원하는 조직의 확대와 네트워크 형성은 새로운 혁신모델의 사회적 착근에 실질적인 영향을 미친다.

(1) 혁신모델 학습

혁신모델 학습은 사회문제 해결형 R&D 모델을 구현하는 데에서 발생하는 다양한 문제를 해결하고 성과를 높이기 위한 개선 활동을 지칭한다. 사회문제 해결형 R&D는 사회적 목표 달성을 지향하며 사회적 방식으로 추진되는 혁신활동이기 때문에 학문적 수월성과 산업혁신에 초점을 맞추는 기존의 연구개발 활동과는 다른 모습을 보인다. 사회적 목표를 설정하는 방식, 시민 및 이해당사자가 참여하는 방식, 존재하지 않는 시장을 형성하는 방안, 다양한 주체를 조정하는 방안들을 지속적으로 학습해나가는 것이 필요하다.

또 사회문제 해결형 R&D 모델이 지니는 의미와 위상을 성찰・재구성하는 활동도 혁신모델 학습에 필요하다. 사회문제 해결형 R&D 모델을 연구개발 활동의 하위 범주로 파악하는 시각을 넘어 '**전환적 혁신정책**', '**임무지향적 혁신정책**'이라는 새로운 혁신정책의 핵심사업이나 전범으로서 의미를 부여하고 의미를 재구성하는 활동도 중요한 학습과정이라고 할 수 있다.

(2) 정당성 확보 정치

정치 활동은 사회문제 해결형 R&D 모델의 법적・정치적・문화적 정당성을 향상시키는 활동이다. 사회문제 해결형 R&D 모델과 관련된 법적 근거를 마련하거나 사회문제 해결형 R&D 활성화를 위한 기본 계획 만들기, 사회문제 해결형 R&D 모델의 성과를 알리고 확산하는 소셜테크 페어와 같은 활동이 이에 해당된다. 공공부문을 대상으로 한 정당성 제고 활동, 산업영역과 시민사회를 대상으로 한 정당성 제고 활동 등 다양한 분야에서 이런 정치활동이 필요하다.

(3) 조직공동체 참여조직의 네트워크 형성

혁신모델 학습・개선 활동과 정당성 향상 활동을 수행하는 조직공동체는 이런 활동을 수행하면서 참여 조직을 확대하고 네트워크를 형성한다. 사회문제 해결형 연구개발사업을 추진하는 정부부처, 전담기관, 대학 및 연구기관, 정책연구기관, 기업, 시민사회조직, 사회혁신조직, 중간조직, 지자체 등은 사회문제 해결형 R&D 모델 조직공동체에 참여하고 협력관계를 형성하면서 새로운 혁신활동을 수행한다.

네트워크 형성 활동에는 사회정책 부서를 사회문제 해결형 연구개발사업에 참여시키는 활동, 그 동안 연구개발사업에 참여하지 못했던 사회혁신조직과 시민사회조직을 연구개발사업에 참여시키는 활동, 중간조직을 통한 사회문제 해결형 R&D 모델과 관련된 주체들을 연계하는 활동들이 포함된다.

한편 조직공동체에 참여하는 조직들과 이들이 형성하는 네트워크는 혁신모델 학습과 정치활동에 중요한 영향을 미친다. 많은 조직이 참여할수록 사회문제 해결형 R&D모델의 정당성이 향상되고 이들이 가진 자원의 양이 확대되며 공동사업을 수행할 수 있는 기회가 늘어나면서 학습활동이 활성화된다.

| 표 3-1 | 사회문제 해결형 R&D 모델의 공진화과정 분석의 주요 요소

주요 요소	내용	예시
혁신모델의 정당성 확보를 위한 '정치' 활동	사회문제 해결형 R&D 모델의 정당성 제고를 위해 활동 • 공공부문 내에서의 정당성 제고 • 민간 및 시민사회에서의 정당성 제고	• 과학기술기본법에 사회문제 해결형 연구개발사업의 근거마련 및 기본 계획 수립 추진 • 소셜테크 페어 개최 • 시민참여 사회문제 해결형 R&D 모델의 활성화
'조직공동체'의 네트워크 형성	사회문제 해결형 R&D 모델을 지지하고 활용하는 사용자, 연구기관, 공급업체, 기업, 시민사회조직, 공공조직과의 네트워크 구축	• 과기부와 경찰청 · 소방청 · 관세청 등 사회정책 부처의 협력사업 추진 • 사회혁신조직이 주체로 참여하는 연구개발사업 추진 • 한국리빙랩네트워크와 같은 중간조직의 설립 및 활동
혁신모델 진화를 위한 '학습' 활동	사회문제 해결형 R&D 모델 학습 • 사회문제 해결형 R&D 모델의 추진체제 개선과 관련된 학습 • 사회문제 해결형 R&D 모델의 의의와 위치에 대한 학습	• 시민참여형 혁신모델인 리빙랩의 도입 및 확대 • 새로운 정책패러다임인 전환적 혁신정책의 핵심 사업으로서의 인식, 사회 · 기술시스템 전환 관점의 도입

2 사회문제 해결형 R&D 모델의 진화과정 분석

2010년대를 거치면서 사회문제 해결형 연구개발사업 관련 정부 부처 및 지자체, STEPI와 KISTEP과 같은 정책연구·기획조직, 한국연구재단과 같은 전담조직, 한국리빙랩네트워크와 같은 당사자 중간조직, 실제 연구개발 활동을 수행한 대학과 연구기관, 기업, 협동조합·사회적기업·소셜벤처와 같은 현장 사회혁신조직 등이 조직공동체의 일원으로 사회문제 해결형 R&D 모델 학습과 정당성 확보 정치 활동을 수행했다. 그리고 이 과정을 통해 사회문제 해결형 R&D 모델이 진화하였다.

다음에서는 이들의 활동과 혁신모델의 진화과정을 분석한다. 이를 위해 과기부를 중심으로 한 사회문제 해결형 연구개발 관련 정책과 프로그램의 전개과정을 다룬다. 그 이유는 과기부가 2013년부터 시작한 "**사회문제 해결형 기술개발사업**"이 사회문제 해결형 R&D 모델의 출발점이자 선도 모델이 되고 있기 때문이다. 과기부의 동 사업은 명칭이 바뀌면서(국민생활연구 등) 계속 진행되고 있는데 이후 관련 부처, 공공부문, 민간부문 사회문제 해결형 R&D 모델의 패턴 메이커 역할을 하고 있다. 연구개발 추진 방식을 개선하고 그 결과를 바탕으로 '가이드라인'을 제시하면서 새로운 R&D 모델을 확산시키고 있다(미래창조과학부·한국과학기술기획평가원, 2016).

분석 대상 시기는 세 단계로 구분할 수 있다. 1단계는 도입기(2012-2016)로서 사회문제 해결형 R&D 모델이 과학기술계에 도입되는 시기이다. 2단계는 확장기로서 동 모델이 국가연구개발사업의 주요한 활동으로 제도화되고 과학기술분야를 넘어 사회정책 부처로 확장되는 단계이다. 3단계는 주류화기(2020년 이후)로 사회문제 해결형 R&D 모델이 연구개발사업의 새로운 주류로 부상하는 시기다. 사회적 도전과제 대응, 전환적 혁신정책, 임무지향적 혁신정책이 혁신정책의 새로운 패러다임으로 등장하면서 그것을 선도적으로 구현하는 모델로 사회문제 해결형 R&D 모델이 주류화되는 시기다.

1) 사회문제 해결형 연구개발 관련 사업의 전개 과정

(1) 도입기(2012–2016년)

국내외적으로 2000년대 들어오면서 과학기술을 경제 성장의 원천만이 아니라 사회 및 환경 문제에 대한 적극적 해결책으로 인식하면서 '제3세대 혁신정책', '총체적 혁신정책', '통합적 혁신정책, '사회적 혁신정책'과 같은 새로운 개념의 정책들이 등장했다. 과학기술의 역할 및 정책의 범위, 관련 주체가 확장되면서 혁신을 바라보는 관점과 목표의 전환은 물론, 이를 어떻게 조정・통합해 나갈 것인지, 시민사회 및 일반시민과의 관계를 어떻게 형성해 나갈 것인지가 중요한 이슈로 부각되기 시작했다(EC, 2002, 2004; OECD, 2005; Edler et al, 2003; 성지은・송위진, 2007; 송위진 외, 2008; 성지은・송위진, 2010).

이러한 혁신정책 담론의 변화에 대응하여 정책흐름에도 변화가 나타났다. 2007년 "기술기반 삶의 질 향상 종합대책"이 만들어졌고, 2008년 작성된 "제2차 과학기술기본계획(2008-2012)"에서 경제성장 중심에서 벗어나 국민의 건강하고 안전한 삶을 위한 기술개발을 추진하는 과학기술의 역할 확대가 논의되었다. 그러나 이런 정책들은 담론수준에서 더 발전하지 못하고 예산사업으로 연결되지 못했다.

2012년 "신 과학기술 프로그램 추진전략"(2012.12.27)을 통해서 구체적인 정책방안이 제시되기 시작했다. '행복을 위한 과학기술, 사회 속의 과학기술'을 모토로 처음으로 사회문제 해결형 R&D의 개념 및 추진전략이 제시되었다. 기존 정부연구개발사업과의 차이점으로 사회문제 해결이라는 일차적인 목표 외에 R&D－정책 부서 협업, 제도개선 등을 연계하는 문제해결형 융합 전략을 강조하였다.

| 표 3-2 | 사회문제 해결형 연구개발사업의 특성

구분		AS-IS **기술획득형**	TO-BE **사회문제 해결형 프로그램**
목적		국가의 경제발전에 초점을 둔 성장 중심	경제발전과 함께 삶의 질 향상을 추구하는 인간중심
		R&D · R&BD → R&SD(Research & Solution Development)	
1차 목표		과학 · 기술경쟁력 확보	사회문제 해결
특징		• 기술융합 • 공급자 위주 연구개발	• 문제해결형 융합(기술 + 인문사회 + 법 · 제도) • 수요자 위주 연구개발
단계별 특성	기획	연구개발부서 중심	연구개발부서와 정책부서 협업 중심
	관리	연구개발 진도 중심 관리(Program Manager)	문제해결 및 변화 관리(Solution Consultant)
	평가	• 논문 · 특허 등 연구 산출물 • 연구 성과 실증 · 확산	재화나 서비스의 생산 · 전달, 인식변화, 제도개선 등을 통한 사회문제 해결 정도
중점추진단계		기술개발	사회문제 탐색 및 서비스 전달 시스템화

자료 국가과학기술위원회(2012), 「신과학기술 프로그램 추진전략」

이어 2013년 "제1차 과학기술 기반 사회문제 해결 종합실천 계획"을 통해 국가가 지향할 사회상에 따라 해결해야 할 사회문제 30개가 제시됐다. 2015년 5월에는 "과학기술기본법 제16조의 6(과학기술을 활용한 사회문제의 해결)"을 신설[23)]하여 사회문제 해결형 연구개발사업의 법적 근거를 마련하였다.

23) "과학기술을 활용한 삶의 질 향상, 경제적 · 사회적 현안 및 범지구적 문제 해결을 위한 시책을 수립 · 추진하도록 한다"는 제16조의6 조항을 만들고 시행령으로 과학기술을 활용한 사회문제 해결종합계획 수립 · 추진(제24조의4)을 신설하였다. 이에 따라 미래창조과학부 장관은 과학기술을 활용한 사회문제를 해결하기 위해 5년마다 「과학기술기반 사회문제 해결계획」을 세우고 추진하되, 종합계획에는 사회문제 해결을 위한 연구개발사업의 촉진에 관한 사항 등이 포함되도록 했다.

구 분	일반 R&D	사회문제 해결형 R&D
최종 목표	기술고도화 / 경제적 성과 창출	사회문제 해결
발 굴	해당분야의 기술과 사업화에 대한 전문가 중심(연구자, 기업 등) 참여	사회문제의 당사자인 사용자(국민), 해결방법을 연구・개발하는 연구자・기업, 해결의 책임을 갖고 있는 정부가 함께 참여
기 획	• 전문가 중심의 기술고도화 기획 • 경제적 성과 창출을 위한 사업화 과정 고려	• 최종사용자, 연구자・기업 등이 동참하여 해결해야 할 문제를 고려한 '사회문제・기술개발 통합 기획' 실시 • 법・제도개선, 전달체계까지 고려
운 영 관 리	기술고도화, 경제적 성과추출을 위한 R&D 전문가 위주의 협업 시스템 구축・운영 ※ 산・학・연 삼중나선 구조	연구성과물(기술, 제도, 전달체계)이 실질적인 문제해결로 연결될 수 있도록 최종사용자와의 상시 피드백 시스템(리빙랩 방식) 운영 ※ 민・산・학・연 사중나선 구조
평 가	기술적・경제적 성과(논문, 특허, 매출 등)를 중점적으로 평가	사회적 영향(문제해결정도, 사용자 평가, 파급력 등)을 중점적으로 평가
성 과 활 용 확 산	• 우수기술 확보・향상 • 사업화를 통한 경제적 성과 창출 ※ 영리기업 주도	• 정부주도 제도개선, 공공구매 • R&D성과물 사업화를 통한 문제해결 ※ 사회혁신기업* 주도 • 우수 해결사례의 보급・확산

* (사회혁신기업) 사회문제 해결을 수행하는 기업으로 소셜벤처, 사회적경제조직, 공유가치 창출형 기업 등을 지칭

자료 미래창조과학부(2016)

| 그림 3-1 | 일반 R&D와 사회문제 해결형 R&D의 차이

"사회문제 해결형 기술개발사업"은 2013년 암 치료, 청소년 비만 예방, 유해화학물질 탐지 등 3개 과제로 시범사업을 시작했다. 2014년 녹조 및 미세먼지 등 2개 분야를 추가하면서 국민소통체계, 실증, 정책・법・제도 개선방안 도출을 제안요청서(RFP)에 명시하도록 했다. 또한 평가항목을 개편하여 성과활용과 대국민 소통체계 구축, 문제해결 가능성 등 사회문제 해결형 R&D의 특성을 반영한 요소를 추가했다.

이 사업은 2015년에는 "**사회문제 해결을 위한 시민연구사업**"으로 확대되어 ① 생활환경기술개발사업, ② 재난안전기술개발사업, ③ 격차해소기술개발사업으로 개편되면서 실증을 위한 '리빙랩 운영'을 필수항목으로 제시했다. 또한 사회정책 및 기술 전문가 외에 경영, 마케팅, 법제도 등 관련 분야 전문가로 구성된 '시민연구 멘토단'을 구성・운영해 개발제품 인증・표준화, 시범서비스 적용, 부처・지자체 협력 등에 대한 지원을 강화했다.

이 시기 과기정통부(구 미래창조과학부)의 일부 부서가 실행한 이 사업은 일종의 패턴 메이커이자 실험 촉진자 역할을 하면서 평가항목 개편, 리빙랩, 기술활용멘토단 등 다양한 정책 실험을 진행하였다. 2013년 사업은 문제해결을 위한 기술개발에 중점을 두고 있으나, 2014년, 2015년에는 사업 추진과정에서 현장 실증, 시민사회와의 소통을 강화했다. 2016년에는 "사회문제 해결형 R&D 사업 운영・관리 가이드라인"이 발간되었다. 이를 통해 과학기술을 활용한 사회문제 해결이라는 새로운 패러다임을 구현하는데 필요한 경험과 방법론을 연구 현장에 보급하고자 했다. 가이드라인에서는 문제발굴부터 기획・운영관리・평가・성과활용확산 전반에서 기존 R&D사업과의 차이점을 지적하고 있으며, 연구성과확산 과정에서 사회혁신조직의 주도적 역할을 강조하고 있다.

(2) 확장기(2017-2019년)

2017년부터는 사회문제 해결형 연구개발사업의 내용이 더욱 체계화되고 **국민생활연구사업**으로 확장되었다. 2016년까지 사회문제 해결형 기술개발사업 유형을 '생활환경', '재난안전', '격차해소'와 같이 주제별로 구분했으나, 2017년부터 '중규모', '소규모'로 구분해 추진하기로 했다. 이는 사회문제의 다양성·변동성·복합성 등으로 유형분류가 모호해지고 문제해결을 위한 다각적인 접근이 필요하다는 지적에 따른 것이다.[24]

2018년에는 주목할 만한 제도화 노력이 이루어졌다. 먼저 "제4차 과학기술기본계획(2018~2022)"(2018.2)에서는 국민참여 확대(과제10), 따뜻하고 포용적인 사회실현(과제19)을 전략으로 포함하여 국민생활과 밀접한 문제해결에 과학기술이 실질적으로 기여할 수 있는 토대를 마련했다. 이런 내용을 반영하여 과기부는 "과학기술을 통한 국민생활문제 해결을 위한 국민생활연구 추진전략(안)(2018.3.14)"을 제시하고 사회문제 해결형 기술개발사업을 국민생활연구로 확대 개편할 것임을 발표했다. 이 전략에서는 다양한 주체(국민 수요부처)의 참여, 문제해결 중심의 R&D 기획·관리·확산 체계 구축, 긴급연구 체계 도입 등을 통한 새로운 R&SD체계를 정립하고자 했으며, "국민생활연구를 위한 출연(연)의 역할과 책임(R&R)"에 대한 논의를 포함해 출연(연) 연구활동과의 연계를 강조했다.

이어 과학기술혁신본부 중심으로 "제2차 과학기술기반 국민생활(사회) 문제해결 종합계획('18-'22)"(2018.6.29)이 수립되었다. 이 계획을 통해 1차 종합계획 기간 동안 미흡했던 범부처 협력체계 구축, 사회문제 해결 생태계 구축, 과학기술의 사회적 가치 강화 등 3대 전략과 10대 추진과제를 수립하였다. 또 기존 1차 종합계획에서 제시된 30개 문제를 바탕으로 시민·관계부처·지자체가 제기한 심각성·시급성을 기준으로 40개 문제를 제시했다. 과학기술혁신본부는 다부처 공동기획사업에서 사회문제 해결형 연구개발과제를 기획하는 활동도 수행했다.

---

24) 중규모 과제의 경우, 국가적·사회적 이슈 대응이 필요한 사회문제에 대해 주로 하향식(Top-Down)으로 정부차원에서 다부처 공동기획을 통해 추진과제를 발굴하고, 부처협의체 운영 등을 통해 추진과제를 지원하기로 했다. 반면 소규모 과제의 경우, 특정계층 또는 일정지역 수요 대응이 필요한 사회문제에 대해 국민의 창의적 아이디어를 발굴하기 위한 상향식(Bottom-Up) 방식으로 운영하며, 필요시 해당 사회문제 해결이 시급한 지방자치 단체와 공동 프로젝트 방식으로 지원하도록 했다(한국과학기술기획평가원, 2016).

이 시기를 거치면서 관련 사업이 사회문제 해결형 연구개발사업을 시범 운영해 왔던 과기부내 국민생활연구팀을 넘어 과학기술혁신본부, ICT 부문으로 확장된다. ICT 분야에서는 "ICT R&D 혁신전략(2018.3)"을 통해 삶의 질을 개선하는 ICT R&D를 확대하기로 했다. 이를 기반으로 지자체와 ICT를 활용한 지역문제 해결 사업을 추진하고 ICT 사회문제 해결 R&D 정책협의회, ICT 사회이슈발굴단을 구성하여 ICT를 활용한 사회문제 해결사업을 추진하기 시작했다. 2019년에는 혁신본부 산하에 "국민생활(사회)문제해결 민관협의회"[25]를 상설화하여 범정부 정책연계를 강화하려는 활동이 이루어졌다.

2019년에 과기부는 R&D 성과물의 활용・확산을 위해 조달청과 협업해서 "공공조달연계형 국민생활연구 실증・사업화지원사업"을 추진하게 된다. 또한 지역의 도시문제, 주민애로문제 해결을 위한 행정안전부와의 협업사업, 경찰청과 협업한 "치안현장 맞춤형 연구개발사업(폴리스랩)" 등이 진행되면서 타 부처로 사회문제 해결형 R&D가 확장되는 양상을 보였다.

이와 함께 사회문제 해결형 R&D 모델과 리빙랩 활동을 지지하는 조직들이 참여하는 당사자 중간조직인 '**한국리빙랩네트워크**'가 2017년 만들어졌다. 한국리빙랩네트워크는 포럼을 통해 사회문제 해결형 연구개발사업의 필요성을 알리고 시민과 전문가가 협업하는 리빙랩 방식의 도입・확산을 지원하였다. 한국리빙랩네트워크는 새로운 혁신모델의 정당성을 알리고 여러 조직에서 수행된 리빙랩 활동 경험을 교류하는 플랫폼 역할을 수행하였고. "사회문제 해결형 R&D 리빙랩 길잡이"(2019)를 과기부와 함께 개발했다.

(3) 주류화기(2020년 이후)

2020년 들어 "사회문제 해결형 R&D 실효성 제고방안(안)"(2020.1.14., 국가과학기술자문회

25) 사회문제 해결 전 과정에서 부처 R&D사업의 연계・조정이 가능토록 범부처・지자체・민간전문가가 참여하는 협의회를 상설 운영하였다.

의), “국민 안전과 쾌적한 삶을 실현하는 연구개발 전략”(20.12.21, 국가과학기술자문회의) 등을 통해 사회문제 해결형 연구개발사업의 실효성을 높이기 위한 방안이 제시되었다. 그동안 진행된 사회문제 해결형 연구개발사업의 한계를 지적하고 정의 및 기준 구체화・명문화, 별도 예산 체계, SD(Solution Director)에 입각한 전문관리 체계, 포상제도 추진 등의 정책 방향을 제시하였다.

국가과학기술자문회의는 2021년 “실효성 제고를 위한 통합적 공공 R&D 이행전략”을 발표하였다. 사회적 도전과제 대응을 위한 사회문제 해결형 R&D가 민간부문의 혁신역량이 일정 수준에 오른 상태에서 공공부문이 추진해야 할 R&D의 방향이라고 강조하면서 공공 R&D의 핵심 이슈로 논의하기 시작했다(과학기술자문회의, 2021). 해외에서 논의되고 있는 ‘전환적 혁신정책’, ‘임무지향적 혁신정책’에 대한 담론들도 이런 변화에 영향을 미쳤다.

2021년에는 사회문제 해결 R&D의 성과 창출 확산 및 국민체감도 향상을 위해 “현장적용 확산을 위한 **사회문제 해결R&D 가이드라인**”(2021.4)을 마련・시행했다. 정부 R&D사업 규모는 증가하고 있으나, R&D 성과의 현장 보급・확산 및 성과물에 대한 국민의 인지도・만족도가 낮고 국민이 체감하는 문제해결형 성과창출에는 한계를 드러냈기 때문이다. 이에 대응하여 사회문제 해결 연구개발 활동의 현장적용 확산을 강화하기 위해 기존 사회문제 해결형 R&D와 구별되는 ‘현장적용형 사회문제 해결형 R&D‘ 개념을 별도로 제시하였다.[26] 그 동안 추진된 사회문제 해결형 연구개발사업의 성과를 점검하면서 사회문제 해결형 R&D 모델을 개선하기 위한 노력이 이루어진 것이다.

이 시기부터는 여러 부처가 사회문제 해결형 R&D사업을 수행하는 모습을 보여주고 있다. 이에 따라 다수 부처・사업으로 분산된 과제의 연계・협력이 시도되고, 사회문제 해결형 연구개발사업의 특성에 맞는 평가 체계 논의도 본격적으로 진행되었다.

26) 사회문제 해결R&D사업 중 현장적용성이 강한 사업을 유형화해서 사업기획 단계부터 ①사회적 수요가 높은 문제 해결 목표설정 ②현장수요자 참여체계 ③문제현장적용 확산 3가지 핵심개념요소를 모두 포함하도록 했다.

2020년에는 과기부를 중심으로 "국민공감·국민참여 R&SD 사업"이 진행되면서, 주민공감 현장문제 해결사업, 도시재생 연계 리빙랩 사업, 종합지원 허브구축 사업이 신규 추진되었다. 이 시기부터는 문제해결을 위한 부처 간, 부처-지자체 간 협업이 강조되기 시작했다. 대표적인 사례로 주민공감 현장문제 해결사업을 들 수 있다. 이 사업은 과기부의 사회문제 해결 R&D와 행안부의 지역 문제해결 공모사업을 연계하여 지역 현안을 해결하기 위한 기술개발에서 문제해결까지 연계하는 접근을 했다. 이 사업에서는 지자체·지역주민 및 과학기술 연구자가 직접 소통하며 기술개발과 적용·확산 방안을 마련하는 주민공감 기획리빙랩이라는 새로운 제도가 도입되었다.

| 표 3-3 | 사회문제 해결형 연구개발 관련 사업의 전개 과정(2012-2021)

	정당성 '정치'	조직들의 네트워크 형성	혁신모델 '학습'
도입기 (2012 ~2016)	2012 신 과학기술 프로그램 추진전략		새로운 유형의 R&D인 사회문제 해결형 R&D 개념 도입
	2013 제1차 과학기술 기반 사회문제 해결 종합실천 계획		
	2013 사회문제 해결형 기술개발사업 시범사업 시작		
	2015 사회문제 해결을 위한 시민연구사업으로 확대	사회적경제조직, 시민사회조직의 사회문제 해결형 연구개발사업에의 참여	• 사회문제 해결형 연구개발 사업에 리빙랩, 기술활용 멘토단 추진체제 도입 • 시민참여형 추진방식 제도화
	2015 과학기술기본법 제16조의 6 신설		과학기술기반 사회문제 해결 기본계획 수립 제도화
			2016 '사회문제 해결형 R&D 사업 운영·관리 가이드라인' 제시

확장기 (2017 ~2019)	2017 사회문제 해결형 R&D가 국민생활연구로 명칭 변경하며 사업 확장		
		2017 당사자 중간조직인 한국리빙랩네트워크 출범	
	2018 과학기술을 통한 국민생활문제 해결을 위한 국민생활연구 추진전략(안)	사회정책부처인 경찰청, 조달청 등과의 협업을 통한 사회문제 해결형 R&D의 확산	
	2018 ICT R&D 혁신전략	지자체와 ICT를 활용한 지역문제 해결 사업 추진 ICT 사회문제 해결 R&D 정책협의회, ICT 사회이슈발굴단 구성	
	2018 제2차 과학기술기반 국민생활(사회) 문제해결 종합계획('18~'22)	과학기술기반 사회문제 해결 민관협의회 구성	
			2019 '사회문제 해결형 R&D 리빙랩 길잡이' 발간
주류화기 (2020~)	2020 사회문제 해결형 R&D 실효성 제고방안(안)		
		행안부 등 관련 부처와의 협업 및 사회문제 해결형 연구개발사업의 전 부처 확산	주민공감 기획리빙랩 제도 도입
			2021 '현장적용 확산을 위한 사회문제 해결R&D 가이드라인' 제시
	2021 실효성 제고를 위한 통합적 공공 R&D 이행전략 발표	2021 소셜테크 페어 개최	
	2021 사회문제 해결형 R&D 사업에 부합되는 평가제도 도입 발표		

2) 사회문제 해결형 R&D 모델의 진화과정의 특성

(1) 정당성 확보를 위한 '정치'

과학기술을 통한 삶의 질 향상을 지향하는 사회문제 해결형 R&D와 관련된 정책방안은 참여정부에서부터 논의되어 왔지만, 실행성을 내포한 정책으로 구체화된 것은 '신 과학기술 프로그램 추진전략'(2012)이었다. 이후 이 전략을 반영한 과학기술기반 사회문제 해결 종합 실천계획(2013)이 마련되고, 사회문제 해결형 기술개발사업(2013)이 추진되었다.

이런 정책개발과 연구개발 활동의 출발점은 정부였다. 2012년 대통령 선거를 거치면서 복지가 핵심 의제로 부상하면서 그것을 반영한 연구개발 프로그램을 시작한 것이다. 그 이후에 전개되는 과학기술기본법 개정, 국민생활연구 추진전략, IT R&D 혁신전략, 제2차 종합계획 등도 정부가 주도하여 이슈를 발전시켰다. 공공・사회문제 해결과정에서 정부가 중요한 역할을 하기 때문이다. 물론 해당 문제와 관련된 시민사회조직이나 사회혁신조직들이 사회문제 해결형 R&D 모델의 확대를 요구하고 그것을 위한 활동을 할 수도 있었으나 활발한 활동이 이루어지지는 않았다. 과학기술활동이 전문가의 영역으로 받아들여지면서 시민사회의 제도형성과 정치 활동 참여는 활성화되지 않았다. 이들의 활동은 R&D와 연결되지 않고 비즈니스 모델이나 조직혁신에 초점을 맞춘 '사회혁신'에 한정되는 모습을 보였다. 이는 사회문제 해결형 R&D가 전문가 중심으로 운영되는 경향을 강화시키는 요인이 되었다.

2017년 전문성과 시민성의 결합, 과학기술과 사회혁신의 결합을 지향하는 리빙랩 활동을 옹호하는 조직인 '한국리빙랩네트워크'가 등장하여 사회문제 해결형 R&D의 강화, 리빙랩 활성화, 과학기술에의 시민참여 활성화, 과학기술과 사회혁신의 융합을 주장하기 시작했다. 여러 영역에서 활동하는 대학, 연구기관, 시민사회조직, 사회혁신조직, 전담기관이 자발적으로 참여한 당사자 중간조직인 한국리빙랩네트워크에서는 사회문제 해결형 R&D

의 법적・제도적 기반을 구축하기 위해 '(가칭)사회기술혁신촉진법'의 제정을 촉구하기도 했다.

이러한 정책・계획・사업・활동을 통해 다양한 과학기술 사회문제 해결 프로젝트가 진행되었지만, 여전히 사회문제 해결형 R&D 모델 확산은 혁신정책의 주류 의제는 아니었다. 산업기술혁신이나 기초연구 활성화와 비교했을 때 투입되는 예산이나 관심도는 상당히 적으며 혁신정책 일반이나 국가의 주요 의제와 연결되지 못하고 파편적으로 진행되었다(과학기술자문회의, 2021). 이로 인해 사회문제 해결형 R&D의 핵심 주체인 과학기술연구자들에게도 비주류 연구개발 활동으로 해석되어 소극적 참여만 이루어졌다(성지은・송위진, 2019). 또 다른 파트너인 시민사회조직, 사회혁신조직은 연구개발능력이 취약해 사회문제 해결형 R&D 모델을 구현하는 데 한계가 있다. 사회문제 해결형 R&D 모델은 정당성 확보를 위한 정치 활동을 통해 정부연구개발사업의 한 분과로서 지위를 확보했지만, 중요성이 낮은 주변부 혁신활동으로 받아들여졌던 것이다.

그러나 2020년대에 들어서면서 변화의 조짐이 나타나고 있다. 사회 전체적으로 사회적 가치 창출과 사회혁신에 대한 관심이 높아지고, 경제계에서는 ESG(Environmental, Social, and Governance) 및 '이해당사자 자본주의'가 핵심적 이슈가 되면서 지형이 바뀌고 있다. 또한 혁신정책 일반에서도 지속가능한 사회・기술시스템으로의 전환을 지향하는 '전환적 혁신정책', 사회 임무 달성을 위한 '임무지향적 혁신정책'이 새로운 혁신정책 패러다임으로 부상하면서 사회문제 해결형 R&D가 이를 구현하기 위한 핵심 프로그램으로 인식되기 시작했다. 사회문제 해결형 R&D 모델에 대한 정치적・인지적 차원에서의 정당성이 강화되는 환경이 조성되고 있는 것이다.

(2) 조직들의 네트워크 형성

신 과학기술 프로그램 정책이 도입되고 '사회문제 해결형 기술개발사업'이 진행되면서 이를 기획・실행・관리하는 조직들을 중심으로 사회문제 해결형 R&D 모델의 조직공동체가 형성되기 시작했다. 과기부의 담당 팀, 한국연구재단, 대학과 출연연구기관의 연구자등이 사회문제 해결형 R&D에 참여하게 된 것이다. 이에 따라 연구개발사업과 같은 방식으로 사회문제 해결형 R&D가 시작되었다.

그러나 2015년 동사업이 사회문제 해결형 시민연구사업으로 확대・개편 되면서 전환점을 맞게 된다. 추진체제에 리빙랩과 기술멘토 활용단의 컨설팅이 주요 요소로 들어오게 된 것이다. 이로 인해 그 동안 연구개발사업과 관계가 없었던 사회적경제조직이 연구개발사업 리빙램 운영 기관으로 참여하게 되었다. 또 사회문제 해결형 R&D가 기존 방식과 다르기 때문에 필요한 사회・기술기획, 법・제도 개선 활동, 서비스 전달 방식 등을 멘토링하는 다양한 전문가들이 참여하는 지원팀도 만들어졌다(성지은 외, 2016).

2018년을 전후해서는 과기부의 ICT 관련 부서가 본격적으로 사회문제 해결형 연구개발사업을 추진하고 경찰청, 행안부 등과 같은 사회정책부처와 과기부가 협업하는 프로그램이 도입되면서 조직공동체에 참여하는 부서・부처도 늘어났다. 특히 그 동안 연구개발사업을 수행하지 않았던 사회정책부처들이 사회문제 해결형 연구개발사업을 통해 사업에 진입하는 계기가 마련되면서 사회문제 해결형 R&D의 외연이 확대되기 시작했다. 2020년대에 들어와서는 거의 전 부처가 사회문제 해결형 연구개발사업이나 리빙랩 관련 사업을 시행하고 있다.

한편 2017년에는 한국리빙랩네트워크가 만들어지면서 사회문제 해결형 R&D 모델에 참여하는 조직공동체가 확장되기 시작했다. 한국리빙랩네트워크는 그 동안 각개약진해왔던 사회문제 해결형 R&D 조직과 시민사회를 중심으로 한 사회혁신조직을 연계하는 장을 형성하면서 전문조직과 사회혁신조직의 네트워크 형성을 지원하는 역할을 했다. 이는 사회혁신조직이 본격적으로 국가연구개발사업과 사회문제 해결형 R&D 모델에 관심을 갖는 계기가 되었다. 또한 사회문제 해결형 R&D 사업 추진과정에서 축적된 경험과 지식을 정리하고 보급하여 관련 사업과 활동에 다른 조직들이 참여할 수 있는 능력을 함양하고 기회의 창을 제공하였다.

이런 흐름을 반영하여 과기부를 중심으로 과학기술기반 사회문제 해결 민관협의회도 구성되어 민간분야의 전문가와 시민사회조직 대표, 사회문제 해결형 연구개발사업을 추진하는 부처, 지자체가 참여하게 되었다. 2021년에는 그 동안 진행된 각 부처의 사회문제 해결형 연구개발사업 결과물을 홍보하는 소셜테크 페어가 열렸고 소셜벤처와 기업, 시민들이 참여한 네트워크 형성의 장이 펼쳐졌다.

3) 혁신모델의 학습

사회문제 해결형 R&D 모델은 그동안 연구개발 활동의 관심사가 아니었던 사회문제를 과학기술과 연계하여 해결하는 방식을 개발・실험하면서 새로운 프레임을 제시하고 그 내용을 진화시키는 모습을 보이고 있다.

이 과정에서 과학기술지식 공급 중심의 기존 R&D의 관성을 넘어서기 위한 '기각 학습(unlearning)'이 이루어졌다. 정책안이나 가이드라인을 통해 기존 R&D와 사회문제 해결형 R&D의 차이를 도식화하여 다른 프레임으로 사업이 진행되어야한다는 점이 계속 강조되었다.

다른 한편으로는 혁신모델에 리빙랩, 법・제도 개선, 시장형성 전략 고려 등 새로운 요소가 도입되면서 다양한 실험과 시행착오를 거쳐 점진적인 모델 진화가 이루어졌다. 실험을 통해 모델 추진과 관련된 암묵지와 경험을 축적하고 그것을 가이드라인이나 길잡이 형태로 형식지로 만드는 작업이 진행되었다(Nonaka, 1994). 사회문제 해결을 목표로 설정하고 사회・기술기획, 사회혁신조직의 참여, 사회문제 해결 정도에 따른 평가 방식을 도입한 사회문제 해결형 연구개발사업의 요소들이 정부연구개발사업에 처음으로 도입된 것이었다. 따라서 공무원, 전담기관, 대학 및 연구기관이 이를 이해하고 실행하는 데는 여러 어려움이 있었다. 이런 상황을 개선하기 위해 그 동안의 사업운영 경험을 정리한 '사회문제 해결형 R&D 운영·관리 가이드라인'이 발간되었다.

연구개발사업에 시민참여형 모델을 도입하는 데에는 상당한 어려움이 있었다. 특히 그동안 거의 상호작용이 없었던 과학기술계와 사회혁신·시민사회의 협업에는 많은 어려움이 있었다. 이런 문제를 해결하기 위해 시민참여형 혁신모델인 리빙랩이 도입되고 다양한 실험이 이루어졌다. 그 결과물을 반영하여 '사회문제 해결형 R&D 리빙랩 길잡이'가 마련되었다. 리빙랩은 주로 연구개발 실행과정에서 활용되었는데 경험이 축적되면서 기획단계에도 활용되는 기획리빙랩이 도입·활용되기 시작했다. 기획리빙랩은 사회문제 해결형 R&D 사업의 기획과정을 혁신하는 기능을 수행하여 연구개발 초기부터 사용자인 주민의 의사가 반영되고 문제해결 중심의 사업기획이 이루어지는데 중요한 기여를 했다.

한편 사회문제 해결형 R&D 사업은 다부처 사업 형태로 진행되는 경우가 많았다. 과기부와 같은 기술부처가 주축이 되는 경우도 수요 부처와 협업이 필요했던 것이다. 초기 단계에만 같이 하고 연구개발 활동은 각자하는 형식적인 부처 간 협업이 아니라 문제 설정 단계부터 시제품 실증 및 보급·확산까지 연계하는 새로운 조직방식이 요구되었던 것이다. 사회문제 해결형 연구개발사업이 진화하면서 협업하는 방식도 학습이 이루어져 지역문제 해결 주민공감사업처럼 과기부의 R&D와 행안부의 비R&D 활동이 함께 추진되는 방식도 등장하고 있다.

| 표 3-4 | 사회문제 해결형 R&D 모델의 진화과정 특성

	진화과정의 특성
정당성 확보를 위한 정치	• 민간부문의 이해당사자보다는 정부 주도의 제도형성 활동이 진행됨. 조직공동체의 한축인 시민사회・사회혁신조직군의 정치 활동은 미흡 • 과학기술부문과 사회혁신 부문을 연계하는 당사자 중간조직인 한국리빙랩네트워크의 등장 및 옹호 활동 진행 • 아직도 비주류 영역에서 진행되는 혁신활동과 모델로 존재 • 혁신정책 패러다임 변화로 주류 정책으로 전환될 수 있는 기회의 창 열림
조직공동체의 네트워크 형성	• 산학연 중심으로 구성되던 조직공동체에 시민사회와 관련된 사회적경제조직의 참여가 이루어짐 • 참여부처는 과기부에서 시작해서 사회정책 부처 등 여러 부처로 확산되는 양상을 보임 • 소셜테크 페어 등을 통해 소셜벤처, 일반 기업까지 공동체 확대 노력 • 한국리빙랩네트워크를 통한 과학기술조직과 사회혁신조직과의 연계 활동 진행
모델 학습	• 전통적인 R&D 추진체제의 '기각 학습'과 함께 리빙랩, 멘토링・컨설팅, 법・제도 개선 등과 같은 새로운 요소들의 실험 및 학습 • 실험을 통해 축적된 암묵지와 경험을 '가이드라인' 형태로 형식지화 하여 확산하고 그것을 다시 학습 • 시민들과 협업을 추진하는 리빙랩 방식의 학습, 여러 부처 및 지자체와 협업하는 방식의 학습이 전개됨

3 종합 및 과제

1) 종합

2010년대 이루어진 사회문제 해결형 R&D 모델의 진화과정은 기존 혁신모델과 혁신의 목표가 다르고 주요 참여자도 상이하며 추진방식도 다른 새로운 혁신활동이 한국 사회에 착근되는 과정이었다. 지난 10년 동안 사회문제 해결형 R&D 모델은 한국 사회 혁신모델의 하나로 자리 잡는 데 성공했다. 이는 그 동안 큰 기조 변화 없이 진화해온 한국 과학기술혁신활동과 정책을 혁신하는 계기를 만들었다. 사회문제 해결형 R&D 모델의 진화는 2010년대 한국 과학기술혁신정책의 변화를 대표하는 사례로 손꼽을 수 있다.

이런 성공적인 착근의 배경에는 사회・경제환경 변화가 있다. 2008년 금융위기로 인한 양극화의 심화, 지구촌 사회의 핵심 의제로 부상한 기후위기, 빠른 속도로 고령화되고 있는 한국 사회의 조건이 산업경쟁력 강화 중심의 혁신정책 프레임을 성찰하는 계기가 되었다. 경제적 이익을 최우선 목표로 설정하는 기업들조차도 사회적 가치를 논의하며 ESG가 일종의 규범이 되는 상황도 영향을 주었다(서진석, 20121; 송위진・성지은 2021). 또 해외에서 전개된 과학기술혁신정책의 패러다임 전환의 흐름도 이런 변화에 기여했다. 2010년대를 거치면서 유럽을 중심으로 나타난 사회・기술시스템의 지속가능한 전환을 주장하는 '전환적 혁신정책', 사회적 임무(social mission) 달성을 목표로 하는 '임무지향적 혁신정책'의 확산은 새로운 혁신정책과 혁신모델 탐색을 촉진하는 요인이 되었다. 사회・경제 환경의 변화, 담론 지형의 변화가 사회적 가치와 사회적 목표를 추구하는 새로운 혁신활동과 정책에 대한 수요로 나타난 것이다(Weber and Rohracher, 2012; Schot and Steinmuller, 2018; Diercks et al, 2019; Grin et al, 2010; 사회혁신팀 편역, 2014; OECD, 2021; Mazzucato, 2018; 송위진 편, 2017; 2018).

사회문제 해결형 R&D 모델이 한국 사회에 자리 잡는 과정은 정부와 공공부문이 주도했다. 시민사회와 사회혁신조직은 정책개발과 혁신활동에 소극적이었으며 리빙랩 운영을 담당하는 집행 주체로서만 활동했다. 시간이 지나고 당사자 중간조직의 활동 등을 통해 사회혁신조직의 참여가 확대되기 시작했지만 전체적으로는 적극적 모습을 보이지는 않았다. 같은 시기에 사회문제 해결을 위한 시민사회조직·사회혁신조직의 사회혁신활동이 활발했지만 이들이 사회문제 해결형 연구개발사업과 결합되거나 스스로 사회문제 해결형 R&D를 수행하는 적극성을 보여주지는 못했던 것이다. 혁신정책이나 사회문제 해결형 연구개발사업에 대한 정책 제안도 거의 없었다. 그 동안 서로 다른 세상에서 각개약진 해왔던 과학기술계와 사회혁신계가 협업하는 데는 시간과 경험이 필요했기 때문이다.

이러한 한계에도 불구하고 사회문제 해결형 R&D 모델을 구현하는 데 필요한 지식을 창출하는 학습활동은 활발히 전개되었다. 리빙랩 방식의 시민참여 모델 도입, 법·제도 개선과 결합된 R&D활동, 공공구매와의 연계, 지자체와 함께하는 사업모델, 새롭게 추가된 요소들의 운영을 지원해주는 멘토링 활동 등이 빠르게 도입되었다. 그리고 이 결과는 길잡이나 가이드라인 형태로 정리되어 보급되었다. 당사자 중간조직인 한국리빙랩네트워크를 통해서도 관련 지식이 신속하게 확산되었다. 과학기술혁신정책의 '가치지향적 전환'을 지향하며 사회문제 해결형 R&D에 참여했던 주체들이 가졌던 사회운동적 성향이 이런 학습과정에 영향을 미쳤다. 그리고 추진체제제로 도입된 멘토링 활동도 사회문제 해결형 연구개발사업을 통해 축적된 경험을 정리하고 확산하는 데 상당한 기여를 했다.

2) 과제

(1) 정치: 전환적 관점의 도입과 임무지향적 간판 프로그램 운영을 통한 주류화

사회문제 해결형 R&D 모델의 등장으로 새로운 일하는 방식이 도입되고 그것을 바탕으로 다양한 프로젝트를 수행하면서 경험을 축적하고 있다. 그러나 이제는 그런 활동들을 해결해야할 문제를 중심으로 연계하고 위계를 설정하는 작업이 필요하다. 즉 문제 상황의 개선을 넘어 현재 사회・기술시스템의 전환을 지향하는 관점과 틀을 도입하여 '전환적 혁신정책'을 구현하는 프로그램으로 진화가 필요한 것이다. 시스템 전환을 위한 전환실험으로서 그 의미를 명확히 하고 파편적으로 진행되는 프로젝트를 비전에 입각한 실험의 형태로 조직화하는 전환적 관점의 도입은 전환적 혁신정책의 선도 모델로서 사회문제 해결형 모델의 의미를 명확히 하는 것이기도 하다.

그리고 이런 작업을 사회적 임무 달성을 위한 임무지향적 프로그램으로 구체화하고 일종의 간판(signature) 사업을 추진할 필요가 있다. 이를 통해 주변부에서 진행되는 다기한 풀뿌리 프로젝트를 전략적 의도를 갖는 연구개발 프로그램으로 진화시킬 수 있다. 이는 사회문제 해결형 R&D 모델을 주변부에서 주류 프로그램으로 변화시키는 계기를 제공해줄 것이다.

이 때 관계모형(relational model)에 입각한 사업 수행이 필요하다. 우리나라와 같이 중앙집권형 발전국가 전통이 있는 경우 전환적 혁신정책이나 임무지향적 프로그램은 정부와 공급자가 방향을 정하고 정책을 전달・집행하는 전달모형(delivery model) 형태로 진행될 가능성이 높다. 따라서 수평적인 시각에서 사회혁신조직과 시민, 정부, 연구기관, 기업과 협업을 통해 문제해결 활동을 수행하는 플랫폼방식의 사업 추진이 필요하다(Muir & Parker, 2014).

(2) 네트워크 형성: 사회혁신조직 및 기업의 참여 촉진을 통한 조직공동체 확대

사회적경제조직을 포함한 사회혁신조직, 일반 기업의 참여가 조금씩늘어나고 있지만 민간분야에서 활동하고 있는 **사회혁신조직**의 사회문제 해결형 R&D 참여는 여전히 미흡하다. 사회혁신조직은 과학기술과 관련된 능력이 충분하지 않고, 기존의 연구개발사업 운영시스템에서는 사회혁신조직이 주관기관이 될 수 있는 기회가 많지 않기 때문이다. 따라서 정책적 차원에서는 연구개발사업 기획시 사회혁신조직의 참여를 활성화 하는 정책과 이들이 전용으로 활용할 수 있는 연구개발 프로그램을 개발・운영하는 것이 필요하다. 예를 들어 기존에 개발된 기술과 사회혁신조직이 제공하는 사회서비스를 결합하여 문제를 해결하는 연구개발사업처럼 기술개발 관련 진입장벽을 낮춘 사업 또는 소셜벤처 전용의 연구개발사업을 만들어서, 사회적경제조직, 소셜벤처와 같은 사회혁신조직의 조직사회문제 해결형 R&D 참여를 촉진할 필요가 있다.

일반 기업의 사회문제 해결형 R&D 모델의 도입도 활성화할 필요가 있다. 최근 진행되고 있는 ESG와 관련된 규범들을 소극적으로 따르는 것을 넘어 사회문제 해결을 통해 ESG와 관련된 성과를 창출하는 기업사회혁신활동을 활성화할 필요가 있다.

(3) 학습: 과학기술・사회혁신 융합형 혁신모델 발전을 위한 혁신 플랫폼 구축

사회문제 해결형 R&D 모델은 매우 다양한 민・산・학・연・관 주체들이 함께 혁신활동을 수행하는 모델이다. 서로 생활세계가 다른 조직과 사람들이 상대편을 이해해가면서 혁신활동을 수행해야 하는 것이다. 이를 위해서는 협력을 통해 공동탐색과 공동기획, 공동사업을 체계적으로 수행하여 지식을 공동창조해나가는 혁신 플랫폼이 필요하다. 이를 통해 사회문제 해결을 위해 각개약진 해왔던 사회문제 해결형 연구개발과 사회혁신이 통합되는 '**과학기술・사회혁신 융합형 혁신모델**(Techno-social Innovation model)'이 구체화될 수 있을 것이다. 또 이 과정에서 전환에 대한 전망을 민・산・학・연・관이 함께 고민하면서 전환의 비전과 궤적을 같이 형성하는 학습이 이루어질 수 있다.

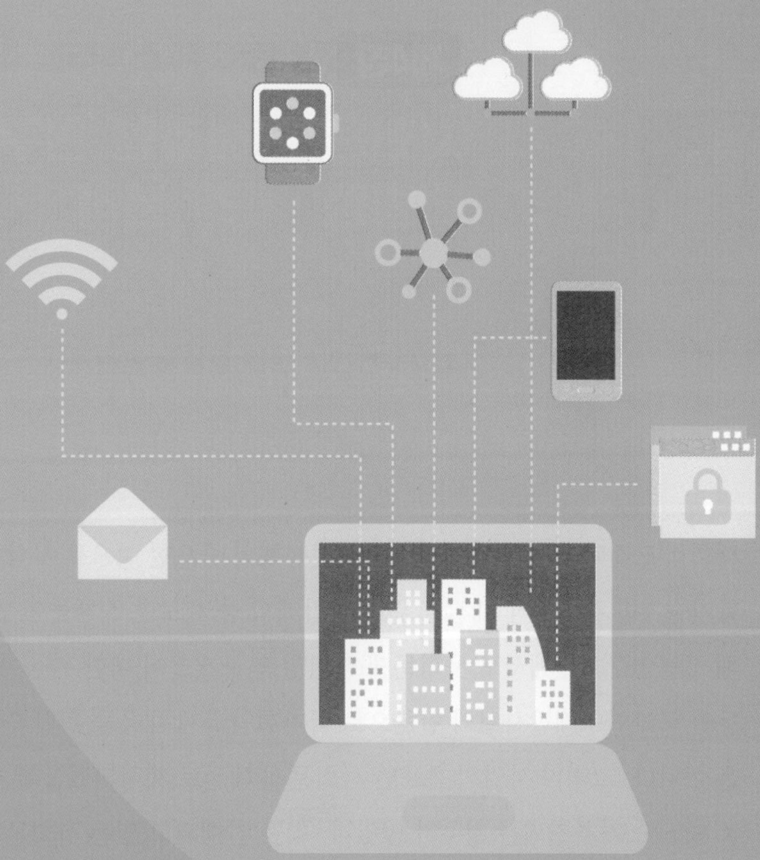

제2부

전문가 조직과 리빙랩

제4장

사회문제 해결형 연구개발과 리빙랩: 사례 분석

송위진・성지은

사회적 도전과제 대응이 과학기술혁신정책의 중요한 축으로 부상하면서 국민생활연구, 과학기술기반 사회문제 해결을 위한 종합계획 등 새로운 정책들이 만들어지고 있다. 이로 인해 공공연구기관에서도 사회문제 해결형 연구개발에 대한 관심이 높아지고 있다. 물론 그동안 국가연구개발사업의 일환으로 국가현안과제 대응을 위한 연구개발사업이 없었던 것은 아니다. 그러나 사업의 목표만 사회문제 해결로 제시되었을 뿐 실제 연구개발 과정은 기존 방식으로 추진되는 경우가 많았다. 최근 진행되고 있는 사회문제 해결을 위한 연구개발은 사업 목표와 추진방식이 기존 사업과 다르다는 것을 강조하면서 새로운 추진체제를 명확히 제시하고 있다(미래창조과학부・한국과학기술기획평가원, 2016; 과학기술정보통신부, 2018b).

이렇듯 새로운 관점에서 사회문제 해결을 지향하는 정책과 사업이 전개되고 있지만 기존 연구개발과 차별화시키는 사회문제 해결형 연구개발의 특성은 충분히 논의되고 있지 않다. 아직 많은 경험과 지식이 축적되지 못했기 때문이다. 이와 함께 과학적 수월성과 산업혁신에 초점을 맞추어왔던 연구자들이 새로운 추진체제를 어떻게 받아들여 문제해결 중심의 참여형 연구개발을 수행할 것인가에 대해서도 충분한 검토가 이루어지지 않았다.

본 연구에서는 이런 상황을 극복하기 위해 현재 전개되고 있는 사회문제 해결형 연구개발의 특성을 탐색하고 그 특성이 현장 연구자들에게 확산되기 위해서 어떤 접근이 필요할 것인지 전망한다. 이를 위해 기존에 수행된 연구개발사업 중에서 성공을 거두었고 사회문제 해결과 리빙랩을 통한 시민참여라는 사회문제 해결형 연구개발의 기본 원칙을 구현하고 있는 과제를 선정하여 사례연구를 수행한다.

본 연구에서는 과학기술정보통신부가 추진한 '사회문제 해결형 기술개발사업'에서 최우수 평가를 받은 과제의 연구개발 추진과정을 분석하고 그 특성을 정리하며 성과와 한계를 논의한다. 사례연구의 구체적인 내용은 2차 자료 분석과 인터뷰 결과를 바탕으로 정리되었다.

1 사회문제 해결형 연구개발 분석의 틀

이 글에서는 사회문제 해결형 연구개발의 기본 구조를 정리하고 연구자·행정가에게 그 특성을 설명하기 위해 개발된 "사회문제 해결형 연구개발 운영·관리 가이드라인"을 분석의 틀로 설정한다. 이 가이드라인은 과학기술정보통신부가 다수의 연구자와 관리기관, 공무원들과 함께 수행한 연구와 실천 경험을 종합해서 만들었다(미래창조과학부·한국과학기술기획평가원, 2016). 이는 새로운 사업에 익숙하지 않은 공무원과 연구자들에게 사회문제 해결형 연구개발의 특성과 수행방식을 알려주기 위해 개발되었다. 가이드라인은 그 동안 이루어진 사회문제 해결형 연구의 특성과 사례에 대한 연구(송위진·성지은, 2013b; 송위진 외, 2018), 정책적 지침(국가과학기술위원회, 2013)을 종합하고 현장에서 축적된 경험(성지은 외, 2016a; 2016b)을 반영하여 도출된 틀로 일종의 사회문제 해결형 연구개발 모델이라고 할 수 있다. 사회문제 해결형 연구개발에 대한 사회과학연구자, 현장 사업담당 공무원, 연구관리 기관의 사업관리 담당자가 참여하여 기존 논의들을 종합했고 또 연구와 정책현장에서의 적용 가능성을 고려하여 설계·개발했다. 때문에 사회문제 해결형 연구개발과 관련된 정책·연구공동체에서는 논의의 출발점이 되는 '개념적 준거틀'로 자리잡고 있다.

가이드라인에 따르면 공공연구개발사업으로 추진되는 사회문제 해결형 기술개발의 최종 목표는 사회문제 해결을 통한 사회적 가치의 창출이다. 문제 발굴도 당사자, 연구자, 정부 등이 참여하는 참여적 거버넌스를 통해 진행된다. 이런 참여적 거버넌스는 사회문제 해결형 연구개발 전 과정에 그대로 적용된다. 동시에 연구의 기획과정은 기술기획을 넘어 **사회·기술기획**의 성격을 지닌다. 기술적 해결방안 뿐만 아니라 개발된 기술을 활용해서 사회문제를 해결하는데 필요한 법·제도적 대응 방안, 기술을 최종사용자에게 전달하는 체계까지도 고려하며 기술을 넘어 사회·기술혁신의 전망을 다룬다. 연구수행과정에서는 사용자 참여형 프로그램인 리빙랩을 운영하여 연구자와 사용자가 지속적인 상호작용을 하면서 기술을 진화시키게 된다. 연구평가는 기존의 수월성과 상업성을 넘어서 연구개발을 통한 사회적 효과(social impact)를 중심으로 진행되어야 한다고 주장한다. 제도개선과 공공구매 방안을 고려한 사업화 방안도 깊이 있게 고려해야할 사항이다.

본 연구에서는 4가지 요소를 개념적 틀을 구성하는 핵심 변수로 설정하고자 한다. 3가지 변수는 앞의 가이드라인에서 강조되는 요소들로서 문제해결을 위한 일반적인 과정과 관련된 변수다. 문제해결을 위한 문제발굴과 정의 → 문제 해결을 위한 대안 개발 → 대안을 적용해서 문제를 해결하는데 필요한 조직구성과 관련된 변수들이다. 마지막 변수는 사회문제 해결형 연구개발의 확장가능성에 대한 것이다. 이는 사회문제 해결형 활동이 특정 프로젝트에 한정된 일시적 활동이 아니라 같은 연구팀 내, 그리고 조직 내·외부로 확대·확장(scale-up)되어 새로운 패러다임으로 발전할 가능성을 검토하는데 도움이 된다.

발굴·기획: 문제해결을 위한 사회·기술기획

사회문제 해결형 연구개발 활동을 효과적으로 수행하기 위해서는 기술적 문제뿐만 아니라 사회문제에 대한 이해가 필요하다. 사회문제를 이해하려면 사회문제 관련 당사자들과의 협의를 통한 문제 파악과 구체화가 필요하다. 이를 위해 사업 초기부터 기술개발과 관련된 이해당사자, 가치사슬의 주요 과정, 법·제도 문제, 전달체계에 대한 이미지를 형성하는 사회·기술기획이 필요하다(송위진·성지은, 2013a). 그리고 이 과정에서 사회문제의 현장에서 생활하고 있는 최종사용자들의 실질적 참여가 이루어지면서 연구자와 시민의 긴밀한 소통이 필요하다.

운영관리: 참여형 기술개발

해당 사회문제 해결과 관련된 주체들의 참여는 사회문제 해결형 연구개발의 핵심적 요소이다. 참여의 방식은 매우 다양하다. 리빙랩에서 이루어지는 연구자와 조직화된 사용자와의 반복적인 상호작용은 개발된 기술의 현장 적용성을 높인다. 그리고 이 과정을 통해 현장의 암묵지와 과학기술계의 형식지가 상호작용하면서 지식창출이 이루어진다. 참여형 연구개발은 혁신 과정에서 다양한 이해관계를 반영하면서 민주성을 높이고 지식창출을 촉진한다(성지은 외, 2014; 송위진 외, 2017; Nonaka, 1994).

성과 활용 · 확산: 사회적 효과 실현을 위한 법 · 제도 · 전달체계 구성

개발된 제품과 서비스가 사회적 효과(social impact)를 내려면 민간 시장이나 공공 시장에서 판매되어 사용되어야 한다. 사회문제 해결형 연구개발은 그 동안 해결되지 않았거나 잠재되었던 문제를 해결하기 위해 새로운 제품 · 서비스를 개발해 시장을 형성하게 된다. 사회문제를 새로운 방식으로 해결하는 제품 · 서비스 개발이 시장 형성을 촉진하는 것이다. 새로운 제품 · 서비스이기 때문에 인증 · 표준 문제를 해결해야 하고, 공공구매나 규제와 같이 수요 형성에 영향을 미치는 법 · 제도 개선에도 관심을 기울여야 한다. 그리고 개발된 기술이 현장에서 쓰일 수 있도록 전달체계를 구축해야 실질적인 사회적 효과를 낼 수 있다. 이 때 사회적 가치에 기반한 비즈니스를 수행하는 '사회적경제조직', 사회적 가치와 경제적 가치를 동시에 형성하는 '공유가치 창출형 영리기업' 등과 같은 사회혁신조직이 사업화를 담당하는 경우가 많다.

새로운 연구개발방식의 확장: 연구팀의 행동변화

사회문제 해결형 연구개발을 수행하는 연구조직은 연구개발 과정에서 최종사용자와 반복적으로 상호작용을 하면서 기존에 접하지 못했던 새로운 경험을 하게 된다. 그리고 이를 통해 변화의 필요성을 느끼고 연구개발방식을 변화시키게 된다. 추후 이루어지는 연구개발 활동에서 사회문제 해결형 연구개발 방식을 활용하거나 유사한 작업을 수행하는 연구조직과 연계되면서 새로운 연구개발방식을 확장하게 된다(송위진 엮음, 2017; 사회혁신팀, 2014; Geels, 2004). 이러한 과정을 통해 사회문제 해결을 지향하는 연구개발을 수행하는 연구조직은 기존 연구개발시스템의 전환을 위한 니치(niche)가 될 수도 있다.

2 사례 분석

사회문제 해결형 연구개발은 과학기술정보통신부(구 미래창조과학부)가 2013년 '사회문제 해결형 기술개발사업'이라는 명칭의 사업을 시행하면서 본격화되었다. 본 사업은 크게 생활환경, 재난안전, 격차해소로 구분되었다. 생활환경 부문은 시민들이 일상생활에서 체감하는 문제를 대상으로 하며, 특히 건강 및 환경문제에 집중되어 있다. 재난안전 부문은 유해가스 유출, 폭발사고 등 지역・국가 단위에서 발생할 수 있는 재난・재해를 핵심 문제로 설정하고, 이를 해결하는 제품・서비스를 개발하고 있다. 격차해소 부문에서는 실생활에서 발생하는 사회・경제적 격차를 주된 문제로 설정하고, 취약계층 보호를 위한 저가・양질의 제품 및 서비스를 개발한다(미래창조과학부・한국과학기술기획평가원, 2016).

사례 연구 대상이 된 과제는 '**야간 작업자의 사고 예방을 위한 자가 발전 기술 기반 융합형 안전장비 제작 및 실증**' 프로젝트다. '사회문제 해결형 기술개발사업'의 일환으로 추진된 과제로서 최우수(S) 등급을 받았다. 그리고 사업 추진과정에서 사회문제 해결형 연구개발의 가이드라인을 구현하려고 노력한 과제라고 할 수 있다.

1) 과제 개요

야간 작업자나 지하 같은 어두운 공간에서 일하는 작업자들은 항상 위험에 노출되어 있다. 야간에는 보행자 및 작업자의 식별이 어렵기 때문에 야간 작업자는 교통사고에 특히 취약하다. 이미 야간 안전장비가 사용되고 있지만 여러 가지 문제점이 있다. 일반적으로 사용되는 반사형 안전조끼는 외부 광원이 비추어야만 식별이 가능하고 순간적으로 운전자가 움직임을 놓치는 경우가 많다.

| 표 4-1 | 사례 과제의 개요

과제명	야간 작업자의 사고 예방을 위한 자가 발전 기술 기반 융합형 안전장비 제작 및 실증
총괄 과제책임	성태현(한양대학교)
참여기관	성균관 대학교, 누리가온협동조합
연구기간	총연구기간 : 2015.10.1-2017.9.30
연구비	총연구비 : 1,100백만원 내외
분야	사회문제 해결형 기술개발사업의 격차해소 기술개발

자료 성태현(2017)

이 과제의 목표는 '야간 작업자의 사고 예방을 위한 자가발전 기술 기반 융합형 안전장비를 제작 및 실증'이다. 즉 사용자의 움직임에서 발생하는 에너지를 전기에너지로 바꾸는 자가 발전 모듈, 이것을 빛으로 바꾸는 발광 모듈, 이를 구비한 안전 의복을 개발하고 실증하는 과제다. 작업자가 이 장치와 의복을 착용하면 자가 발전된 에너지로 발광다이오드(LED)가 빛을 내기 때문에 시인성이 높아져서 운전자가 작업자를 쉽게 확인할 수 있다. 이 장치는 인체의 운동에너지를 빛에너지로 바꾸기 때문에 배터리를 바꾸지 않고도 오래 사용할 수 있다.

이 과제는 한양대학교의 전기공학과, 의류학과, 기계공학과, 미래자동차 공학과, 행정학과, 성균관대학교의 신소재공학과가 융합연구를 수행했으며 사회적경제조직인 누리가온협동조합을 중심으로 성동구청, 세종시 등의 환경미화원 조직이 참여했다.

2) 문제 해결을 위한 사회 · 기술 기획

이 사업의 연구책임자는 에너지 하베스팅(energy harvesting) 분야에서 원천기술을 보유하고 있으며 문제해결 지향성이 강하고 소통능력이 있는 연구자다. 그는 운동과 압력을 에너지로 전환하는 기술을 통해 우리 사회가 직면한 에너지 문제를 해결하는 연구를 해왔다. 한

전 전력연구원에서도 근무했고 기업도 운영해봤기 때문에 현장 기술개발에도 상당한 경험이 있다. 또한 리더십과 관련된 대중 강연을 많이 하는 강사여서 일반인들과의 소통에도 능통하며 하는 일의 가치를 중시한다. 연구실에만 있는 연구자가 아니라 현장과 소통하는 능력을 가지고 있는 연구자라고 할 수 있다. 뒤에서 살펴보겠지만 연구기간 동안 자주 현장을 방문해서 최종사용자들과 숙의를 할 수 있었던 것도 이런 개인적 지향과 경험이 뒷받침되었기 때문이다.

연구팀은 야간 작업자의 교통안전 문제는 에너지 하베스팅 기술을 통해 해결할 수 있다는 판단 하에 과제를 수행하게 되었다. 에너지 하베스팅 기술을 활용하면 작업자의 운동에너지를 통해 오랫동안 쓸 수 있는 발광형 작업복을 만들어 안전문제에 기여할 수 있을 것이라는 생각이었다. 문제 상황과 문제해결 과정에 대한 전체적인 파악은 제한적이었다.

이 때 한국연구재단은 사회문제 해결형 연구개발의 특성을 구현하기 위해서는 문제 파악에서도 새로운 접근이 필요하고 생각했다. 때문에 연구자들에게 문제의 특성과 전체 과정을 인지시키기 위해서 기술기획 과정에 새로운 방식을 도입했다. 한국연구재단은 연구팀이 협의를 통해 '9블록 모델'을 작성토록 하여 문제가 무엇이고 개발된 제품・서비스가 어떤 과정을 거쳐 현장에 도달하는지에 대한 이미지를 그리도록 하였다. 일종의 사회・기술기획 툴을 제공하여 문제를 정리하고 이해관계자를 살펴보게 한 것이다.

9블록 모델은 기업 영역에서 비즈니스 모델 설계에 활용되는 비즈니스 모델 캔버스(Business Model Canvas)[1]를 국가연구개발사업에 사용하기 위해 변형시킨 것으로 최종 수요자, 전달체계, 해결해야할 문제, 결과물을 정리하는 일종의 틀이다. 연구팀은 9블록 모델을 작성하면서 문제해결과 관련된 연구개발의 구도를 잡을 수 있었다(알렉산더 오스트왈더 외, 2011).

1) 비즈니스 모델 캔버스는 기업이 고객에게 어떤 가치를 어떤 방법으로 전달하고 어떻게 수익을 창출하는가를 한 눈에 볼 수 있게 해준다. 기업활동의 핵심 파트너, 핵심활동, 핵심자원, 비용, 가치제안, 고객관계, 채널, 고객 그룹, 수익 등을 종합적으로 보여주는 표다(알렉산더 오스트왈더 외, 2011).

| 표 4-2 | 사회문제 해결형 기술개발 9블록 모델 작성 결과

<table>
<tr><th>관련부처 및
협력 조직</th><th>문제 및 해결방안</th><th>결과물</th><th>중간단계
(생산, 판매)</th><th>사용자와
사용자 요구사항</th></tr>
<tr>
<td rowspan="3">• 시, 도 지자체
– 심사 및 선정 구 매 발주 및 용역 발주
– 피드백주체
• 의복제작업체
– 제작 / 생산
• 청소용역업체
– 구매발주
– 피드백주체</td>
<td>• 고가의 LED → 저가 업체 모색
• 스마트웨어 세탁문제 → 탈부착 형태 모색
• 장비로 인한 작업복 무게증가 → 소재의 경량화</td>
<td rowspan="3">• 발광키트 포함 안전장치
• 자가발전 기반 스마트웨어</td>
<td>생산 기술개발에 참여한 업체가 담당</td>
<td rowspan="3">• 실사용자
– 야간 작업자(환경미화원 노동자) 시인성, 고휘도, 착용성, 경량성, 유지보수용이, 내구성
– 야간보행자(교통안전취약계층) 시인성, 고휘도, 착용성, 경량성, 유지보수용이, 내구성
– 자전거/원동기 운전자시인성, 고휘도, 착용성, 경량성, 유지보수용이, 내구성, 심미성
• 구매자
– 지자체(도시청결과) 향상된 시인성, 내구성 합리적 가격, 보급용이
– 청소용역 업체(지자체 입찰) 향상된 시인성, 내구성 합리적 가격, 보급용이</td>
</tr>
<tr><th>핵심요소기술 및
중간성과물</th><th>홍보 및 교육</th></tr>
<tr>
<td>• 자가발전 모듈
• 자가발전 기반 스마트웨어 디자인
• 행동분석 시뮬레이션
• 마찰전기 에너지 자가발전소재/소자
• 전력제어 회로
• 안전발광키트(30mcd급 고시인성발광키트)
• 자가발전형 에너지 발전소자(마찰 전기 발전소자)</td>
<td>• 지자체홍보 담당공무원 → 협력업체 초청 전시 및 발표
• 전문가 홍보 → 학회참가 및 발표)
• SNS를 통한 대국민 홍보 → 시드센터 태그 이벤트</td>
</tr>
<tr><th colspan="2">법적, 제도적 방안</th><th colspan="3">경제적, 사회적 혜택</th></tr>
<tr><td colspan="2">• 지자체조례 수정 · 보완
• 입찰평가 항목 다양화 → 품질기준 등 도입</td><td colspan="3">• 경제적 : 안전기술 시장 수익창출
• 사회적 : 안전취약 계층 생명보호</td></tr>
</table>

자료 성지은 외(2016a)

그러나 현장의 구체적인 문제는 이런 모델에 포괄될 수 없기 때문에 좀 더 심화된 지식과 정보가 필요하다. 연구팀은 작성된 모델을 가지고 기술개발에 들어갔지만 현장의 사용자가 어떤 맥락에서 그 기술을 받아들이고 활용하는지에 대해서는 충분한 정보와 지식이 없었다. 따라서 리빙랩을 통해 프로토타입을 개발하고 평가하는 과정에서 여러 시행착오를 겪게 되었고 현장의 구체적인 상황을 알게 되었다. 또 법・제도 문제도 초기부터 검토하고 대응방안도 짰지만 문제를 풀려면 해당 부처와의 협업, 지자체의 조례 개편 등이 필요하다는 것을 추후에 알게 되었다.

정리하면 연구팀은 9블록 모델을 활용해 일반적이고 추상적인 차원에서 사회・기술기획 활동을 수행했다. 그러나 이런 정도의 사회・기술기획으로는 현장의 맥락을 제대로 이해하기 부족했고 결국 최종사용자 및 현장과 상호작용하면서 내용이 심화되고 진화되는 양상을 보여주었다. 9블록 작성이나 전문가 회의 등 사회・기술기획이 이루어졌지만 추상수준이 높은 활동이었기 때문에 현장 맥락에 기반한 요구와 정보・지식, 법・제도 개선 사항을 충분히 파악할 수 없었다. 따라서 이런 지식과 정보는 리빙랩을 운영하면서 '실행을 통한 학습'을 통해 알게 되었다. 사전적으로 사용자의 맥락과 관련 세부 사항에 대한 심화된 정보를 얻을 수 있었다면 시행착오를 줄일 수 있었겠지만 우리 사회에 축적된 경험과 정보가 많지 않기 때문에 어려움을 겪었다.

3) 참여형 기술개발

본 과제의 가장 큰 특징은 매우 적극적으로 리빙랩 활동이 이루어졌다는 점이다. 연구실에서 제품을 개발한 후 최종사용자 의견을 듣는 선형적 방식이 아니라 제품 개발 과정에서 중간결과물을 바탕으로 최종사용자와 숙의하는 활동이 진행되었다.

연구팀은 최종사용자와 이해당자자의 의견을 듣고 프로토타입을 평가 받기 위해 1차 년도에 35회, 2차 년도에 24회의 리빙랩 방식의 사용자 만남을 개최했다. 사용자 요구를 구체화하고 개발된 제품의 착용감과 느낌, 편의성을 조사하기 위해서 야간 작업자들이 근무하는 새벽에 현장에서 리빙랩 활동을 진행하기도 했다. 과제에 참여한 사회적경제조직인 누리가온협동조합은 현장 방문 및 리빙랩 활동을 연계하는 역할을 했다. 조직화된 시용자 그룹을 섭외하고 연계하는 역할도 했다. 방문 현장에서는 설문조사부터 참여관찰, 포커스 그룹 인터뷰 등 다양한 방식의 조사와 의견 교환이 이루어졌다.[2)]

이와 함께 성동구청, 중구청, 공주시청, 세종시청 등의 환경미화원을 포함하여 현장 작업자와의 소통도 이루어졌다. 청소업무를 담당하고 있는 지자체를 방문하여 청소 작업의 현황, 문제점, 안전성 확보 방안을 탐색하였다. 환경미화원들은 초기에는 자신들을 이용해서 무엇인가를 하려는게 아닌가라는 의심이 눈초리로 바라보면서 연구팀을 경계했다. 그러나 여러 번 지속적으로 만나고 청소 작업 후 아침식사를 같이 하면서 친밀도가 높아지고 활발한 참여가 이루어지기 시작했다. 매우 적극적으로 의사표현도 하기 시작했다. 이 과정에서 파악된 사용자의 목소리는 나름대로 현장을 분석적으로 접근했던 연구자의 상상력을 넘어서는 것이 많았다. 연구책임자는 다음과 같이 이야기 하고 있다(산학뉴스, 2018).

> 야간 작업자의 안전성 확보를 위해 시인성을 좋게 하려고 LED를 밝게 하려고만 했다. 그런데 현장에서 사용자가 착용해보니 눈이 부셔 불편함을 호소했다. 오히려 밝기를 줄여야 했다. 만약에 리빙랩을 하지 않았다면, 연구실에선 누가 가장 밝게 만들까 경쟁을 했을 것이다. 그런데 현장에서는 적당한 간접 조명이 필요했던 것이다.

게다가 초기 프로토타입은 압전기술을 활용한 자가발전장비를 작업복의 팔 부분에 공

---

2) 필자들도 새벽에 이루어진 리빙랩 진행과정에 참여한 적이 있다. 새벽 3시에 최종사용자인 환경미화원이 작업하는 곳에 가서 개발된 의복 착용 경험과 의견을 나누는 자리였다. 연구팀에 대한 환경미화원들의 의견 개진은 거리낌이 없었다. 쓴 소리도 자주 이루어졌다. 작업이 끝난 후 10~20여명의 환경 미화원과 식당에서 식사를 같이 하면서 설문조사와 함께 포커스 그룹 인터뷰가 이루어졌다. 여기서도 활발한 의견 교환이 이루어졌다. 여러 번의 교류가 있으면서 적극적인 의견 교환이 이루어질 수 있는 환경이 조성된 것이다.

간을 만들어 끼우는 방식이었다. 이는 작업자의 동작 시뮬레이션을 통해 도출된 효율성이 가장 좋은 기술적 해법이었다. 그러나 사용자의 입장에서는 적절한 대안이 아니었다. 작업자들은 작업이 끝난 후 즉시 작업복을 벗기 때문에 2~3분 정도의 시간을 들여 장치를 팔부분에 빼고 넣으려 하지 않았다. 기술적 대안으로서는 훌륭했으나 현장 사용자들은 이런 방식에 비판적이었다. 이것도 연구팀이 애초에 생각하지 못했던 상황이었다.

문제해결을 위한 핵심적 대안이 난관에 봉착해서 과제 제안 요구서(RFP)에는 없었지만 우회적인 방법이 논의되었다. 그 대안 중의 하나는 압전기술을 활용해서 빛을 내는 작업화를 만들어 시인성을 높이는 것이었다. 개발된 작업화는 배터리 사용기간이 길고 재미있기도 해서 사용자들에게 의외로 큰 호응을 얻었다.

이런 난관을 거치면서 장비의 시인성을 높이고 사용자들의 수용성을 높이기 위해 노력한 결과 허리띠와 조끼 형태의 자체 발광 장치를 만들 수 있었다. 착용하고 벗는 데 많은 시간이 걸리지 않기 때문에 제품의 수용성이 높아졌다. 결국에는 최종 수용자가 만족할만한 제품이 개발된 것이다.

그리고 과제와 직접 관련된 것은 아니지만 새로운 작업복 개발 수요도 발견할 수 있었다. 젊은 미화원들은 옷과 몸에 배인 냄새문제를 매우 심각하게 생각했다. 냄새는 미화원이 집으로 돌아갔을 때 이웃이나 가족들로부터 계속 지적을 받는 것으로 상당한 스트레스를 주는 문제였다. 리빙랩을 통해 냄새를 막는 제품과 서비스에 대한 사용자들의 강한 잠재적 수요가 파악되었다.

사용자들과의 반복적인 상호작용을 통해 연구팀은 일반적인 조사와 관찰로는 파악할 수 없는 실제 요구사항과 잠재적 수요를 파악할 수 있었다. 그리고 그 수요를 반영하여 사용자들에게 좀 더 유용한 제품으로 진화시켜 나갈 수 있었으며 새로운 내밀한 수요도 발굴할 수 있었다.

4) 사회적 효과 구현을 위한 법 · 제도 · 전달체계 구성

법 · 제도적 요인에 대한 조사 · 분석은 초기부터 수행되었다. 이는 한국연구재단이 초기 단계부터 연구팀에 요구한 것으로서 세부 과제의 형태로 법 · 제도 조사 · 분석 작업이 진행되었다. 그러나 개발된 기술을 사회적으로 활용하기 위해서는 넘어야할 법 · 제도적 장벽이 높았다.

인증 문제는 이미 존재하는 일반 전기기기 관련 과정을 거치기 때문에 큰 어려움은 없었다. 그렇지만 최종사용자들을 대상으로 한 제품 실증에서 IRB(생명윤리위원회) 심의 및 인증획득이 문제가 되었다. 야간 작업자를 대상으로 하는 '설문조사'를 심의 받는 데에도 1달 정도의 시간이 소요되어 제품개발이 늦춰지는 상황이 발생했다.

이런 과정을 통해 개발된 자가발전 기술을 탑재한 작업복은 작업자들에게 여러 측면에서 도움이 되었다. 개발된 제품은 빛을 내면서 시인성을 높여 위험을 회피할 수 있도록 했고, 가벼운 소재를 사용해서 착의성도 향상되었다.

그러나 이것이 현장에 적용되는 과정에서는 구매 · 확산을 막는 어려운 문제가 도사리고 있었다. 환경 미화원을 위한 작업복과 장비를 구매하는 권한은 지자체에 있고, 야간 작업자의 안전은 중요한 고려 사항이 아닌 경우가 많기 때문에 제품 구매가 어려웠던 것이다. 환경 미화원과 관련된 예산은 지자체가 자율적으로 결정하기 때문에 싼 가격의 작업복을 구매하는 관행이 있다. 안전장비 미 착용시 처벌한다는 조항만 있을 뿐 구체적인 기준은 없기 때문에 기존 재귀반사판을 활용한 보호능력이 떨어지는 값싼 작업복이 계속 사용되고 있다. 환경 미화원의 인건비도 매우 낮고 작업환경도 좋지 않기 때문에 안전성이 향상된 작업복 구매는 처우 개선에서 우선순위도 낮았다.

이런 상황은 사회문제 해결형 기술개발에 중요한 시사점을 주고 있다. 사회적 가치를 반영한 좋은, 적절한 가격의 제품이 개발되어도 그것이 구매되어 현장에서 활용되려면 정책적 뒷받침이 있어야 한다는 것이다. 약간의 비용이 더 들더라도 작업자와 시민의 안전을 위해서는 감수해야 한다는 정책적 접근과 문화가 형성되어야하고, 정부와 소비자의 영역인 수요 부문에서도 사회적 가치를 중시하는 접근이 이루어져야 개발된 기술이 활용될 수 있다는 것이다. 그리고 제품 가격도 가능하면 저렴하게 해야 공공구매의 난관을 넘어설 수 있다. 그러나 현실은 각박해서 각 지자체로부터 관련 제품의 대량 구매는 이루어지지 않고 있다. 제품의 가격을 낮추고 기능을 더 개선하기 위해서는 수요 확대가 필수적인데 이를 위해서는 조례 개선이나 새로운 의제 설정과 같은 제도적 문제를 해결해야 한다.

한편 대량의 공공구매는 어렵지만 기술 자체는 다양한 공공적 · 상업적 활용가능성을 가지고 있다. 이는 연구자 공동체에서 사회문제 해결형 기술개발 방식의 확장 가능성을 높이는 동력이 될 수 있다. 연구팀에서 개발한 기술은 야간작업이 이루어지는 지하철, 항공관련 노동자, 군인, 노인과 같은 사람들에게 도움이 될 수 있다. 또 상업적 측면에서 빛이 나는 신발이나 발광 패드는 아웃도어 의복에도 적용될 수 있다. 실제로 발광신발 관련 기술은 영리기업에게 기술이전 되었다.

사회문제 해결형 기술개발은 그 동안 충족되지 않았던 수요를 찾아 새로운 제품을 개발하는 것으로, 취약계층이 대상이기 때문에 가격이 저렴하고 기능이 단순하다. 따라서 유니버셜 디자인의 형태로 취약계층 뿐만 아니라 일반인들에도 널리 확산될 수 있다. 이를 위해서 시장 확대를 위한 법 · 제도 측면에서의 대안 개발(안전 · 환경관련 법률, 조례 제정 등), 문화적 운동(안전 · 환경 · 인권 관련 소비 활성화 등), 다양한 유통채널 확보(공공시장과 일반 시장, 기업의 사회적 책임 관련 시장 개발 등)와 같은 노력이 필요하다.

이 과제에서는 연구팀이 법 · 제도 개선, 유통채널 개발과 관련된 대안들을 탐색하는 활동을 수행했다. 그러나 이런 작업은 연구팀 활동만으로는 가능한 일이 아니다. 정부 부처, 지자체, 국회, 기업 등 다양한 주체와 협업과 협상이 필요하기 때문이다. 연구팀의 다양한 활동을 지원해줄 수 있는 기반이 약하기 때문에 새로운 시장을 형성하고 전달체계를 구축하는데 어려움을 겪고 있다.

5) 연구팀의 행동변화

사업단은 리빙랩을 기본방법론으로 채택하고 리빙랩을 운영하면서 새로운 경험과 지식을 쌓았다. 응용을 지향하는 연구는 반드시 리빙랩을 운영해야 한다는 것이 연구팀의 신조가 되었다. 또 사회문제 현장에서 활동하고 있는 사용자들과 함께 하면서 사회적 가치를 지향하는 연구개발 활동에 대한 새로운 성찰을 하게 되었다. 사회적 가치와 사용자 참여형 혁신 방식을 연구의 기본 틀로 설정하게 된 것이다.

연구팀은 사회문제 해결형 연구개발사업에서 리빙랩을 경험한 이후 그것을 다음 프로젝트에도 적용했다. 도로에 압전기술을 활용한 가로수 조명용 발전 시스템을 구축하는 사업에서 리빙랩 방식을 활용한 것이다. 과거 같으면 시스템을 개발해서 실증하는 곳에서 기술시스템이 작동하는 것을 살펴보는 것으로 만족했지만 리빙랩을 경험한 이후에는 차량들이 많이 드나드는 곳에 시스템을 구축해서 사람들의 행태까지 종합적으로 검토하게 되었다. 이를 통해 압전 발전시스템을 눈에 띄지 않게 설치해야 사람들이 시스템을 피하지 않고 밟고 가기 때문에 의도한 효과가 나온다는 것을 발견했다.

이러한 과정을 거치면서 연구책임자는 리빙랩 전도사가 되었고 다양한 곳에서 리빙랩 적용 사례와 의의를 발표하고 있다. 그는 사회문제 해결형 기술개발사업 연구자들이 참여한 그룹 인터뷰에서 다른 사람들의 의견에 동의하며 다음과 같이 이야기하고 있다(산학뉴스, 2018).

> 실생활 적용을 목적으로 하는 상용화 연구를 한다면, 리빙랩을 꼭 한 번 검토해볼 필요가 있다. 우리 실험실의 모든 연구원은 리빙랩의 중요성을 인식하고 있고 모든 연구는 당연히 리빙랩으로 해야 하는 줄 알고 있다. 연구방법에 리빙랩을 도입하면 개발 제품과 현장의 괴리를 극복하면서 제품 수정에 필요한 시간과 비용을 대폭 줄일 수 있다.

사회문제 해결형 기술개발 과제를 수행하는 과정에서 연구팀의 인식과 행동에 변화가 이루어졌다. 그리고 사회적 가치와 사용자 참여에 기반한 새로운 연구개발방식은 연구팀의 연구활동을 앞으로도 계속 규율해나갈 것으로 보인다.

| 표 4-3 | 야간 작업자를 위한 자체 발광키트 개발사업의 특성

	특성
문제해결을 위한 사회・기술기획	• 현장 기술개발에 대한 다양한 경험이 있고 시민강좌 프로그램 등을 통해 일반 시민들과의 소통경험이 있음 • 9 블록모델을 활용해 기술개발에서 전달까지의 과정에 대한 이해가 있지만 추상적인 상황. 구체적인 문제 상황과 요구는 리빙랩 운영을 통해 파악하게 됨
참여형 기술개발	• 사회적 협동조합을 통해 최종사용자 그룹과 연계 맺음 • 리빙랩 방식을 통해 현장 최종사용자와 지속적으로 상호작용하면서 니즈를 구체화하고 제품을 진화시킴 – 문제해결을 위해 과제 RFP에서 논의되지 않은 새로운 제품 개발 – 냄새 제거와 관련된 사용자들의 숨겨진 니즈 발견
사회적 효과 구현을 위한 법・제도・전달체계 구성	• 사회문제 해결을 위해 개발된 기술이 활용될 수 있는 법・제도 개선 필요 – 저가 구매가 이루어지는 지자체의 환경 미화원 관련 제도 개선 필요 – 수요분야에서도 사회적 가치의 중요성이 강조되어야 함 • IRB 제도의 과도한 적용 문제 있음 • 환경미화원 외에도 다른 공공적・상업적 수요를 창출할 수 있는 가능성이 큰 기술을 개발 • 제도적 개선이 이루어져야 시장이 형성되고 생태계가 발전할 수 있음 – 법・제도 개선 문제를 풀어주는 인프라 필요
연구팀의 행동변화	• 연구팀 내에 사회적 가치를 지향하는 리빙랩 기반 연구추진 방식이 중요해짐

4 종합과 제언

사회문제 해결형 연구개발은 수월성과 산업적 활용을 지향하는 연구와는 목표와 과정이 다르다. 사회적 가치를 추구하며 시민참여형 과정이 필요하기 때문이다. 따라서 사회문제 해결형 연구개발은 일종의 연구개발의 혁신이라고 할 수 있다. 새롭게 등장하는 혁신적인 연구개발 과정이기 때문에 이를 활성화하려면 그 특성을 규명하고 향후 발전 방향을 모색하는 것이 필요하다.

다음에서는 앞의 사례분석을 종합해서 사회문제 해결형 연구개발의 특성을 정리하고 각 변수별로 사회문제 해결형 연구개발을 효과적으로 수행하는데 필요한 가설을 제시한다. 이는 향후 사회문제 해결형 연구개발에 대한 이론 발전과 활용 확대에 필요한 정책방안 도출의 출발점이 될 수 있을 것이다.

1) 문제해결을 위한 사회 · 기술 기획

사례에서 본 바와 같이 연구책임자는 현장문제 해결을 지향하기 때문에 기술 중심의 접근을 넘어 문제해결에 참여하려는 동기와 의지를 갖추고 있었다. 연구를 위한 연구를 지향하는 연구책임자는 사회문제 해결형 기술개발과정에서 요구하는 과정과 상호작용을 감당하기에는 많은 어려움이 있다.

한편 문제를 정의하는 과정에서 사업관리기관인 한국연구재단은 사회문제 해결형 기술개발사업의 특성을 반영해서 문제해결 전 과정에 대한 이미지를 형성하도록 했다. 기존 기술개발사업과의 차별성을 지적하고 비즈니스 캔버스 모델을 변형한 연구개발 9 블록모델을 작성하는 프로그램을 운영하면서 개발된 기술이 사회적 효과와 연결되는 통로를 그려보도록 했다. 이 과정에서 기술개발을 통해 사회문제를 해결하는 전체과정에 대한 추상적 수준의 틀이 제시되었다.

그러나 연구팀은 해당 사회문제에 대한 전문적인 연구자가 아니고 현장과 직접적 연계도 없었기 때문에 최종사용자의 내밀한 수요를 충분히 이해하지 못했다. 따라서 기획과정에서 문제 상황에 대한 구체적인 접근이 어려웠다. 결국 리빙랩 과정을 거치면서 사회・기술문제에 대한 이해가 심화・확대되는 양상이 나타났다.

때문에 사회・기술기획 초기 단계에 문제현황, 사회적 효과 구현을 위해 문제의 특성, 법・제도 문제, 인증 문제, 전달체계 문제를 좀 더 깊이 있게 점검하는 것이 필요하다. 이를 효과적으로 수행할 수 있는 분석 도구를 보급하거나 문제 분석을 도와 줄 수 있는 컨설팅 활동을 활성화하는 것도 필요하다. 분석도구의 경우에는 이미 여러 방법이 개발되어 있다. 시스템 전환을 위한 시스템 분석 방법론(사회혁신팀, 2014), 사회적 비즈니스 모델 방법론 등이 있는데 우리나라의 조건에 맞는 방법론을 개발해서 활용하고 경험을 축적하는 것이 필요하다.

2) 참여형 기술개발

연구팀은 리빙랩을 운영하면서 조직화된 사용자 그룹을 연계해주는 사회적 협동조합, 지자체를 파트너로 삼아 지속적으로 신뢰를 쌓는 활동을 수행했다. 무작위로 선택된 대중이 아니라 일정한 **지식을 지닌 시민**(informed citizen), **관심있는 시민**(concerned citizen)이 리빙랩의 파트너로 참여했다. 이는 반복적인 상호작용을 통해 기술을 진화시키고, 개별 민원처리 수준을 넘어 기술개발의 공공성을 확보하는데 상당한 도움이 되었다. 현장지향성과 소통능력을 바탕으로 좋은 파트너가 될 수 있는 사회적경제조직을 선택해 리빙랩을 운영할 토대를 마련한 것이다. 최종사용자들은 초기에 수동적인 경우가 많은데 자신들의 의견이 반영된 제품이 나오기 시작하면 적극적 참여가 이루어진다.

리빙랩에서는 프로토타입을 제시하고 최종사용자들로부터 피드백을 받아 제품・서비스를 빠르게 진화시키는 활동이 이루어졌다. 사용자의 숨겨진 요구가 발현되고 이를 만족시키는 대안이 개발되는 반복적 과정이 진행되었다. 연구자들은 알 수 없었고 사용자 스스로도 표현할 수 없었던 사용자의 잠재적 요구가 프로토타입을 기반으로 한 반복적 소통을 통해 드러나는 것이다.

한편 리빙랩 과정은 연구기관, 기업과 같은 전문조직, 사회적경제와 같은 시민사회조직, 지자체 등 다양한 행위자가 참여하는 활동을 효과적으로 통합하고 조정하는 기제가 되고 있다. 서로 다른 영역에 있던 조직들이 리빙랩을 거치면서 일종의 숙의과정을 거치게 되는 것이다. 리빙랩은 여러 주체의 다양한 의견과 활동이 통합・조정・연계될 수 있는 혁신 플랫폼을 제공한다고 볼 수 있다.

3) 사회적 효과 실현을 위한 법・제도・전달체계 구성

개발된 기술이 현장에서 활용되어 사회적 효과를 내기 위해서는 관련 법・제도를 정비하고 인증・표준과정에 대비해야 한다. 이런 점을 감안하여 관리기관인 한국연구재단은 세부과제 형태로 법・제도 조사분석이 이루어지도록 하고 인증을 반드시 획득하도록 했다. 이와 함께 IRB 사전 준비도 필요했다. IRB 과정에 익숙하지 않은 연구팀은 이 작업에 상당한 시간이 걸렸다.

법・제도 조사분석을 통해 문제를 인식한다고 해도 법・제도 개선은 대부분 연구팀 수준에서 해결할 수 있는 문제가 아니다. 여러 부처 또는 지자체와 관련된 경우가 많기 때문이다. 이에 따라 제품이 개발되어도 출시가 제약되거나 빠른 시장확대가 어려운 상황에 직면하게 된다. 개발된 제품이 새로운 범주의 제품인 경우가 많기 때문에 스스로 인증 체계를 마련하거나 기존 인증 방식을 우회하는 새로운 접근을 찾아야 하는 경우도 발생한다.

이를 해결하기 위해서는 법・제도 개선과 새로운 인증체계를 빠르게 도입할 수 있는 새로운 프로세스 개발이 필요하다. 지자체 조례 개선, 법・제도 개선 분야를 제출하면 빠르게 심의해서 관련 기관에서 개선을 권고하는 위원회나 제도가 필요하다.

또 사회・공공서비스 영역에서 서비스의 질을 높이고 서비스 제공자에게 안전하고 편리한 노동환경 조성을 위한 노력도 필요하다. 적은 비용으로 질 낮은 서비스를 안전하지 않은 환경에서 공급하는 경우가 많은데 이런 환경을 개선하는 노력이 필요하다. 이를 통해 서비스의 질 제고, 서비스 노동자의 노동환경 개선과 함께 사회문제 해결형 기술의 초기 시장도 안정적으로 형성될 수 있다.

한편 법・제도 개선이나 조례 개선이 쉽지 않아 개발된 제품의 수요 창출과 확대가 어려운 경우에는 차선책으로 영리시장에서 시장을 형성하고 그것을 바탕으로 문제해결활동 영역에 들어가는 방식(1개 구매시 나머지 1개는 취약계층에 기증하는 방식 등), 기업의 사회책임 활동을 활용하는 우회형 비즈니스 모델 개발도 필요하다.

4) 연구팀의 행동 변화

사례에서 본 바와 같이 사회문제 해결형 기술개발사업을 성공적으로 수행한 팀은 최종사용자와 협업하는 리빙랩 방식을 높이 평가하고 이후의 연구에도 그것을 활용한다. 그리고 사회문제 해결 기술개발에 대한 자부심도 상당히 높다. 이로 인해 해당 연구팀은 사회문제 해결형 기술개발, 리빙랩 방식의 연구의 옹호자가 된다. 사회문제 해결형 기술개발의 의의와 추진 방법을 외부에 알리는 선도자의 역할을 하는 경우가 많다.

사회적 가치를 추구하는 참여형 기술개발 방식이 확산되려면 이 사업의 의의와 특성을 멘토링하는 프로그램이 필요하다. 관련 사업을 추진하는 새로운 연구팀에게 가능성과 비전을 제시해줄 수 있기 때문이다. 기존 사회문제 해결형 기술개발 사업에서 성공적인 결과를 낸 연구책임자나 관련자들은 이런 측면에서 훌륭한 멘토가 될 수 있다.

이와 함께 새로운 기술개발 방식의 확산을 위한 제도 개선도 필요하다. 계속 지적되지만 과학기술을 통한 사회적 기여도 논문・특허・기술료만큼이나 중요한 성과임을 알리고 정당하게 평가받을 수 있게 해야 한다. 더 나아가 주요 학술지에 게재된 연구만이 아니라 우리 사회가 직면한 여러 문제를 해결한 연구도 그에 못지않게 중요한 연구라는 것을 인정하는 것이 필요하다. 사회문제 해결형 기술개발에 대한 서사 작성, 언론 홍보 등을 통해 사회적 정당성을 높이고 사회적 공헌상 같은 것을 제정하여 상징성과 정당성을 높이는 것이 필요하다.

제5장

대학 혁신모델로서 리빙랩: 현황과 과제

성지은 · 김민수

최근 공급자 및 전문가 중심의 기술개발, 정책, 교육 등이 한계를 드러내면서 사용자 참여와 현장지향성을 강조하는 리빙랩이 변화와 혁신을 유도하는 개념으로 등장하고 있다. 핀란드, 덴마크 등 EU 주요국들은 이미 수년 전부터 오픈 이노베이션 2.0 전략과 리빙랩을 도입하여 사용자를 혁신 주체로 인식하고 실제 생활 현장에서 다양한 시험 · 실증을 진행하고 있다. 아프리카에서는 기존 ODA 사업의 한계를 극복하는 대안으로, 대만 등 아시아 국가에서는 기술 중심의 한계를 넘어 사용자 주도형 혁신모델로의 전환을 위한 방안으로 활용되고 있다.

한국에서도 사용자 주도형 혁신모델이자 지역 · 현장 기반형 혁신의 장으로서 리빙랩이 도입 · 적용되고 있다. 중앙정부 주도의 하향적 정책추진, 공급자 중심의 연구개발, 기술 및 인프라 중심의 지역개발 등 기존 사회 · 기술시스템 전반의 한계 상황을 리빙랩 개념을 통해 넘어서려는 시도가 이뤄지고 있다(성지은 · 박인용, 2016; 성지은 외, 2016).

이런 흐름 속에서 국내외 대학들도 리빙랩을 도입하기 시작했다. 이는 대학의 역할과 활동에 큰 변화를 가져오고 있다. 공급자의 관점에서 선형모델(linear model)에 입각해 지식 창출 및 교육에 초점을 맞추던 대학이 리빙랩을 통해 사회와 상호작용하면서 지식을 공동창조하는 조직으로 변신하고 있기 때문이다. 또 연구를 위한 연구에서 사회 문제 해결을 위한 연구 수행 기관으로 변모하고 있다.

이처럼 연구와 교육을 담당하는 대학에서 새로운 현상이 나타나고 있지만 이런 변화가 갖는 의미를 분석한 논의는 많지 않다. 이 글에서는 리빙랩에 기반한 새로운 대학혁신모델을 살펴보고 현재 진행되고 있는 **대학 리빙랩** 사례를 분석한다. 이를 통해 대학혁신모델로서 리빙랩의 의의와 과제를 도출하고자 한다.

1 대학 리빙랩과 분석의 틀

1) 리빙랩과 대학 리빙랩

리빙랩은 2004년 미국 MIT의 윌리엄 미첼(William J. Mitchell) 교수가 전통적인 연구실의 한계를 극복하기 위해 도입한 개념이다. 미첼 교수의 리빙랩 개념은 스마트홈을 지정해 사용자가 IT기기와의 상호작용을 관찰하고 모니터링하는 것이었다. 여기서 사용자는 관찰의 대상이었다. 이 개념은 이후 유럽, 아시아, 아프리카로 확장되면서 사용자를 혁신활동의 주체로 인식하고 개방형 혁신생태계 조성을 강조하는 것으로 변화되었다(송위진, 2012).

리빙랩은 양로원, 학교, 도시 등 특정 공간 및 지역을 기반으로 공공연구부문, 민간기업, 시민사회가 협력하여 혁신활동을 수행하는 일종의 '혁신 플랫폼'으로 실제 생활현장에서의 실험과 실증을 강조한다. 최근에는 리빙랩의 의미가 정부-민간 간 거버넌스 구축, 지속가능성 제고를 위한 수단, 과학문화의 시민참여형 모델로도 확장되고 있다(성지은 · 박인용, 2016; 성지은 · 한규영 · 정서화, 2016).

우리나라에서도 중앙정부와 지지체, 중간지원조직 등에서 제품 · 서비스 개발, 공공인프라 조성, 사회문제 해결, 지역 및 사회혁신을 목적으로 리빙랩을 도입 · 추진하고 있다. 과학기술정보통신부 「사회문제 해결형 기술개발사업」과 산업통상자원부 「에너지기술 수용성 제고 및 사업화 촉진사업」에 리빙랩 방식을 도입해 기술의 사회적 활용 · 확산을 높이려는 프로그램이 시작된 이후 여러 부처로 확장되고 있다. 또 여러 지자체에서도 지역문제 해결형 혁신사업의 일환으로 리빙랩을 시도하고 있다.

국내 · 외적으로 대학의 역할에 대한 성찰이 이루어지면서 다양한 변화가 시도되고 있다. 과거에는 대학의 역할을 배우고 가르치는 물리적 공간이자 교육 · 연구를 담당하는 기관으로 국한시켜 왔다. 그러나 최근 대학이 추구하는 가치에 대한 재검토가 이루어지고 있다. 즉 대학의 역할에 지속가능성을 포함하고 있는지, 대학 관계자들이 현장에 적용 가능한 연구・교육의 필요성을 인식하고 있는지, 다양한 분야의 연구협력을 통해 지역발전을 포함한 문제해결에 기여하고 있는지 등이 대학평가의 중요 기준이 되고 있다.

이 과정에서 리빙랩이 새로운 대학 모델을 구현하는 수단으로 등장하고 있다. Cohen & Lovell(2014)은 대학에서 리빙랩을 통해 얻을 수 있는 효과로 ① 체험학습의 촉진 및 관련 커리큘럼 구성, ② 사회적 책임에 대한 이해 향상, ③ 사회의 지속가능성 제고, ④ 대학관계자의 지역사회 참여 강화, ⑤ 기관의 탄소발자국 감소, ⑥ 대학 자원 및 인프라의 효율적인 사용, ⑦ 대학 운영의 안정성 향상 등을 제시하고 있다. 이에 더해 Soetanto & Geenhuizen(2011)은 다양한 주체들 간의 소통・협력 촉진과 함께 학습을 통한 시너지 효과를 제시하였다. 또 리빙랩을 통해 학생들이 사회・경제・환경 차원에서 지속가능성 문제를 더 잘 이해할 수 있게 되는 것도 효과로 지적하고 있다.

이런 흐름 속에서 최근 국내외 대학에서 다양한 리빙랩 활동이 추진되고 있다(〈표 5-1〉 참조). 캐나다 브리티시 콜롬비아대는 대학 운영과 학문적 지속가능성을 통합해 대학을 사회적 테스트베드로 활용하고 있고, 미국 코넬대와 영국 에딘버러대는 리빙랩을 지속가능한 캠퍼스 구축과 교직원과 학생들의 협업 플랫폼으로 활용하고 있다.

한편 국내에서는 2017년부터 교육부 사회 맞춤형 산학협력 선도대학(LINC+) 육성사업의 목표이자 방법론으로 리빙랩을 도입하였다. 대전대, 동국대, 제주대가 대표적이다. 현장밀착형 교육체계에서부터 산학협력 활성화사업, 지역문제 해결 및 지역혁신사업 등 다양한 분야에 리빙랩이 적용되고 있다. 한동대는 산업연계 교육활성화 선도대학 사업(PRIME)의 일부로 리빙랩 사업을 추진하였다.

| 표 5-1 | 국내외 대학 리빙랩 추진 현황 및 사업 내용

	추진 대학	사업 내용
해외 대학	브리티시 콜롬비아 대학 리빙랩	대학을 지속가능발전을 위한 테스트베드로 설정하고 대학 운영과 학문활동에 지속가능성을 통합
	코넬대학 리빙랩	지속가능한 캠퍼스 구축을 위해 디자인 사고 과정을 적용할 수 있는 리빙랩 활용
	룩셈부르크 대학 리빙랩	미래 세대 및 사회의 다양한 수요에 대응하는 도시와 지역을 돕는 참여적 플랫폼으로 대학 리빙랩 강조
	에던버러 대학 리빙랩	대학의 사회적 책임과 지속가능성 확보를 위해 대학 자체의 연구 자원을 활용한 리빙랩 운영
	존 브라운 대학 리빙랩	리빙랩을 통해 대학의 지속가능한 발전과 온실가스 감축 등의 참여적 프로그램 운영
	동제 대학 리빙랩	통합적인 캠퍼스 에너지 관리 시스템 구축의 방안으로 리빙랩 도입
국내 대학	동국대, 대전대, 경남대, 제주대 등의 LINC+ 리빙랩	• 현장지향성 교과 운영 및 교육 프로그램으로서 리빙랩 도입 • 지역 문제해결 및 개방형 산학협력 비즈니스 모델로서 리빙랩 사업 추진
	한동대의 산업연계 교육활성화 선도대학 사업(PRIME)과 리빙랩	배움과 삶을 통합하는 비교과 과정을 리빙랩 방식으로 지원

자료 성지은 외(2017)을 기반으로 재작성.

2) 분석의 틀과 내용

본 연구에서는 '사회혁신론'과 '시스템 전환론'의 틀을 활용하여 현재 대학에 도입되고 있는 리빙랩 사례를 분석하고 그 의의와 전망을 논의한다. **사회혁신**은 시민사회가 참여하여 사회문제를 해결하는 혁신활동이다. 따라서 혁신의 목표와 과정이 사회적이다. 그 동안 대학은 사회혁신과 직접적인 연계를 맺지 않아서 사회혁신 생태계의 주요 조직이 아니었다.

연구를 위한 연구, 이론 지향적 교육, 전문가주의에 입각한 사회봉사를 수행하면서 사회문제 현장이나 시민사회와 일정한 거리를 두고 있었기 때문이다. 그러나 리빙랩 도입과 함께 이런 흐름에 변화가 나타나고 있다. 리빙랩은 전문 연구조직이자 교육조직인 대학이 시민사회, 지자체와 거버넌스를 구성하는 플랫폼으로, 이를 통해 문제해결형 연구, 문제지향적 교육이 이루어지고 시민들의 혁신활동 참여가 진행된다(TEPSIE, 2014; 송위진, 2017). 리빙랩은 대학이 사회혁신 생태계에 중요한 주체로 참여하는 계기를 제공하고 있다.

시스템 전환론은 우리 사회의 문제 해결(사회혁신)을 위해서는 국지적 문제해결을 넘어 문제를 발생시킨 사회기술시스템 전체의 변화(system innovation)가 있어야 한다고 본다. 지속가능한 사회기술시스템이 구축되어야 문제가 궁극적으로 해결된다는 점을 강조하고 있다. 그런데 시스템 전환은 한 번의 정책이 아니라 다양한 전환실험들이 조직화되고 확장되면서 진화적으로 이루어진다. 전환을 위해서는 새로운 사회기술의 맹아를 담고 있는 '니치의 전략적 관리(strategic niche management)'가 필요하다(송위진 외, 2017; Geels, 2004; OECD, 2016).

시스템 전환론에 따르면 리빙랩은 지속가능한 사회기술시스템을 구현하는 교두보 역할을 할 수 있다. 리빙랩은 문제해결을 위한 실험을 수행하는 니치 공간으로서 새로운 대안을 학습하고 정당성을 입증하며 전환을 위한 네트워크를 형성하는 전환랩이 된다. 리빙랩에서의 전환실험이 성공하면 다른 곳의 전환실험과 통합되면서 결국에는 사회・기술시스템을 변화시키는 플랫폼이 될 수 있다(Geels, 2004; 송위진 외, 2017). 사회혁신이 지역적・국지적 차원의 문제해결을 넘어 확대・확장(scale-up)되면서 사회・기술시스템 전체의 전환과 연계되는 것이다.

사회혁신을 지향하는 대학 리빙랩의 활동은 이런 시스템 전환 과정의 측면에서 파악해야 한다. 대학 리빙랩이 대학 시스템의 변화, 지역의 변화, 나아가 국가의 변화에 기여할 수 있는 가능성과 전망 속에서 평가되고 향후 발전 방향이 논의되어야 한다. 사회혁신과 시스템 전환을 위한 수단으로 리빙랩을 활용하게 되면 대학 리빙랩은 대학 시스템 전환의 플랫폼이 될 수 있다. 새로운 대학시스템의 맹아를 실험하고 확대하는 교두보 역할을 하기 때문이다. 국내외 일부 대학에서는 사회혁신과 시스템 전환의 관점을 도입하여 대학의 임무(mission)와 역할을 재정립하고 현장지향적 교육・연구와 산학협력 및 지역혁신의 모델이자 방법론으로 리빙랩을 도입하고 있다.

이 글에서는 현재 진행되고 있는 대학의 리빙랩 활동을 사회혁신과 시스템 전환의 관점에서 분석・평가하고 그 과제를 도출하고자 한다. 이를 위해 국내외 대학 리빙랩의 대표 사례를 선정하여 1) 대학의 임무와 역할이 사회혁신과 시스템 전환을 위해 어떻게 재정립되고 있는가, 2) 리빙랩 방식의 도입으로 대학 운영체계에 어떠한 변화가 나타나고 있는가, 3) 대학의 본질적 역할인 교육・연구, 지속가능성과 사회적 가치 확보와 관련해서 새로운 혁신 모델이 형성되고 있는가의 측면에서 분석할 것이다.

본 연구에서 살펴볼 해외 사례는 브리티시 콜롬비아 대학이다. 이 대학은 대학 운영과 지속가능성을 통합하고, 대학 자체가 사회적 테스트베드로 작동할 수 있도록 2010년부터 본격적으로 리빙랩을 도입하였다. 그 결과로 대학 내 주체들의 협력을 끌어내었고, 온실가스 배출을 감축하는 등 대학의 지속가능성을 향상시킬 수 있었다. 국내 사례는 동국대학교로 학생들이 지역문제 해결에 참여토록 하는 리빙랩 사업을 진행하고 있다. 전자는 자체 프로그램으로 후자는 국가교육사업의 일환으로 추진되기 때문에 운영시스템에 차이가 있다.

2 해외 사례: 브리티시 콜롬비아 대학교 리빙랩

1) 추진 배경

전 세계적으로 지속가능발전이 핵심 의제가 되면서, 대학은 사회적 책임뿐만 아니라 학문적・운영적 측면에서 지속가능한 변화에 기여할 수 있는 방안을 찾기 시작했다. 브리티시 콜롬비아 대학은 2010년에 지속가능성 이니셔티브(University of British Coulumbia Sustainability Initiative, USI)를 발표하면서 리빙랩을 도입했다. 대학의 운영시스템과 연구・교육활동에 지속가능성이라는 가치를 통합하고 대학이 사회문제 해결을 위한 테스트베드가 될 수 있도록 리빙랩을 활용하기 시작했다.

2) 사업 목표와 내용

1990년대부터 교직원 중심으로 캠퍼스의 지속가능성 향상을 위한 리빙랩을 추진해온 브리티시 콜롬비아 대학은 '리빙랩으로서의 UBC', '변화 모델로서의 UBC'를 슬로건으로 내세웠다. 대학의 지속가능성을 브랜드화하고 지속가능한 전환을 위한 주체로서 대학의 역할을 다음과 같이 네 가지로 제시하고 있다. 첫째, 지속가능성이라는 가치를 대학 운영과 연구・교육 활동에 통합한다. 둘째, 대학과 민간・공공・비정부 부문 간의 협력을 도모한다. 셋째, 대학 시설・인프라의 지속가능성을 향상시킨다. 넷째, 대학이 보유한 지식을 지역사회에 확산시킨다.

이를 목표로 대학 이사회는 150백만 캐나다 달러를 투입해 4개의 주요 프로젝트로 지속가능발전 인터렉티브 연구센터(CIRS) 설립, 캠퍼스 건물 시스템의 자원・에너지 최적화 프로그램 운영, 바이오매스 가스화 열병합 발전소 건립, 캠퍼스 신재생 에너지 호환 프로젝트를 진행했다(Metras, 2016). 대표 사례는 '캠퍼스 건물 시스템의 최적화 프로그램 운영' 프로젝트로, 리빙랩을 통해 대학 내 시설 운영시스템의 수직적 거버넌스 구조를 수평적으로 전환하고자 했다. 또한 에너지공사(BC Hydro)와 협력해 대학 주요 건물의 에너지·물 사용 시스템을 조사하고, 에너지 효율성 제고를 위한 다양한 실험을 했다.

3) 추진방식 및 체계

브리티시 콜롬비아 대학은 캐나다에서 지속가능한 전환을 위한 정책을 처음 도입했으며, 강력한 리더십을 바탕으로 리빙랩을 대학본부 차원에서 지원하고 캠퍼스 전체에 적용하였다. 1990년대부터 교직원 중심으로 지속가능한 발전 의제가 논의되었고 지속가능성에 대한 전략적 투자를 통해 리빙랩 도입의 토대를 마련하였다.

브리티시 콜롬비아 대학은 생활 현장에서의 리빙랩을 위해 U-Town 프로젝트를 진행했으며, 이를 통해 대학 근처에 학생, 교수, 직원이 함께 거주하는 커뮤니티를 구축하였다. U-Town 커뮤니티의 지속가능성을 위해 자동차 통행량 축소, 교수진과 직원을 위한 미래 주택 확보 등의 목표를 수립하였다. 대학은 주택 임대와 구매에 필요한 보조금을 제공하는 방식으로 리빙랩을 지원하고 있다. 프로젝트가 시작된 2001년에는 학생과 가족 구성원, 교수와 직원, 기타 지역 이웃을 포함해 약 만 천명이 거주했으나, 2010년에는 약 만 8천명으로 증가하였다. 2041년에는 4만명이 거주하는 커뮤니티로 확장시키기 위해 현재도 프로젝트가 진행 중이다.

또 다른 사례인 EcoTREK 프로젝트는 에너지와 수자원 관리 프로그램으로, 교내에서 발생한 재생 에너지의 사용량을 27% 감축시켰고, 식수를 48% 절감하였다. 그 결과 Sustainability Tracking, Assessment and Rating System(STARS)에서 1등급을 받아 지속가능성을 지향하는 대학의 의지와 노력을 보여주었다(Alberto Cayuela, 2014).

또한 브리티시 콜롬비아 대학은 모든 커리큘럼에 지속가능성에 대한 내용을 포함시키고 있다. 특히 2012년부터는 1학년을 대상으로 '새로운 초학제적 지속가능성 입문 교과목'을 개설해 학생들이 지속가능성을 기본소양으로 갖추도록 하고 있다. 주목할 만한 사례로 'SEED 프로그램(사회·생태·경제 발전연구)'(2001년 착수)은 14명의 교수진과 6천여 명의 학생이 혁신적이고 파급효과가 큰 1,200가지 지속가능성 프로젝트를 수행하여 대학의 지속가능성 평가에서 우수 사례로 선정되는 결과를 얻었다(Metras, 2016).

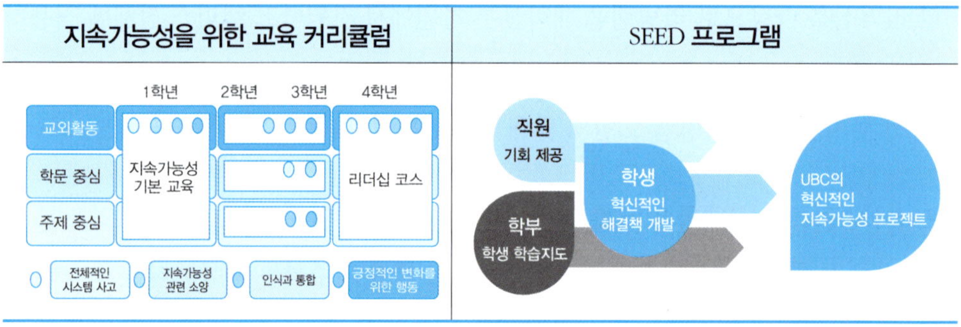

자료 Metras(2016)

| 그림 5-1 | 브리티시 콜롬비아 대학의 커리큘럼 및 SEED 프로그램 도식도

4) 성과 및 의의

브리티시 콜롬비아 대학은 민간, 공공기관 및 비정부기구와 업무협약을 맺고, 각 협력기관에 캠퍼스를 테스트베드로 제공하였다. 각 협력기관은 상용화(민간 부문 협력), 정책개발(공공부문 협력), 지역사회 참여(비정부기구 협력)를 통해 기술·프로그램·정책 등 각 부문에서 협력할 수 있었다. 특히 재생에너지 관련 프로젝트에서 사람들의 행태와 에너지 시스템의 혁신을 연구하기 위해 지속가능발전 인터렉티브 연구센터(CIRS) 등이 적극적으로 협력했다.

지속가능성을 위한 브리티시 콜롬비아 대학의 실험에서 흥미로운 점은 USI와 연관된 지속가능성 관련 활동들이 대학의 이해당사자 간 수평적 의사소통을 촉진한 것이다. 좁게는 직원-교수-학생 간의 상호작용, 넓게는 대학 운영과 연구·교육활동을 통합해 가시적인 결과를 만들어냈다. 뿐만 아니라 EcoTRECK 프로젝트의 결과로 1990년 대비 학생 수 48% 증가와 건물 공간 35% 확장에도 불구하고, 2007년에 교토의정서 목표치 달성과 함께 온실가스 배출량을 6% 감축시켰다(John Metras, 2016).

브리티시 콜롬비아 대학에서는 지속가능성이라는 대학의 임무와 역할 정립과 연계된 리빙랩 활동이 전개되었다. 그리고 이 과정에서 자체 자금을 투입하여 대학 캠퍼스와 시설, 주거 공간을 리빙랩을 위한 테스트베드로 활용해서 지속가능한 전환을 위한 실험을 수행했다. 리빙랩 활동을 통해 사용자이자 공급자인 직원-교수-학생이 기업 및 외부 기관과 협력해서 자신들의 삶의 공간을 지속가능하게 혁신하는 U-town 프로젝트를 통해 연구와 실험에 참여하였다. 그리고 이를 위해 리빙랩 교육 프로그램이 운영되었다.

3 국내 사례: 동국대학교 리빙랩

1) 추진 배경

최근 지역주민이 중심이 되어 지역문제를 해결하는 사회혁신이 활성화되기 시작했다. 이에 대학에서는 기존 행정기관 중심의 지역사회문제 해결 방식을 넘어 대학-시민-행정이 협업해서 지역문제를 해결하는 새로운 변화를 모색하고 있다. 또한 현재 대학은 학령인구 감소와 대학 구조개혁 가속화, 무한경쟁에 따른 대학 본질의 왜곡, 양적 성장에 치중한 외형적 발전, 등록금 동결 및 인하 압력에 따른 대학재정 위기에 직면하고 있다. 새로운 발전 모델이 제시되지 않으면 대학의 조직적 지속가능성 유지가 어려워진 것이다.

이러한 상황에서 지역사회의 문제해결에 대한 요구와 대학의 새로운 발전 모델을 연계하는 움직임이 나타나고 있다. 동국대는 2017년 6월, 교육부 사회맞춤형 산학협력선도대학(LINC+) 육성사업으로 리빙랩을 도입해 대학의 교육・연구・지역협력 모델을 재정립하고 있다. 도시환경 개선, 안전・치안 문제 해결의 설계 단계부터 사용자(시민, 대학 등)가 주도적으로 참여하는 시스템을 구축해 도시문제 해결과 함께 현장 지향적 인력을 양성하기 위한 프로그램을 시작했다.

2) 사업 목표와 내용

동국대 리빙랩의 목적은 지역산업과 대학의 강점을 연계하여 현장 실무형 인재를 양성하고, 지역 중소기업의 성장을 유도하는 것이다. 즉 대학, 지역사회, 기업이 협업을 통해 당면 과제를 해결하고 학생들에게는 현장 실무형 교육기회를 제공하기 위해 대학을 개방하고 리빙랩을 설치・운영하고 있다. 대학・사회・기업의 협력을 촉진하기 위해 지역 및 기업 입장에서 지역사회의 문제요인과 기업 성장의 저해요인을 발굴하고 그에 맞는 지역사회・기업 맞춤형 지원 체계를 마련하고 있다. 또한 리빙랩 도입으로 교육과 연구활동을 개선해 대학의 매력도와 운영의 지속가능성을 향상시키기 위한 노력을 기울이고 있다. 또 리빙랩을 활용하여 캠퍼스 환경을 최적화하고 캠퍼스 인프라를 개선하고 있다.

| 표 5-2 | 동국대학교 리빙랩 현황

분야	리빙랩명	책임 학과
문화관광 컨텐츠(CT)	서애대학 문화거리 조성 청년 프로젝트	영화영상학과
	체험형 전통놀이 트랜스미디어 콘텐츠 제작	영상대학원
	4차 산업혁명 시대로의 전환을 위한 레고기반IoT공장 설계 및 구현	산업시스템공학과
정보기술(IT)	인공지능	컴퓨터공학과
	쿠퍼	
	디지털그래픽아츠	화공생물공학과
생명공학(BT)	천연물을 이용한 삶의 질 향상	식품생명공학과
	안저 영상을 이용한 바이오마커 기반 환자 맞춤형 통합 병변 진단 솔루션	의생명공학과
우주기술(ST)	중구 캠퍼스 타운 치안확보	경찰행정학과
	타운홀 미팅을 통한 의사결정 프로그램	정치외교학과

자료 동국대학교(2017a)

3) 추진방식 및 체계

동국대는 리빙랩이 대학교육 과정에 자연스레 녹아들어갈 수 있도록 '리빙랩 특성화 분야 선정, 리빙랩 인프라 구축, 리빙랩 교과 운영 및 지원 체계 마련, 리빙랩 사용자 패널 구성·운영' 등의 세부전략을 수립하여 사업을 추진하고 있다. 특히 장기적으로 리빙랩 운영에 필요한 리빙랩 인프라 구축이 활발하게 이뤄지고 있다. 선정된 특정 기술 분야의 테스트가 가능한 물리적 공간과 분석 장비 외에 공동활용장비지원센터 및 대학 캠퍼스 인프라를 최대한 활용할 수 있도록 제공했다. 또한 서울캠퍼스와 고양캠퍼스가 각각 지자체와 협의해 학생들을 지역 기업에 추천하고 있다.

| 표 5-3 | 동국대학교 리빙랩 참여 주체별 역할

참여 주체	역할
학교	- 수업 및 회의 주재 - 세미나 및 워크숍 주재 - 연구할 수 있는 리서치 자료 제공 - 학생들에게 기초적인 공간디자인을 할 수 있는 특강 제공 - 학생들이 프로토타입을 구현할 수 있는 재료 제공 - 참여기관의 프로젝트를 연구주제로 채택 - 참여기관과 연구팀의 계약 체결 - 참여기관과 학교, 학생간의 원활한 관계 구축 - 연구결과를 참여기관이 반영할 수 있도록 결과보고회의 개최 - 연구결과의 실천을 위한 심의위원회를 구성하고 심의위원 참여
학생	- 수업을 중심으로 연구 과제 수행 - 전공별 특성에 맞게 연구주제를 탐색 - 전공심화를 위한 특강주제 및 강사 제안 - 연구주제를 세미나에서 발제하여 심화 - 연구주제를 정리하여 보고서에 반영
참여기관	- 학교, 학생의 연구를 위한 허가 획득 - 참여기관과 연구팀의 계약체결 - 연구결과를 반영할 수 있도록 결과보고회의 개최 - 연구결과의 실천을 위한 심의위원회 구성 및 심의위원으로 연구자 참여 도모

자료 동국대학교(2017b)

사용자의 혁신적인 아이디어를 도출하기 위해 캡스톤디자인 및 창업동아리 활동과 연계한 사업화 지원 프로그램을 개발 · 운영하였다. 학생들의 아이디어가 사업화까지 이어지는 시스템을 구축하고자 커리큘럼에도 변화를 주었으며, 산업체 수요를 반영한 계약학과 또는 맞춤형 교육과정을 개발 · 운영하고 있다. 이처럼 리빙랩의 차별화를 이루기 위해 세부 분야에 집중하고 있지만, 분야 간 연계 · 확산과 융 · 복합적 요소를 고려하기 위해 세부 분야를 총괄하는 공통 지원체계도 마련하고 있다. 동국대의 리빙랩은 기존의 대학 운영 방식과는 다르게 다양한 주체가 참여하고 있는데 각 참여 주체별 역할은 〈표 5-3〉과 같다.

리빙랩 주요 사례로는 '서애 대학 문화거리 조성 청년 프로젝트'가 있다. 중구청의 '역사문화 중심도시 중구 재창조'를 위한 사업으로 학부학생 15-20명과 대학원생 1-3명이 참여하여 동국대학교와 서울시 필동 서애길 지역에서 2017년 7월부터 2018년 2월까지 8개월간 프로젝트를 수행했다. 리빙랩을 통해 학생과 관광객이 머물고 싶은 아름다운 문화거리 조성을 위해 문화예술시설과 개성 있고 예쁜 점포 유치 지원, 보행환경과 가로경관 개선, 건물 리모델링 규제완화, 서애광장 조성 등을 추진했다.

또 다른 사례는 서울 중구 캠퍼스타운 치안확보를 위한 '인현시장 Safety' 리빙랩이다. 캠퍼스 인근의 낙후된 전통 재래시장인 인현시장은 폭력 사건, 사고 등으로 대학생과 젊은 세대가 기피 지역으로 인식하는 지역이다. 이 문제 해결을 위해 대학이 갖고 있는 범죄 인프라 및 전문 지식을 활용해 재래시장 상권을 재생시키고, 지역사회-대학-공공기관-기업이 함께 참여하는 근거 중심의 범죄예방 모델을 도출하기 위해 리빙랩을 시행하였다. 체계적인 리빙랩 추진을 위해 경찰사법대학 내에서 예비 범죄예방 전문 인력을 양성해 범죄예방 활동을 실시한 결과 지역주민들의 큰 호응을 얻을 수 있었다.

4) 성과 및 의의

동국대의 리빙랩은 다양한 전공을 가진 학생들이 지역의 문화활동과 산업에 직접 참여함으로써 창조적이고 미래지향적인 아이디어를 지역 도시 개발에 적용하는 형태로 진행되었다. 이를 통해 학생들의 개인 능력 개발은 물론, 대학과 지역사회의 지속적 협력과 발전을 이끌어냈다. 학생들은 프로젝트를 수행하면서 사회를 보는 시각과 통찰력을 기를 수 있었으며, 전문 지식을 배우고 적용할 기회를 얻을 수 있었다. 참여 학생들이 유관 기업에 취업하거나 관련 창업의 발판을 마련하여 사회에 필요한 능력을 갖춘 인재로 성장할 수 있는 플랫폼을 구축한 사례로, 대학 리빙랩의 좋은 모델이 될 수 있다. 학생들을 적극적으로 참여시키는 리빙랩 플랫폼은 대학의 임무에 대한 많은 고민 속에서 대학사회의 소통・협업, 지역사회 기여에 대한 방향성을 제시하고 있다.

동국대학교 리빙랩은 산학협력사업의 연장선에서 실행되었다. 관련 자금도 지역사회・기업과의 협력을 지원하는 교육부 사업으로 진행되었다. 지속가능한 전환에의 기여라는 장기적 전망보다는 기업-지역사회-대학의 협력을 추구하는 방식으로 리빙랩이 활용된 것이다. 따라서 리빙랩 활동도 대학 내의 시설이나 공간보다는 대학 외부 지역사회의 특정 공간에서 이루어졌다. 대학의 시설・공간에서 공급자이자 사용자인 교직원-교수-학생이 수행한 리빙랩이 아니라, 공급자인 교수・대학생과 사용자인 지역주민이 참여하는 리빙랩이었다. 그리고 이를 효과적으로 추진하기 위해 리빙랩에 대한 교육활동이 이루어졌다.

4 사례 종합과 의의, 그리고 정책 과제

1) 사례 종합

사례연구를 통해 나타난 바를 정리하면 다음과 같다. 우선 각 사례는 대학 캠퍼스를 중심으로 하는 유형과 지역사회를 중심으로 하는 유형으로 구분된다. 브리티시 콜롬비아 대학교는 지속가능성과 사회적 가치를 확보하기 위해 대학의 임무와 역할을 재정의하는 수단으로 리빙랩을 활용하였다. 전환지향적 관점에서 리빙랩을 운영하였고 이를 위해 자체 자금을 조달했다. 대학본부와 이사회 차원에서 진행되는 전략적 차원의 변화가 이루어진 것이다. 그리고 대학 공간을 리빙랩으로 활용하는 방식을 취했다. 에너지·환경문제를 해결하기 위해 대학 공간과 건축물을 테스트베드로 설정하고 이를 바탕으로 리빙랩을 진행했다. 새로운 지속가능한 주거 및 건물시스템 실험을 위해 건축물의 사용자이자 새로운 아이디어의 공급자인 교수-학생-직원이 중심이 되어 리빙랩을 운영했다. 이 과정에서 문제해결형 교육도 동시에 이루어졌다. 브리티시 컬럼비아 대학의 리빙랩은 대학구성원이 중심이 되어 대학캠퍼스를 대상으로 지속가능한 새로운 주거시스템과 건축시스템의 가능성과 현실을 보여준 것이다. 대학 공간과 자산을 기반으로 한 리빙랩이라고 할 수 있다.

반면 동국대학교의 리빙랩은 이와 다른 접근을 취하고 있다. 우선 리빙랩은 지속가능한 전환과 같은 장기 전략을 기반으로 진행되지 않았다. 리빙랩은 교육부의 산학협력사업, 지역협력사업의 일환으로 전개되었다. 지식의 활용에 초점을 맞춘 산학협력 사업의 연장선에서 이루어진 것이다. 협력의 대상이 기업에서 지역사회로 확대되었다. 이를 통해 교육프로그램을 혁신하고 지역사회에 기여하며 학생들의 취업기회도 마련하는 활동이 이루어졌다. 즉 리빙랩을 현장밀착형 교육사업, 산학협력 활성화 사업, 지역문제 해결 및 지역혁신사업의 틀로 활용한 것이다. 따라서 리빙랩이 전개된 공간은 대학 캠퍼스 보다는 주변 지역사회였다. 캠퍼스의 건물과 시설을 통해 리빙랩을 운영한 것이 아니라 지역사회 문제를 직접적으로 해결하기 위해 리빙랩을 운영한 것이다. 지식 공급자인 교수・학생과 사용자인 지역주민이 협업하는 리빙랩을 구성・운영했으며 이를 지원하는 교육 프로그램이 운영되었다.

| 표 5-4 | 리빙랩을 통한 대학의 혁신 내용

구분	추진 내용 및 변화	
브리티시 콜롬비아 대학교	미션 및 역할 재정립	• 지속가능성 구현이라는 비전에 입각해서 대학의 임무와 역할 재정의 – 지속가능성 이니셔티브 발표 – '리빙랩으로서의 UBC', '변화의 모델로서의 UBC' 슬로건 발표 – 지속가능성 가치를 대학의 운영과 연구・교육 활동에 통합
	운영 체계 혁신	• 대학과 민간・공공・비정부 부문 간의 협력 도모 • 교직원–교수진–학생 간의 상호작용 확대 – 대학의 이해당사자 간의 수평적 의사소통 확대 • 사용자이자 공급자인 교수–학생–교직원과 외부기관 간 협력 제고 – 민간, 공공기관 및 비정부기구와 업무교류협약 및 각 기관에게 테스트베드로 캠퍼스 제공
	새로운 교육/연구 혁신 시도	• 대학 공간을 리빙랩으로 활용해서 지속가능한 캠퍼스 구축 – EcoTREK 프로젝트 등 대학 캠퍼스를 테스트베드로 새로운 지속가능한 주거 및 건물시스템 실험 – U–Town 프로젝트를 통해 학생들과 교직원들의 지속가능한 커뮤니티 구현 • 교과과정 개편 및 리빙랩 교육 프로그램 운영 – 모든 커리큘럼에 지속가능성 포함 – 'SEED 프로그램(사회・생태・경제 발전연구)'을 통해 1천 2백개의 지속가능성 프로젝트 수행

	미션 및 역할 재정립	• 대학의 교육・연구・지역협력 모델 재정립 – 산학협력을 넘어 지역사회와 새로운 관계 형성 지향 • 지역사회를 리빙랩 공간으로 설정해서 지역문제 해결에 초점 – 대학과 지역사회 및 기업 간 당면 과제 해결 – 사회・산학협력 결과물의 성과 창출 및 확산
동국 대학교	운영체계 혁신	• 공급자인 교수・학생과 사용자인 지역주민이 협업하는 리빙랩 구성・운영 – 대학–사회・기업의 협력 촉진과 대학과 지자체의 협력 강화 – 지역사회–대학–공공기관–기업 간의 협력 모델 구축 • 학생들 특유의 기발한 아이디어를 제공받아 이를 바탕으로 지역사회의 혁신 도모 – 사용자 혁신 아이디어를 도출하기 위해 캡스톤디자인 및 창업동아리 활동과 연계한 사업화 지원 프로그램 개발・운영 • 세부 분야를 총괄하는 공통 지원체계 구축 및 참여주체별 명확한 역할 정립
	새로운 교육/연구 혁신 시도	• 현장 실무형 교육기회 강화를 위해 대학 인프라 기반의 테스트베드 공간으로서 리빙랩 구축 • 리빙랩 교육 프로그램 운영 – 리빙랩 관련 특성화 분야 선정, 인프라 구축, 교과 운영 및 지원 체계 마련, 잠재적 테스트 패널 구성・운영 • 대학의 지역 및 산업분야와의 협력을 통한 실질적 교육모델 정립 – 커리큘럼 개편 및 산업체 수요를 반영한 계약학과 또는 맞춤형 교육과정을 개발・운영 • 경험위주 학습을 통해 미래 사회에 필요한 고급 인력 양성

자료 저자 작성

이러한 차이는 캐나다와 한국 대학의 역할과 역사적 발전과정의 차이, 리빙랩 추진 방식의 차이 등을 반영한 것이라고 할 수 있다. 그 동안 지속가능한 전환과 같은 비전은 한국 사회에서는 중요한 의제가 아니었고 오히려 산학협력을 통한 사업화가 대학의 중요 역할로 받아들여지면서 차이가 나타난 것이다. 또 브리티시 콜롬비아 대학이 대학 시설물을 중심으로 한 연구에 초점을 둔 것과 달리 동국대는 일종의 사회서비스 혁신, 사회혁신 중심의 활동이 중심이었다. 연구와 교육의 혁신모델도 차이가 있는 것이다

이렇게 차이가 있지만 리빙랩 추진 과정에서 양 사례 모두 대학내・외 관련 주체 간의 긴밀한 연계・협력을 강조했다. 대학의 참여형 운영 거버넌스 구축을 위해 관련 주체 간의 연계・협력 노력은 두 사례에 공통적으로 나타나고 있다.

2) 의의

앞서 살펴 본대로 최근 일부 국내외 대학은 리빙랩 개념을 통해 대학의 미션 및 역할에 대한 새로운 패러다임을 모색하고 다양한 전환 실험을 촉진하는 계기를 마련하고 있다. 대학에서의 리빙랩 실험에서 찾을 수 있는 의의는 다음과 같다.

첫째, 대학 리빙랩 실험은 대학의 새로운 미션과 역할, 지역사회와의 관계 재정립을 위한 중요한 계기를 마련해 주고 있다. 그동안 국내외 대학 모두 새로운 지식・학문을 창출・보급하고, 인재를 교육하는 폐쇄체제로서 존재해 왔다. 사회와 다소 유리된 채 축적된 전문지식을 사회에 일방적으로 밀어내는 형태로 소통해 왔으며, 이 과정에서 지역사회와의 협력이나 사회적 봉사 기능은 소극적으로 운영되어 왔다. 최근 대학 리빙랩의 실험은 대학의 사회적・공공적 역할 확대와 함께 지역사회와의 적극적 연계・협력을 강조하는 것으로 나타나고 있다. 대학은 리빙랩 개념을 통해 시스템 전환을 위한 전략적 니치이자 테스트베드를 구축하고 사회와 소통하고 관계를 맺어나가는 중요한 장을 마련하고 있는 것이다. 이를 통해 대학은 지역사회의 지속가능성 확보, 지역 성장 및 일자리 창출, 지역 재생 및 삶의 질 제고 등 사회문제 해결에 적극적으로 기여하고 지속가능한 사회・기술시스템 전환을 위한 핵심 주체로 거듭나고 있다(Mulgan et al, 2016).

둘째, 대학 운영의 협력적 거버넌스 구현 방식으로서 리빙랩이 운영되고 있다. 앞서 살

펴본 두 대학 사례 모두 리빙랩을 도입・적용하면서 대학 내 운영체계의 변화뿐만 아니라 지역사회 등 대학 외 관련 주체와의 협력적 거버넌스 구축을 꾀하고 있다. 대학 리빙랩은 대학본부, 교수・학생, 행정직원 간의 대학 내 협력뿐만 아니라 지역사회, 기업, 정부 등 외부 주체와의 협력을 강조하고 있다. 이를 통해 관련 주체들이 공통 비전을 공유하고 전환에 대한 공감대를 이끌어내는 계기를 마련할 수 있다.

셋째, 교육・연구의 새로운 혁신모델이 시도되고 있다. 기존의 대학 교육・연구는 대학본부가 주도하여 대학의 경쟁력과 순위 향상을 위해 유망분야에 전략적으로 자원을 집중하는 전략과 교수가 중심이 되어 지식을 전달하는 선형적 방식의 교육체계에 기반하고 있다. 이와 달리 대학 리빙랩은 교수, 학생, 지역사회가 함께 소통하면서 문제를 발굴하고 해결책을 제시하는 현장 및 사회와 함께하는 교육체계를 지향한다. 브리티시 콜롬비아 대학의 경우 모든 커리큘럼에 지속가능성을 포함시키거나 캠퍼스의 지속가능성 확보를 위한 SEED 프로그램 등을 통해 대학 교육・연구체계를 혁신하고 있다. 동국대의 경우도 현장 지향 및 수요 맞춤형 교육과정 개발・운영을 통해 교육・연구체계를 혁신하고 있다.

3) 정책 과제

현재 시도되고 있는 대학 리빙랩은 그 자체로 대학의 교육・연구 혁신모델이면서 사회적 도전과제 해결을 통해 지속가능성과 사회적 가치를 높이기 위한 새로운 실험이다. 현재 소규모 실험으로 진행되고 있는 대학 리빙랩 활동이 대학 시스템의 혁신으로 이어지려면 다음과 같은 노력이 필요하다.

첫째, 정책적 측면에서 논문・특허 중심의 대학 평가 기준을 변화시킬 필요가 있다. 현장과 소통을 통해 지역사회 문제를 해결하고 지역발전에 기여하는 활동은 대학의 중요한 역할이 되고 있다. 이런 활동을 논문・특허 등과 함께 평가제도에 반영하는 시각의 전환이 필요하다. 기존의 관성이 강하게 자리잡고 있지만 새로운 실험들을 안착시킬 수 있는 공간

확보가 필요한 것이다.

둘째, 지역・사회・교육・연구 혁신의 주체로서 대학의 적극적 의지와 명확한 문제 인식이 중요하다. 이를 위해서는 교육・연구・혁신의 비전과 목표를 새롭게 재정립하고 민주성・투명성・상호신뢰에 기반을 둔 협력 거버넌스 구축이 반드시 필요하다. 과거처럼 폐쇄적・하향적으로 사업을 시행할 경우 혁신의 추동력을 확보하기 어렵다. 또한 대학과 지역사회가 함께 성장하려면 대학 경영진, 교수・학생, 교직원 간 긴밀한 협력과 함께 정부, 지역사회 등 관련 주체들과 협력적 네트워크 구축이 필수적이다. 지역수요조사 및 지역문제 해결을 위한 현장 참여형 교육 프로그램 신설・운영, 학교 시설・인프라 개방과 활용도 제고, 대학과 지역사회 간 연계・협력 프로그램 등을 적극적으로 운영할 필요가 있다.

셋째, **시스템 전환**이라는 관점을 가지고 대학에서 이뤄지는 다양한 단기적 사업을 장기적인 전환 노력과 연계할 필요가 있다. 현재 국내 대학에서 이뤄지는 많은 교육・연구・혁신・봉사 활동은 시스템 전환의 관점 없이 단기적・대증적 사업에 그치는 경우가 많다. 현재 국내에서 시도되는 대학 리빙랩 활동도 시스템 전환의 관점에서 재해석하고 대학의 미션・역할 재정립, 교육・연구 혁신, 지속가능한 발전, 지역문제 해결 노력을 통합적으로 고려할 필요가 있다. 이런 면에서 대학 리빙랩은 시스템 전환의 전망을 가지고 새로운 아이디어를 실험・확산하는 '전환랩'이 된다.

넷째, 대학 리빙랩 활동이 대학의 시스템 전환으로 발전하기 위해서는 소규모의 실험을 기반으로 성공의 가능성을 확대해 나가는 **전략적 니치 관리** 전략이 필수적이다. 앞서 살펴본 브리티시 콜롬비아 대학의 경우 대학의 장기 비전이나 목표 속에 리빙랩 활동을 반영하지만 전면적 추진보다는 특정 지역 및 영역에서의 소규모 실험을 점차 확대해 나가는 전략을 취하고 있다. 대학 리빙랩도 캠퍼스 기반이든 실제 생활현장이든 다양한 소규모의 리빙랩 실험을 반복적으로 진행하면서 경험・노하우・시설을 기반으로 리빙랩을 확대・발전시켜 나가는 것이 필요하다.

다섯째, 대학 리빙랩 사업은 여전히 초기 단계에 있기 때문에 리빙랩 활동 주체 간에 상호학습할 수 있는 네트워크 구축이 필요하다. 이를 통해 각 대학에서 이뤄지는 리빙랩 활동의 성과는 무엇이고, 향후 개선・보완되어야 할 사항은 무엇인가에 대한 점검이 가능하다. 유럽의 경우 ENoLL(European Network of Living Labs)를 통해 리빙랩 활동 간 네트워크를 구축하고 각 사례의 학습 및 벤치마킹을 시도하고 있다. 국내에서도 2017년 한국리빙랩네트워크(KNoLL, European Network of Living Labs) 포럼이 형성되어 격월로 만남이 이뤄지고 있다. 대학 리빙랩 활동 또한 KNoLL 포럼과 연계하거나 정기적인 학술 세미나 및 워크숍을 통해 대내외 리빙랩 경험을 공유하고 상호학습하는 자리가 필요하다(성지은 외, 2017).

제6장

포용적 혁신의 실천과 한계: 과학기술자의 리빙랩 인식과 경험

김명심 · 박희제

최근 과학기술혁신정책은 기술중심적 시각에서 사회·기술시스템론 시각으로, 공급자 중심에서 수요자 중심으로, 전문가의 혁신에서 포용적 혁신으로, 경제적 목표에서 사회적 목표를 포괄하는 방향으로 전환되고 있다(송위진 외 2018; European Commission, 2012; 2013; Geels, 2004). 이러한 새로운 흐름에서 가장 눈에 띄는 것 중 하나는 과학기술혁신 주체의 확장이다. 즉 과학기술 관련 정책 결정 과정뿐만 아니라 실제 과학기술혁신과정에 다양한 이해관계자와 일반 시민이 관여하는 개방적이고 포용적인 혁신체제가 강조되고 있다(Marq, Tancoigne, and Strasser, 2020).

이러한 모습은 한국의 연구개발사업에서도 발견되는데 "사회문제 해결형 연구개발사업"이 대표적인 예이다. 사회문제 해결형 연구개발사업은 과학적 난제나 산업현장에서 직면하는 문제의 해결이라는 전통적인 목표가 아니라 사회문제 해결을 통한 삶의 질 향상이라는 목표를 추구한다는 점에서 기존 연구개발사업과는 완연히 구분되는 사업이다. 이러한 비전통적인 연구개발 목표를 달성하기 위해 이 사업은 리빙랩이라는 새로운 개방형 추진체계를 도입해 시민참여를 연구개발사업의 중요한 한 축으로 상정하고 있다(미래창조과학부 · 한국과학기술기획평가원, 2016).

리빙랩은 "실제 생활 현장에서 사용자와 생산자가 공동으로 혁신을 만들어가는 실험실이자 테스트베드"로 정의된다(송위진 외, 2018: 31). 전통적인 과학기술혁신모델에서 사용자는 '연구기관과 기업이 제공하는 제품 및 서비스를 수동적으로 사용'하는 존재로만 인식되었다면, 리빙랩이라는 개방형, 포용적 혁신체제에서 사용자는 '과학기술 전문가와 상호작용을 통해 공동으로 문제를 정의하고 대안을 찾아 나가는' 혁신 주체로 재정의된 것이다(성지은 2019: 16). 이후 한국에서 리빙랩은 현장기반 문제해결형 혁신활동이자 시민참여형 거버넌스 방식으로 자리매김하며 공공연구개발사업의 모델로서뿐 아니라 행정안전부, 국토교통부, 농림축산식품부, 해양수산부 등의 사용자 참여형 문제해결 사업의 핵심적인 방법론으로 확대되고 있다(성지은 · 송위진, 2020; 송위진 외, 2017).

개방형 혁신체제 모델로서 리빙랩의 확산과 더불어 리빙랩의 구체적인 실행 방법과 실제 사례에 관한 연구도 빠르게 누적되고 있다(김준한 · 한재각, 2018; 성지은 · 송위진 · 박인용, 2014; 성지은 · 송위진 · 정서화, 2014; 성지은 외, 2017; 송위진 외, 2017; 송위진 · 성지은, 2018). 그런데 이들 연구는 대부분 리빙랩 사례를 소개하면서 리빙랩의 장점과 의의를 부각하는 데 초점을 맞추고 있다. 반면 리빙랩에 실제 참여한 주체들이 리빙랩을 어떻게 인식하고 경험하고 있는지를 인터뷰나 설문을 통해 실증적으로 분석하거나, 각 참여 주체들의 서로 다른 기대나 인식으로 인한 잠재적인 갈등에 주목하는 연구는 찾기 어렵다. 최근 리빙랩에 참여한 사회적경제조직의 참여경험과 인식을 실증적으로 탐색한 박희제와 성지은의 연구는 이런 면에서 시사적이다. 이들은 다양한 주체의 리빙랩에 대한 기대가 다르고, 그 차이로 인해 리빙랩 경험이 기대처럼 매끄럽게 이루어지지 않을 수 있다는 점을 시사한다. 즉 사회문제 해결형연구개발사업에 참여한 사회적경제조직들은 한편으로 과학기술 전문가들과 공동으로 문제해결을 위한 혁신의 주체로 활동하는 것에 자부심을 느끼지만 다른 한편으로 자신들의 제한된 역할 때문에 또는 실용화에 대한 인식 차이때문에 연구자들과 갈등하는 모습을 보이기도 한다(박희제 · 성지은, 2019).

같은 맥락에서 이 연구는 사회문제 해결형 연구개발사업에 참여했던 과학기술 전문가들이 리빙랩이라는 낯선 혁신방식을 어떻게 인식하고 수용했으며, 특히 사용자(end-users)로 대표된 일반시민의 참여를 어떻게 인식하고 경험했는지, 그리고 이 과정에서 시민참여를 통한 혁신방식에 대한 인식에 어떤 변화가 있었는지를 살펴보고자 한다. 개방형 혁신의 한 방식으로서 리빙랩은 사용자, 이해당사자, 사회적경제조직 등 새로운 주체와 전통적 혁신 주체인 과학기술 전문가와의 협업을 강조한다는 특징이 있다. 따라서 리빙랩을 통한 혁신에서 시민참여에 관한 과학기술 전문가들의 인식과 경험은 리빙랩의 성공적인 안착 여부를 결정할 만큼 중요하다. 특히 이 연구는 리빙랩이라는 낯선 경험을 통해 시민참여를 처음 경험하는 과학기술자들의 혼란과 갈등에 주목하고자 한다. 지금까지 여러 세미나 발표나 언론 인터뷰에서 간헐적으로 듣게 되는 이들의 경험담은 리빙랩이 어떻게 자신들의 연구에 기여했는지에 관한 긍정적인 평가 일색이다(이레나, 2016; 임태호, 2016; 정명곤, 2018.05.25). 물론 이 연구가 이들의 긍정적인 평가가 잘못되었다고 주장하려는 것은 결코 아니다. 다만 이러한 발표들이 긍정적인 평가가 이루어지기까지 연구자가 경험했을 여러 혼란과 갈등을 충분히 담아내지 못했을 가능성에 주목하려는 것이다. 혁신과정에 시민참여가 효과적으로 이루어지기 위해서는 긍정적 결과에 대한 보고 이상으로 혁신 주체들의 다양한 인식과 경험에 대한 논의를 통해 현 제도의 개선점을 찾는 작업이 중요하기 때문이다.

1 이론적 배경

1) 연구의 독립성, 전문가주의, 그리고 시민참여

20세기 말에는 시민의 삶에 영향을 미치는 사안에 시민의 목소리가 반영되어야 한다는 차원에서, 또는 과학기술의 비의도적인 부작용을 최소화하기 위해서 시민이 과학기술정책에 참여해야 한다는 주장이 힘을 얻었고 이러한 목소리는 기술영향평가 등을 통해 제도화되어 왔다(Sclove, 1995; 박희제, 2017). 그러나 21세기 들어 시민참여는 과학기술정책의 범주를 넘어 과학기술지식이 생산되는 혁신 현장에의 참여로 급속히 확대되면서, 시민과학, 개방형 혁신, 포용적 혁신, 사회혁신 등의 담론이 빠르게 확산되고 있다(박진희, 2018; 송위진 외, 2018; Marq, Tancoigne, and Strasser, 2020). 하지만 이러한 변화의 물결이 아무런 혼란이나 저항 없이 과학기술 전문가에게 수용되리라 기대하기는 어렵다. 과학기술혁신과정에의 시민참여를 오랫동안 논의해 온 과학기술학 연구자들에게는 혁신과정에의 시민참여가 당위적일 뿐만 아니라 최신 혁신이론을 반영한 자연스러운 흐름으로 여겨질 수 있으나, 과학기술 전문가들에게 사용자, 이해관계자, 일반 시민을 혁신의 주체이자 협업의 대상으로 받아들이는 것은 매우 낯설고 어색한 경험이다.

먼저 일반시민의 연구혁신 참여는 연구자가 간섭 없이 연구 과정을 통제해야 한다는 연구의 독립성 규범에 어긋나는 것으로 보일 수 있다. 연구의 독립성은 과학자 공동체의 핵심적인 규범의 하나로, 특히 대학의 연구자들에게 타협하기 어려운 것으로 받아들여져 왔다. 이러한 독립성 규범은 20세기 후반 진행된 과학의 상업화라는 거센 물결에 일부 대학 연구자들이 무관심하거나 심지어 저항하는 근거가 되기도 한다(Berman, 2012). 또한 독립성 규범은 전문가주의의 반영이기도 하다. 과학기술연구는 과학기술 전문가만이 이해하고 수행할 수 있기 때문에 과학기술 관련 의사결정은 이들 전문가들에 의해서 이루어져야 한다는 전문가주의는 과학기술자뿐 아니라 사회 전반에 널리 퍼져있는 인식이다(이영희, 2012;

Brown, 2009; Fischer, 2009). 과학기술지식의 전문성을 강조하는 이러한 인식은 과학기술 전문가와 일반 시민의 위계적 관계를 암묵적으로 전제하며, 혁신과정에 참여할 수 있는 주체의 범주나 이들의 활동 범위에 대한 제한을 당연시한다.

시민참여를 통한 개방형 혁신은 이러한 독립성 규범과 전문가주의에 대한 전면적인 도전을 의미할 뿐 아니라 일반 시민들이 일상의 경험을 통해 획득한 **시민지(lay knowledge)** 및 이들의 다양한 가치지향과 전문가 지식의 매끄러운 융합을 요구한다. 따라서 과학기술 전문가들이 전문가주의를 벗어나 새로운 경험을 혁신과정에 얼마나 잘 녹여내느냐가 개방형 혁신의 제도화 성패를 가늠할 만큼 중요하다. 사회문제 해결형 연구개발사업을 통해 리빙랩을 처음 접하게 된 과학기술 전문가들이 이 연구개발사업의 기획자들이 강조하는 것처럼 일반시민을 대등한 혁신의 주체로 인정하는지, 또 리빙랩의 경험이 시민의 과학기술혁신 참여에 대한 그들의 인식에 변화를 가져왔는지가 미래의 개방형 혁신을 위한 가늠자가 되는 것이다.

역으로 리빙랩에 대한 과학기술 전문가들의 태도는 한국 과학기술자공동체의 특징을 보여줄 수도 있다. 그동안 많은 연구자들은 한국의 과학자와 엔지니어가 내부의 자율성보다 외부의 지도에 민감하게 반응해왔음을 지적해왔다(한경희, 2006; 박희제, 2006; 2007). 국가발전을 위해 과학기술이 동원되어온 역사를 통해 과학기술을 내재적 가치보다 국가와 사회의 요구에 답하기 위해 동원되는 도구적 가치로 바라보는 시각이 내면화되었다는 것이다. 이런 측면에서 본다면 국가연구개발사업의 한 부분으로 도입된 리빙랩을 통한 시민참여는 상대적으로 쉽게 정당성을 획득할 수도 있을 것이다. 그러나 이는 시민참여가 갖는 민주적, 시민참여형 혁신거버넌스라는 차원보다 정부와 사회의 요구에 대응한다는 도구적 차원에서 수용된 정당성일 가능성이 크다. 만약 그렇다면, 리빙랩에 참여했던 과학기술 전문가들이 시민참여를 긍정적으로 수용하더라도 이는 주어진 기술적, 경제적 목적 달성을 위한 도구 차원에 머물 뿐 혁신 거버넌스 체계에 별다른 변화를 이끌어 내지 못할 수도 있다. 과학기술 전문가의 리빙랩과 시민참여에 대한 인식과 경험을 구체적으로 살펴봐야 하는 또 다른 이유가 여기에 있다.

2) 사회문제 해결형 연구개발사업과 리빙랩

최근 혁신체제 논의에서 리빙랩은 생활세계에서 사용자 참여를 기반으로 혁신을 수행하는 개방형 혁신과 사용자 주도 혁신모델로 주목받고 있다. 무엇보다 제품・서비스 개발 초기 단계부터 사용자를 적극 참여시킨다는 점에서, 기술이 아닌 사람 중심의 접근 방법론으로 평가되고 있다. 초기 리빙랩은 주로 사용자의 행동을 관찰하여 기업의 제품개발을 돕기 위해 시도되었지만, 최근에는 공공부문의 혁신활동이나 지역문제 해결에도 광범위하게 이용된다(성지은・송위진, 2020). 리빙랩은 생활세계에서 사용자 참여를 기반으로 혁신을 수행하는 개방형 혁신과 사용자 주도 혁신을 구체화한 모델이기 때문이다. 또한 리빙랩은 폐쇄된 실험실을 벗어나 기술이 구현될 실제 현장에서의 실증을 통해 이루어지는 혁신활동으로, 기술을 실제로 사용하는 사용자들의 생활현장 경험에서 나오는 통찰을 혁신과정에 반영하는 것이 주된 목표다. 한국에서는 사회문제 해결형 연구개발사업의 일환으로 최근 도입되었다(성지은・송위진・정서화, 2014; 성지은・한규영・정서화, 2016).

사회문제 해결형 연구개발사업에 리빙랩이 적극적으로 도입된 것은 이 연구개발사업의 연구목표가 기존의 연구개발사업과 명확히 구별되는 특징을 가지고 있기 때문이다. 이 사업은 국가기술혁신사업의 편익을 국민이 실감하지 못하는 이유가 기존의 사업들이 기술개발에만 초점을 맞추고 있기 때문이라고 본다. 그 결과 대부분 연구개발사업의 결과가 추상적인 기술적 발전에 머물 뿐 국민이 일상에서 경험하는 실제 문제를 해결하는 데까지 나가지 못했다는 것이다. 이러한 문제를 극복하기 위해 사회문제 해결형 연구개발사업은 '기술중심의 접근에서 벗어나 혁신의 사회적 맥락과 사용자의 잠재적 니즈를 파악하여 기술과 사회를 동시에 구성하는 활동'을 추구하였고, 이를 위해서는 전문가뿐 아니라 사용자들이 혁신과정에 참여하는 것이 필수적이라는 인식이 확대되었다(성지은・송위진・박인용, 2014: 311). 이에 사용자들의 혁신과정 참여를 위한 방법론으로 도입된 것이 연구 산물의 최종사용자들이 적극적으로 기술개발에 참여하고 기술이 사용될 일상생활에서 기술을 실험하는 리빙랩이다. 이처럼 공급자 위주 연구개발에서 사용자 위주 연구개발로의 전환을 모색하는 리빙랩은 다양한 주체들이 참여하고 연계를 형성하는 개방형 혁신 네트워크(Leminen, 2015)라고 볼 수 있으며, '다양한 행위자들이 상호 연계된 집합체'로 간주할 수 있다(정병걸, 2017: 48).

이러한 개방형 혁신 네트워크에서 연구에 참여하는 행위자들은 **상호작용적 학습**을 통해 혁신능력을 향상시키고, 문제해결을 위한 더 나은 해법을 모색할 수 있다는 장점이 있다. 특히 이전에는 명확하게 구분되어 있다고 전제하였던 생활세계와 실험실이 개방형 혁신 네트워크 속에서 협업을 통해 상호작용을 강화해간다면 전문가 중심주의의 한계를 극복하는 데 큰 도움이 될 것이다.

그러나 리빙랩의 수행과정에서도 이해관계자 간에 발생하는 이해관계나 관점의 충돌 등 여러 가지 문제점이 발견될 수 있다(정병걸, 2017). 실제로 사회문제 해결형 연구개발사업 참여자들을 인터뷰한 결과에 따르면 리빙랩이 연구수행의 각 단계에서 긴장을 초래하는 모습을 확인할 수 있었다. 따라서 이 연구에서는 과학기술 전문가들이 새로운 연구개발사업의 참여 과정에서 경험하게 되는 문제들에 대한 심층적 분석을 시도하였다. 특히 리빙랩의 수행과정에 대한 분석을 통해 오랫동안 이분법적으로 구분되어온 전문가 대 시민의 비대칭적 관계의 극복 가능성을 진단함으로써 개방적・포용적 혁신이 어떻게 실천되고 있고 그 한계는 무엇인지를 논의할 것이다.

2 연구대상 및 연구방법

이 연구는 2016년 8월부터 2020년까지 2월까지 사회문제 해결형 연구개발사업 참여자 중 과학기술분야 연구자에 대한 심층인터뷰 결과에 대한 분석에 중점을 두었다. 인터뷰 대상은 목적표집(purposive sampling) 방식으로 선정하였으며, 인터뷰 대상자의 모집단은 사회문제결형 연구개발사업 참여자 전체이다. 인터뷰 대상자 표집을 위해 국가과학기술지식정보서비스(NTIS) 데이터베이스[3)]를 활용하였다.

전체 인터뷰 대상자 중 약 절반(7명)은 사업단의 연구책임자이고 나머지는 세부과제를 담당하는 연구자이다. NTIS 검색을 통해 사회문제 해결형 연구개발사업에 참여한 모든 연구자의 소속을 분석한 결과 대학소속 연구자는 90명, 출연연 소속(국립병원소속 포함) 연구자는 30명이었다. 이 연구 역시 유사한 비율로 인터뷰가 진행되어 기관에 따른 선택편이(selection bias)를 줄일 수 있었다. 그러나 질적 연구의 특성상 대표표본을 통해 연구결과의 외적타당성을 확보하는 것보다 상황맥락 속에서 인터뷰 대상자들의 경험과 인식을 드러내는데 주력하였다.

인터뷰를 위해 반구조화된 설문지를 활용하여 자유롭게 의견을 제시하게 하였으며, 인터뷰 내용은 1) 사회문제 해결형 사업 참여 동기, 연구수행과정 및 성과평가, 2) 리빙랩을 매개로 한 사업 참여자들 간의 상호작용 정도 및 시민참여에 대한 평가, 3) 연구자로서의 연구동기 및 사회적 책무성에 대한 인식 등을 포함하도록 구성하였다. 인터뷰 결과를 바탕으로 리빙랩 참여 경험을 중심으로 연구자들의 사업 참여 전후의 시민참여에 대한 인식 변화와 연구자로서의 자기평가 등에 대해 분석하였다. 이 연구는 사회문제 해결형 연구사업에

3) 국가과학기술지식정보서비스(NTIS)(https://www.ntis.go.kr/)는 국가연구개발사업에 대한 사업, 과제, 인력, 성과 등의 정보를 제공하고 있어, 상세검색을 통해 사회문제 해결형 연구개발사업의 세부과제 및 연구책임자, 참여연구원 등의 정보를 확인할 수 있다. 인터뷰 요청을 위해 공개된 이메일 및 연락처를 활용할 수 없는 경우 해당 연구자의 소속기관을 통해 연락처를 확보하여 인터뷰 요청 메일을 발송하였다.

참여한 과학기술 전문가들의 경험과 인식을 귀납적으로 드러내고, 그 과정에서 공통적으로 반복되는 응답을 통해 개별사례의 특이성을 넘는 경험과 인식에 대해 논의한다. 인터뷰에서 사회문제 해결형 연구개발사업과 리빙랩 또는 시민참여에 대한 긍정적인 의견과 부정적 의견이 모두 자유롭게 개진되어 특별한 응답편의는 없었던 것으로 판단된다.

| 표 6-1 | 인터뷰 대상자의 소속과 전공

번호	인터뷰 대상자	전공	소속	번호	인터뷰 대상자	전공	소속
1	인터뷰이A	의학	대학병원	8	인터뷰이H	공학	대학
2	인터뷰이B	의학	대학	9	인터뷰이I	공학	정부출연연구소
3	인터뷰이C	의학	대학	10	인터뷰이J	이학	정부출연연구소
4	인터뷰이D	공학	대학	11	인터뷰이K	이학	대학
5	인터뷰이E	의학	대학	12	인터뷰이L	공학	정부출연연구소
6	인터뷰이F	이학	대학	13	인터뷰이M	공학	대학
7	인터뷰이G	공학	대학	–	–	–	–

3 인터뷰 분석 결과

1) 문제 만들기: 전통적 연구수행과 책임범위의 확장

과학기술 전문가들은 사회문제 해결형 연구개발사업의 가장 큰 특징을 무엇으로 인식하였을까? 사회문제 해결형 연구개발사업은 사회문제 해결이라는 정책목표 달성을 위해 시민참여와 사용자지향성을 연구개발과정에 명시하고 있다는 점에서 기존의 연구개발사업들과 구별된다. 즉 실질적 문제해결이라는 차원과 일반시민의 혁신과정 참여라는 두 가지 차원의 특징을 갖고 있다. 흥미롭게도 기존에 경험한 연구개발사업과 이 사업의 가장 큰 차이가 무엇인지를 묻는 질문에 대다수 연구자는 첫 번째 차원을 먼저 이야기했다. 리빙랩이라는 방법론적 특징보다는 사회문제의 실질적 해결이라는 연구개발사업의 목표를 사업의 가장 큰 특징으로 먼저 떠올린 것이다. 이러한 반응은 한국의 과학기술연구들이 그동안 논문과 특허 획득에 초점을 맞추어 왔고, 현실적인 문제해결 특히 사회문제의 해결에는 무관심해 왔다는 증거이기도 하다.

> 예전 다른 연구개발사업이라면 학문의 발전 다시 말하면 제가 알고 싶은 것을 조금 더 이해하는 것이 목적이었습니다. 그런데 이 사업의 경우는 그게 아니고 지금 현재 갖고 있는 기술로 얼마나 우리 사회에 기여 할 수 있는가를 목적으로 합니다. 그렇다면 사회에 끼칠 수 있는 실질적인 영향이기 때문에 사회에 여러 관점을 볼 수 있는 분들과 사업화를 시켜야 되는 부분과 그리고 제 나름으로는 이걸 통해서 얼마나 또 발전할 수, 학문적으로 발전할 수 있을까? 이런 것들이 여러 관점으로 생각을 해야 되기 때문에 다릅니다(인터뷰이 A).

사회문제 해결형 연구개발사업은 연구단에 과학기술적 연구 성과뿐 아니라 연구 결과의 실용화를 방해하는 법적, 제도적 요인들과 사용자의 실제적 요구와의 괴리 등을 파악할 것을 요구하였다. 이러한 임무지향적인 연구개발사업은 실험실만을 연구 활동의 장으로 간주하던 연구자에게 긴장을 불러오기 쉽다. 실제로 사회문제 해결형 연구개발사업에 참여한 출연연 연구자들에 대한 연구에 따르면 연구자들이 '제도 등 연구자가 통제할 수 없는 다양한 변수의 영향을 받는 사회문제 해결이라는 목표를 연구가 핵심인 연구자에게 부여하는 것이 타당한지' 등에 대한 우려를 제기하고 있음을 보고하고 있다(이영석, 2017: 41-43). 이 연구에서도 연구자들은 유사한 우려와 어려움을 자주 토로하였다.

> 만약에 과제 공고가 떴다 그러면은 다 R&D지 실제 그거를 갖다가 사용자까지 연결시켜서 까지 하는 과제가 사실 뭐 그다지 없다 보니까. (…중략…) 그러니까 저희는 보통 연구개발만 이렇게 생각에 염두에 두고 있지 그거를 뭐 정부에서 어떻게 사용한다거나 아니면 실제 국민들이 느끼는 것까지 거기까지 이제 확대해서 저희가 생각하고. 뭐 그거를 아예 안하는 것은 아니지만 거기에 주된 관심사가 가는 일이 있기는 힘들죠(인터뷰이 L).

연구결과와 성과가 과학적 성과물(논문, 특허 등) 보다 사용자의 문제해결 체감 정도에 달려있는 사회문제 해결형 연구개발사업은 문제정의와 수행방법뿐 아니라 성과 산출에서도 새로운 접근이 필요할 수밖에 없다. 하지만 이러한 새로운 접근법은 제도적인 규칙과 절차에 의해 저절로 수용되는 것이 아니며 연구자의 적극적인 적응 노력이 필요하다. 왜냐하면 인터뷰이 L처럼 대부분의 연구자가 사용자의 실제 사용과 문제해결은 연구자의 책임영역으로 생각하지 않기 때문이다. 이는 한국의 과학자들 사이에서 사회적 영향으로부터 상대적으로 자유로운 과학기술공동체에 대한 믿음이 작동하고 있음을 시사한다. 이러한 해석은 한국 과학기술계가 과학기술 중심적 사고가 강하고, 과학기술을 중심으로 사회를 바라보는 경향이 있다거나 사회적 활동이 미약하고 연구 이외의 다른 활동을 '외도'나 '시간낭비'로 생각하는 경향이 강해 다른 분야와의 의사소통이나 공통의 사회자본을 축적하는 활동이 활성화되어 있지 못하다는 주장과 조응한다(송위진 · 홍성만 · 김병윤, 2004).

유사하게 인터뷰이 B는 사용자의 의견을 수렴하는 것은 기업의 일이라고 생각했다고 말했다. 대학, 기업, 시민 영역을 독립된 영역으로 구분하고, 자신의 연구를 대학이라는 독립적인 영역에만 속한 것으로 인식하는 것이다. 이러한 인식은 다수의 인터뷰 대상자에게서 발견된다. 대부분의 인터뷰 대상자는 "어떤 연구를 왜 수행하는가?"라는 물음에 연구자는 자율적이고 독립적으로 연구를 수행한다는 답을 했고, 이러한 대답은 한국의 연구자들이 전통적인 연구자의 역할과 정체성에 대한 규범을 수용하고 있음을 보여준다.

> 대개 연구하는 사람들은 자기 하고 싶은 연구를 하죠. 그런데 이거는 자기가 하고 싶은 연구가 아니고 어떤 특정 문제를 이제 풀어줘야 되는 거죠. 그런 면에서는 [사회문제 해결형 연구개발사업은] 자기 하고 싶은 거보다는 정부가 원하는 것, 아니면 국민이 원하는 것을 해야 된다는 게 다르죠(인터뷰이 G).

인터뷰이 G의 응답이 제기하는 흥미로운 질문은 연구자들이 그동안 정말 자신이 연구하고 싶은 연구만을 수행해왔는가라는 점이다. 즉 사회문제 해결형 연구개발사업이 이전 연구개발사업과 구별되는 점이 과연 많은 인터뷰 대상자의 주장처럼 국가 또는 사회가 원하는 연구를 수행해야 한다는 점인가? 이는 달리 표현하면 한국의 과학기술정책이 연구자들에게 상당한 연구 자율성을 부여해왔는가라는 질문과 다름없다. 같은 질문에 선행연구들은 한국과학자사회가 자율 거버넌스(self-governance) 구조를 갖기보다는 국가주의적 또는 도구주의적 과학관을 내면화하고 있으며, 객관적 지식을 추구하는 과학적 연구활동의 전통적 가치보다는 국가발전을 위한 도구적 차원의 가치관을 형성하고 있다고 주장해왔다(한경희, 2006; 박희제, 2007; 김환석 외, 2010; 한경희·최문희, 2014; 문만용, 2016).

그렇다면 이 연구에서 드러난 자율적인 연구라는 관념은 하나의 수사(rhetoric)에 불과한 것일까? 우리는 이러한 반응을 단지 수사 차원만으로 볼 수 없고 상당 정도 지난 20여 년 동안 진행되어 온 연구 변화를 반영하는 것으로 추정한다. 지난 20여 년간 특히 한국의 대학은 국내외 대학평가에 크게 영향을 받아왔고, 따라서 임용이나 승진에서 국제논문 중심의 평가가 자리를 잡아 왔다. 아울러 학계 전반에서 연구자를 평가하거나 연구과제 선정 및 평가심사에서도 국제논문 위주의 평가가 관행으로 자리를 잡게 되었다. 이에 따라 특히 대학의 연구자들은 연구결과의 실제적 '활용'보다는 해외 학술지가 선호하는 새로운 '발견'을 위한 연구에 집중하는 경향을 보인다. 이러한 경향은 한편으로 대학 환경의 변화라는 새로운 외부 압력의 결과를 반영하는 것이다. 그러나 다른 한편으로 이들의 연구에서 과거 하향식(top-down)의 임무지향적 연구에 비해 연구자들이 선택할 수 있는 연구주제의 폭과 주제 선택의 자율성이 확대되었음을 부정하기 어렵다. 이러한 환경변화에 따라 특히 대학의 연구자들은 점차 외부의 지도에 따른 연구보다 동료 과학자사회가 관심 있을 만한 연구를 추구하고, 연구 활동의 범위를 발견과 논문출판까지로 한정하는 경향이 강해졌을 가능성이 크다. 사실 사회문제 해결형 연구개발사업은 이처럼 새롭게 구조화된 학술과학 중심의 연구경향, 즉 논문 출판으로 종결되는 연구관행에 대한 반성에서 비롯된 면이 크다. 한 연구자의 언급처럼 "기존의 과학기술 R&D는 뭔가 성과물 하나만 만들어지면 그리고 논문이 나가고 그러면 끝"인 것이다(인터뷰이 J).

이러한 맥락에서 연구자들의 연구 자율성에 대한 주장은 단지 누가 연구주제를 정하는가에 머물지 않고 연구의 역할과 책임은 어디까지인가에 관한 질문으로 확장되고, 사회문제 해결형 연구개발사업이 정부와 사회의 지도에 따른 연구를 강요한다는 문제의식은 연구결과의 사회적 기여라는 또 다른 가치의 수용에 의해 타협이 이루어진다. 즉 연구의 확대된 사회적 책임을 수용하고 강조함으로써 연구의 독립성 규범이나 연구수행의 변화를 요구하는 압력과의 긴장이 상당 부분 조정되는 것이다. 다음의 응답은 연구자들이 연구의 사회적 역할과 책임의 확대를 수용하는 모습을 잘 보여 준다.

> 지나고 나서 보면 과연 내 리서치가 이 사회에 얼마나 기여(contribution)을 했을까? (…중략…) 뭐 굳이 이런 방식으로 정확하게 이제 사회문제 해결형 이런 타이틀이 아니더라도 조금은 연구하는 부분에 대해서 이 사회에 직접적으로 기여(contribution)이 될 수 있는 그런 연구에 대해서 조금 고민을 많이 하게 된 것을 사실입니다(인터뷰이 K).

그냥 연구로 해서 순수연구도 굉장히 좋은데, 순수연구도 의미가 있지만, 사회적 문제를 갖다가 이렇게 직접 같이 해서 해결하는 이런 거[가 중요합니다]. 그리고 혼자 할 수 있는 게 정말 아닌 거 같아요. [사용자와의] 협업(co-work)이 굉장히 잘 돼야 할 것 같아요(인터뷰이 M).

이 연구에서 인터뷰이 K와 인터뷰이 M을 비롯한 다수의 인터뷰 대상자는 사회적 기여라는 연구자의 사회적 책임 확장을 수용하는 모습을 보였다. 인터뷰 대상자들이 사회문제 해결형 연구개발사업에 참여한 연구자들임을 감안한다면 이는 당연한 결과로 해석될 수 있다. 하지만 여기서 주목할 점은 사회문제 해결형 연구개발사업의 목표 면에서의 차별성이 연구자들로 하여금 연구결과의 실제 문제해결 능력을 연구의 중요한 책임범위에 포함된 것으로 인식하도록 유도하고, 이렇게 확대된 책임을 수행하기 위한 방법으로 비전통적인 연구 주체들과의 협업의 필요성 역시 수용하게 했다는 것이다.[4] 물론 이것이 이질적인 연구의 수행주체들이 큰 갈등 없이 대등한 협력관계를 구축했다는 의미는 아니다. 어쩌면 인터뷰이 M이 언급한 이질적인 참여자들과의 조우와 협업은 연구의 사회적 책임 확장 이상으로 사회문제 해결형 연구개발사업에 참여한 연구자들에게 가장 도전적인 경험이다.

2) 이질적 행위자들의 조우와 전문가주의의 충돌

그동안 과학기술학은 '합의회의', '시민배심원' 제도 등 적극적인 시민참여를 제도화하는 시민참여의 확산에 기여해왔다. 그러나 이러한 시도들은 대부분 시민들이 지식생산과정이 아니라 과학기술관련 정책결정과정에 참여하는 형태라는 한계를 갖는다. 대조적으로 최근 메이커 운동, 시민과학, 리빙랩 등은 과학기술지식을 '생산'하는 과정에서 시민과 과학 간

4) 확장된 연구의 사회적 책임 수용과 사용자와의 협업에 대한 반응은 연구자의 전공분야에 따라 다르게 나타나는 것으로 보인다. 대체로 연구결과가 직접적으로 실제 사용과 연결되는 경험이 상대적으로 많은 의학과 공학 연구자들의 경우 사회문제 해결형 연구개발사업에서 요구하는 사회문제 해결과 시민과의 협업을 보다 쉽게 받아들이는 반면, 연구자의 책임을 연구결과 자체로 한정하는 경향은 실험실 연구를 주로 수행하는 이학계열 연구자들에서 나타났다. 그러나 작은 표본 때문에 이러한 발견의 일반화는 조심스러운 접근이 필요하다.

의 관계를 재설정 하는 시도들로 주목받고 있다(박진희, 2018; Marq, Tancoigne, and Strasser, 2020).

사회문제 해결형 연구개발사업이 기존의 연구개발사업과 구별되는 또 다른 중요한 특징이 바로 리빙랩을 연구수행에 필수적인 요건으로 도입했다는 점이다. 사회문제 해결형 연구개발사업은 실제 사용자가 지식생산 과정에 참여하는 리빙랩을 통해 사용자의 피드백을 반영하여 연구결과를 개선하는 과정을 거치도록 하고 있다. 리빙랩이라는 연구수행 방법은 그동안 실험실과 생활세계로 구분되어 있던 낯선 두 영역이 조우하고 '상호작용적 학습'이 이루어진다는 점에서 주목된다.

리빙랩을 수행하는 과정에서 연구자들은 이질적인 시민들과의 협업을 어떻게 받아들이고, 또 연구자 중심의 연구수행 관행을 어떻게 수정 또는 전환하고자 하였을까? 리빙랩을 경험한 대부분 연구자들은 리빙랩 수행을 통해 최종사용자의 요구와 연구자의 관점이 일치하기보다는 대부분 불일치와 갈등을 경험하였다고 보고한다. 특히 동질적인 연구자 집단과의 협업에 익숙한 연구자는 자신의 연구결과가 실험실 밖에서 어떤 의미가 있는지 새롭게 경험하게 되었다고 주장하기도 한다. 이러한 '새로운 경험'은 연구결과가 논문으로 종결되는 것이 아니라 사용자가 실제적인 연구대상이자 결과가 되기 때문에 겪게 되는 것이다. 즉 리빙랩을 통한 사용자와 연구자의 상호작용은 연구결과가 연구자 공동체 안에서 평가되고 인용되는 전문성의 경계를 넘어 실험실과 현실 세계를 연결하고, 비구조화된 문제의 해법을 찾을 수 있도록 상호학습의 기회를 제공한다. 한 연구자는 이를 '실질적인 연구'를 가능하게 하는 원동력으로 표현한다.

> 이 사업의 특별한 차이점은 뭐였냐 하면은요. 대상이 사람이었다는 것. 그래서 저는 다른 연구과제와 큰 차이점은 리빙랩을 해 본 적이 없어요. 이게 리빙랩 개념이 엄청난 차이예요. 엄청난 차이. 그래서 어떤 의미에서는 연구과제에 리빙랩 개념이 들어오면서 연구를 위한 연구가 아니라 실질적인 연구가 될 수 있게 되는 것 같아요(…중략…). 우리가 연구개발할 때는 대상이 없잖아요. 그냥 논문 내서 accept 되면 좋은 거고. 근데 이건 대상이 있어서 피드백이 계속 오잖아요(인터뷰이 H).

그러나 일반시민으로 구성된 사용자와의 연구협업은 갈등과 긴장을 야기했다. 인터뷰이 F는 다양한 행위자들과의 협업에서 어려움이 없었는가에 대한 질문에 팀에서의 협업은 어렵지 않았지만, 필드가 어려웠다고 답하였다. 여기서 '팀'은 인터뷰이 F와 동질성을 공유하는 연구자 공동체이며, '필드'는 연구의 참여한 일반시민이자 사용자를 지칭한다. 연구자 공동체 밖의 이질적 행위자인 시민과의 협업이 기존의 연구수행 방식과는 다르게 구성될 수밖에 없고, 이러한 이질성은 연구에서 경험하는 어려움의 큰 축을 이루고 있는 것이다.

사용자를 고려한다는 것은 실험실 상황과 달리 통제할 수 없는 수많은 변수 속에서 연구대상들과 지속적인 상호작용이 이루어져야 한다는 것을 의미한다. 실험실과 달리 반복적인 실험과 처치를 통해 보편적인 결과를 획득할 수 없으므로 문제는 더욱 복잡하고 어려워진다. 뿐만 아니라 사용자와 연구자의 사용결과에 대한 해석의 차이가 발생하기도 하는데, 이러한 차이는 과학적인 연구방법을 통해 수치로 환산할 수 없는 경험적인 특징을 가지고 있다. 예를 들어 층간소음의 경우 사람마다 소음에 대한 민감도가 다를 뿐만 아니라 기술사용을 통한 문제해결의 체감도 역시 차이가 나타난다. 과학적인 수치와 사용자의 체감 정도는 절대적인 상관관계를 보이지 않는다. 문제로 인식되는 감각의 지점과 해결되었다고 느끼는 체감 지점의 준거점이 다를 수 있기 때문이다. 인터뷰이 H와 I가 지적한 사용자는 '감정적'이라는 부분은 바로 이러한 인식의 차이를 잘 보여주는 것이다.

결과들을 보게 되면, 일관성 있는 결과, 일관성 있는 평가, 전문가들의 평가, 여기에 굉장히 우리는 익숙했는데, 이분들은 감정적인 평가들을 하시는 분이에요(인터뷰이 H).

리빙랩이 물론 그렇지만은, 사람 간에 느끼는 어떤 지수가 다 틀려요. (…중략…) 우리가 분명 정량적인 수치를 했을 때 분명히 줄었거든요. 기계, 동일한 기계를 놓고 두드렸을 때는 분명히 줄었어요. [따라서] 이 느끼는 감도 줄어야 되는데, 어떤 분들은 안 줄었다는 분도 있고. 그건 어쩔 수가 없는, 어쩔 수가 없어요(인터뷰이 I).

층간소음 감소를 위한 연구를 진행한 인터뷰이 I는 통제되지 않은 현실 세계에서의 연구결과 도출의 문제점을 지적하였다. 실험실을 벗어난 실제 기술이 적용되는 현장에서는 통제되지 않은 상황 변수들이 작용하며, 이러한 맥락 속에서 문제를 해결해야 하는 연구자들은 사용자의 평가와 해석에 의지해 연구를 진행할 수밖에 없다. 리빙랩의 지향점이 사용자의 체감에 맞춰져 디자인되어 있기 때문에, 결과적으로 연구는 시민참여를 통한 공동생산의 과정으로 구성될 수밖에 없는 것이다. 이러한 예는 실생활 상황에서 실험이 이루어지는 리빙랩이 현실의 복잡한 상호작용을 더 잘 이해할 수 있으며, 수요자의 요구나 수요를 직접 확인하고 검증할 수 있기 때문에 제품과 서비스의 실용화와 사업화 가능성을 높여준다(Ståhlbröst, 2013; 정병걸, 2017: 50에서 재인용)는 주장의 타당성을 잘 보여준다.

이처럼 리빙랩이라는 새로운 연구수행 방식은 이전에는 서로 구분된 세계로 여기던 실험실과 현실 세계를 매개하는 역할을 해주었다는 점에서 이질적 행위자들이 조우하는 제도적 공간을 제공한다. 그뿐 아니라 상호작용적 학습을 통해 문제를 해결하면서 사용자와 연구자가 공동창조의 경험을 공유할 수 있었다는 긍정적인 결과도 낳는다. 하지만 현재까지 수행된 리빙랩에 대해 '전문성과 시민성의 결합', '공동창조', '사회적 도전과제 해결과 지속가능한 발전', '시스템 전환과 전환실험' 등과 같은 리빙랩의 지향점과 비전에 대한 공유된 시각이 부족(성지은 · 송위진, 2020: 10)하다는 문제제기 역시 지속되고 있다. 연구자들이 연구공동체 밖의 이질적인 행위자들과 조우하는 경험이 반드시 정책에서 목표로 하는 긍정적인 결과를 낳는다는 보장은 없는 것이다. 무엇보다 전문가와 시민이 결합하여 공동 창조로 나아가기 위해서는 기존의 **전문가주의**를 넘어서는 태도가 전제되어야 한다. 그러나 리빙랩 운영 교육・훈련 프로그램 운영 등 전문가들과 시민사회 및 사용자를 연결하고자 하는 정책적 노력이 전문가주의라는 경계를 완화하는 데 얼마나 기여했는지를 평가할 만한 경험적 연구는 아직 부족하다.

실제로 새로운 연구수행 방식이 요구되는 상황에서도 여전히 전문가주의가 작동한다는 것은 리빙랩에 대한 연구자들의 평가에서 어렵지 않게 찾을 수 있다. 먼저 시민의 과학 지식 부족을 언급하며 시민을 계몽의 대상으로 보는 시각이 쉽게 발견된다. 일례로 한 연구자는 시민들이 미세먼지에 대해 알고 있지만 그 지식은 전문적이지 못한 '얕은 지식'에 불과하며 이를 '넓혀드리며 이해를 시켜드리'는 것이 전문가의 의무라고 말한다(인터뷰이 J). 또한 많은 연구자들은 리빙랩이 현실 세계의 문제를 해결하는데 유용한 도구일 수 있음을 긍정함에도 불구하고, 이러한 연구수행을 예외적인 상황으로 한정하고 있는 모습을 보여준다. 게다가 리빙랩이 수행되는 방식도 전문가 주도의 비대칭적 결정과 실행으로 이루어지고 있었다. 암묵적으로 연구과정에서 과학기술 전문가의 주도적인 역할을 당연시하는 것이다. 전문성에 대한 논의는 특히 평가와 관련될 때 민감한 주제가 된다. 시민들의 전문성에 문제를 제기하는 인터뷰이 E의 언급이 대표적이다.

> 본인의 선호가 있을 거 아니에요? 내가 좋아하는 거. 싫어하는 거. 그러면 자기가 좋아하는 거가 중요하다. 그런데 제가 보기에는 그거는 과학적인 내용이 전혀 아닌데. (…중략…) 그러니까 시민 평가가 그 시민이 정말 제대로 평가할 수 있는 시민이어야지 (…중략…) 그럼 누군가 그런 것들을 제대로 평가하고 지적하고 올바른 방향으로 가게 하려면 전문성이 있어야지 되죠(인터뷰이 E).

인용문에서 보듯 인터뷰이 E 역시 전문성을 강조하며 시민의 참여가 제한적이어야 한다고 주장한다. 그럼에도 불구하고 그가 리빙랩의 유용성을 부정하는 것은 아니다. 기술개발과정에 시민 혹은 시민사회가 참여하는 게 바람직하다고 생각하느냐는 질문에 대해서는 인터뷰이 E는 긍정적으로 답변하였다. 정도의 차이는 있겠지만 사회문제 해결형 연구개발 사업에 참여한 연구자들은 리빙랩 형식의 시민참여가 현실 세계의 문제를 해결하는데 유용한 도구일 수 있음을 인정하면서도, 이들을 대등한 협업의 동반자로 고려하는 데까지 나가지는 못하고 있는 것이다.

결과적으로 사회문제 해결형 연구개발사업은 사용자와의 협업과 상호작용을 강조하고 새로운 연구수행 방식의 도입을 통해 연구자가 지녀야 할 관심과 연구문제의 범위를 확장해주지만, 실제 연구수행은 여전히 연구자 주도로 이루어지고 있다. 이러한 모습은 사회문제 해결형 연구개발사업에 참여했던 사회적경제조직들의 가장 큰 불만이기도 하다(박희제・성지은, 2019). 이러한 비대칭성은 과학기술 연구자에 대한 전통적인 역할 규범과 정체성이 여전히 작동하고 있음을 방증하며, 공동창조를 위한 개방적, 포용적 혁신체계에서 요구하는 행위자들 간 수평적인 협업과 상호작용적 학습의 효과를 기대하기 어렵게 하는 핵심적인 문제이다.

3) 참여자 인식의 변화와 평가체계의 제약

새로운 방식의 연구수행 경험은 연구자들에게 어떤 변화를 가져왔을까? 사회문제 해결형 기술개발사업에 참여한 연구자들의 언론 인터뷰를 통해서도 알 수 있듯이 리빙랩을 경험한 연구자들은 대부분 긍정적인 변화를 보고하고 있다. “실생활에 적용을 목적으로 하는 상용화 연구를 한다면 당연히 리빙랩을 해야 한다”거나 “현장의 상황이 전문가들의 생각과 다르다는 것을 느꼈고 연구의 방향에 변화가 나타났다”는 대답이 대표적이다(정명곤, 2018.05.25).

이 연구에서도 연구자 대부분은 리빙랩 수행 경험을 긍정적으로 인식하고 있었고, 이러한 경험은 포용적 혁신과정에 대한 연구자의 인식변화를 이끌어 낸 것으로 보인다.

> 결국엔 연구자가 완성된 사람들이 아닙니다. 그래서 연구 과정과 그리고 멘토링과 그리고 협력 업체와의 일들을 통해서 결국 생각은 계속 변합니다. 그래서 지금에 와서의 관점은 아마 처음에 시작했을 때의 관점하고 좀 다를 겁니다(인터뷰이 A).

인터뷰이 A의 언급이 보여주듯 연구자들은 다양한 이해관계자와의 협업을 통해 기술의 현실적합성이 개선되는 새로운 경험을 하면서, 개방적・포용적 연구방법에 대해 보다 긍정적인 시각을 갖게 되었음을 짐작할 수 있다. 일부 연구자는 (사회)문제해결을 추구하고 비전통적인 혁신 주체들과 협업하는 새로운 체험을 연구방식이 발전하는 과정으로 평가하며 이를 연구의 '진화'라고 표현했다(인터뷰이 F). 나아가 이러한 긍정적인 평가는 향후 유사한 연구개발사업에 참여할 의향이 있다거나 다양한 주체의 연구참여를 수용할 의사가 있다는 답변으로 이어진다.

이러한 모습은 사회문제 해결형 기술개발사업을 성공적으로 수행한 연구자들이 이후의 연구에서도 포용적 연구방식을 활용하며, 사회문제 해결형 기술개발과 리빙랩 방식의 연구의 옹호자이자 선도자 역할을 할 것이라는 기대를 가능하게 한다. 실제로 사회문제 해결형 연구개발사업에 참여했던 사업단의 일부는 '공공조달연계형 국민생활연구실증・사업화 지원사업'에 지원하여 연구를 수행 중인데, 리빙랩에 기반한 실증 연구개발사업으로서 이 사업 역시 수요자의 참여를 연구의 핵심 요건으로 요구하고 있다. 한 걸음 더 나아가 일부 연구자는 자신의 다른 연구프로젝트에서도 자발적으로 리빙랩을 연구 과정의 일부로 채택하고 있다(송위진・성지은, 2018).

그러나 사회문제 해결형 연구개발사업과 리빙랩 방식의 연구를 앞서 경험한 연구자들이 이를 옹호하는 선도자가 되기를 기대한다면, 이 사업에 주도적인 역할을 맡았던 연구책임자들뿐 아니라 세부과제를 담당했던 일반 연구원들의 경험과 인식에도 더 많은 관심을 가질 필요가 있다. 리빙랩에 대한 전반적인 긍정적 반응에도 불구하고, 연구자들의 위치에 따라 향후 연구에서도 리빙랩 같은 **포용적 혁신**방법을 채택할 것인가라는 질문에 대한 답변에는 온도 차이가 뚜렷했다. 즉 연구책임자의 경우 비록 리링랩이라는 낯선 연구방식이 기존의 연구방식에 비해 많은 시간과 자원을 요구한다고 응답하면서도, 향후 유사한 연구개발사업에 지원할 용의가 뚜렷했다. 이들은 문제해결을 통한 사회적 기여로부터 얻는 정서적 만족감이나 리빙랩을 통한 기술의 실용성 증진을 그 이유로 언급했지만, 몇몇 연구자의 고백처럼 연구비 수주 자체가 그들에게 큰 보상임을 부인하기 어려울 것이다. 대학이든 출연연이든 연구비 수주는 연구책임자의 연구실적 평가에 도움을 줄 뿐 아니라 자신의 실험실을 운영하는 데 필수적이기 때문이다.

반면 세부과제에 참여한 연구원들은 다양한 주체들이 참여하는 포용적 연구방식의 장점을 인정하면서도, 기존의 연구방식보다 시간이 많이 요구되는 이러한 협업이 논문생산에는 비효율적이라는 우려가 컸다. 임용과 승진 평가가 논문과 특허 위주로 이루어지는 현실에서, 특히 임용과 승진이 걸려있는 연구자들에게 일반시민들과의 협업을 통해 생산물의 실용성 확보를 요구하는 것은 시니어 교수들에 비해 큰 부담으로 다가온다. 대학 부교수인 한 연구자(인터뷰이 K)의 "만약 이런 연구만 한다면 저는 승진이 안되겠죠? 쉽지 않습니다."는 응답은 이러한 우려에 대한 솔직한 표현일 것이다. 이러한 반응은 출연연 연구자도 예외가 아니다. 한 출연연 연구자의 다음과 같은 고백 역시 같은 우려를 여과 없이 보여준다.

> 이렇게 [시간과 노력이] 분산되다 보면 당연히 논문 쓸 시간이나 그런 여력도 줄 수밖에 없기 때문에 … 제가 [기관의 평가순위에서] 중간에 있다가 저 아래로 떨어지면, 만약 3년 연속 그렇게 하위 등급을 맞으면 연구소를 나가야 되거든요(인터뷰이 L).

앞서 논의한 전문가주의의 병존이 개방적·포용적 혁신이 형식적으로만 이루어질 가능성에 대한 우려를 제기한다면, 평가기준의 문제는 유능한 인적자원의 유입 제한에 대한 우려를 제기한다. 지금처럼 개방적·포용적 혁신을 요구하는 연구개발사업이 소수인 경우, 사업참여로부터 충분한 제도적, 감성적 보상을 얻을 수 있는 시니어 연구자들을 중심으로 사업이 수행될 수 있을 것이다. 그러나 개방적·포용적 혁신이 한국 혁신체제의 한 축을 이룰 정도로 성장하기 위해서는 사회문제 해결과 시민참여의 가치에 헌신할 유능한 연구자들의 저변확대가 필수적이고, 이를 위해서는 한국 연구기관들의 평가제도 개선 역시 필요 불가결하다. 연구의 책임범위의 확대는 이를 뒷받침하는 평가제도가 없이는 지속하기 어려운 것이다.

4 토의 및 결론

지금까지 이 연구는 사회문제 해결형 연구개발사업에 참여했던 과학기술 전문가를 대상으로, 이들이 사회문제 해결이라는 목표와 이를 위한 방법론으로 요구된 리빙랩을 통한 시민참여를 어떻게 인식하고 경험했는가를 살펴보았다. 특히 이 연구는 연구개발사업이 제시하는 목표 및 방법론과 실제 연구를 수행하는 행위자들의 인식 및 경험 사이의 잠재적인 갈등에 초점을 맞추었고, 이를 통해 향후 개방적・포용적 연구개발사업의 발전을 위한 정책적 교훈을 얻고자 했다. 이 연구의 발견과 그 의의를 요약하면 다음과 같다.

먼저 사회문제의 실질적 해결이라는 사회문제 해결형 연구개발사업의 임무지향적인 목표는 자율적인 연구주제 선택을 당연시하고 논문을 통한 발견의 공유를 연구활동의 목표로 여기는 연구자들의 연구규범과 갈등을 빚는다. 그 결과 심지어 사회문제 해결형 연구개발사업에 참여한 과학기술 전문가 중 일부도 논문작업을 넘어 실용화에 요구되는 활동, 예를 들어 비전문가인 사용자와의 협업을 통한 최종 산물의 개선작업이 자신들의 역할인지에 의문을 표하는 모습을 보였다.

이러한 발견은 한편으로 한국의 공공연구부문 과학기술자들에게 연구의 독립성 규범과 전문가주의가 상당히 넓게 자리 잡고 있음을 시사하는 것으로, 시민을 혁신의 주체로 인정하는 포용적 혁신체제를 지향하는 것이 임무지향적인 국가주의적 과학관이 지배하던 과거보다 오히려 더 어려워졌음을 암시한다. 따라서 과학적・기술적 가치를 넘어 사회적 가치를 지향하는 연구개발사업이 활성화되기 위해서는 무엇보다 논문 중심의 평가체계에 대한 반성과 개선이 긴요하다. 최근 한국의 과학기술연구가 논문을 위한 논문에 그치는 경우가 많고 사회에 실질적으로 기여하지 못하고 있다는 비판적인 목소리가 크다. 하지만 이를 극복하기 위한 대안적인 평가체계가 무엇이 되어야 하고, 이를 어떻게 측정할 것인지, 그리고 이러한 대안적인 평가체계가 연구자들의 업적평가에 실질적으로 영향을 주게 만들 수 있는 환경은 어떻게 구축할 것인지 등에 대한 구체적인 논의와 시도는 여전히 부족하다. 물론 진전이 없는 것은 아니다. 일례로 2019년 3월 개정된 국민의 연구개발 참여 활성화를 위한 공동관리규정은 국민생활과 밀접한 연구개발과제를 선정하는 경우 국민의 평가점수나 의견 등을 반영할 수 있도록 했다. 하지만 이러한 변화는 여전히 선언적·시범적 성격에서 크게 벗어나지 못하고 있다. 그 결과 사회문제 해결형 연구개발사업은 논문이 아니라 문제해결 여부가 중요하다는 과기정통부와 연구재단의 거듭된 언급에도 불구하고, 실제 연구개발사업의 결과를 평가하는 과정은 여전히 논문이나 특허출원 같은 전통적인 평가지표에 의존하게 된다. 이는 사회문제 해결형 연구개발사업의 예산 확보를 놓고 다른 사업들과 비교되는 평가에서도 두드러지게 나타나고 있다. 이러한 상황과 관련해 사회문제 해결형 연구개발사업과 유사점이 많은 '**사회에 책임지는 연구혁신**(Responsible Research and Innovation) 프로그램'은 큰 교훈을 준다. 유럽에서 이 프로그램이 시작됨과 동시에 사회적 책임이라는 새로운 목표의 달성 정도를 평가하기 위한 연구들이 '사회에 책임지는 연구혁신 프로그램'의 일환으로 활발히 진행되었고, 이러한 논의결과에 따른 다양한 지표가 개발되어 활용되고 있는 것이다(박희제·성지은, 2018). 늦었지만 한국도 이러한 노력을 진지하게 진행해야 한다. 만약 평가의 문제가 신속하게 개선되고 정당성을 인정받지 못한다면, 특히 임용과 승진 평가의 대상인 젊은 연구자들 가운데 사회문제 해결에 헌신할 유능한 연구자들을 찾기가 점점 어려워질 뿐 아니라 사업의 지속성을 확보하는 데도 어려움을 겪을 가능성이 크다.

독립성 규범과 전문가주의의 마찰은 사회문제 해결형 연구개발사업의 방법론으로 도입된 리빙랩의 경험과 인식에서도 발견된다. 리빙랩의 가장 큰 영향 중 하나는 과학기술 전문가가 자신의 관점과 사용자로 대표되는 일반시민의 관점에 커다란 차이가 있다는 점을 자각하게 만든 데 있다. 혁신과정에서 과학기술 전문가의 관심은 기술적인 차원에 초점이 맞추어져 있고, 문제해결도 습도, 소음, 살균력 등 객관적인 수치의 변화로 정의되고 인식된다. 반면 리빙랩에서 사용자의 요구는 주관적인 체감에 초점이 맞추어져 있다. 이처럼 리빙랩은 실험실과 현실 세계의 차이를 드러내면서 두 세계가 만나는 접점을 제공하였고, 이 점에는 모든 연구자가 동의하고 있었다. 그러나 이러한 차이에 대한 반응은 연구자들에 따라 조금씩 다르다. 일부 연구자는 이러한 차이를 자신의 연구가 실제로 사회문제를 해결하기 위해 반드시 극복해야 할 과제로 받아들였지만, 일부 연구자들은 이러한 차이를 좁히는 것이 과연 자신들이 해야 할 일인가에 회의적인 반응을 보였다.

사회문제 해결형 연구개발사업에 참여한 이들이 연구결과의 실용화에 관심이 큰 연구자라는 점을 고려할 때 후자의 반응은 조금 의외로 여겨질 수도 있는데, 부분적으로 이들의 회의적인 반응은 연구결과의 실용화에 대한 인식의 차이를 반영하는 것으로 보인다. 즉 공공부문의 과학기술 전문가들은 연구결과의 실용화를 기술의 적용 가능성과 기술의 성숙도라는 관점에서 바라보는 경향이 크다. 상업적 생산이 가능할 정도로 기술의 성숙도를 이루어내는 것을 실용화를 위한 요체이자 자신들의 역할로 인식할 뿐, 현실 세계에서 왜 그 기술이 기대만큼 수용되지 않는지에 대한 고민은 과학기술 전문가의 몫이 아니라고 생각하는 것이다. 반면 리빙랩을 통해 접하게 된 시민들의 의견은 이들이 생각하던 문제와는 전혀 다른 실생활에서의 활용 차원의 문제를 제기하고, 이러한 문제의 해결을 과학기술 전문가의 또 다른 중요한 역할로 제시한다.

결국 이 연구는 과학기술 전문가에게 새롭게 요구되는 역할을 연구자의 책임의 일부로 수용하는가의 문제가 새로운 혁신체제의 열쇠임을 보여준다. 실제로 연구자들은 연구의 책임을 사회에 대한 실제적인 기여로 확장함으로써 독립성 규범과의 마찰을 완화하는 모습을 보여주었다. 또한 사회문제 해결이라는 목표를 연구의 사회적 책임의 일환으로서 인정하는 이들은 이러한 목표 달성을 위해 일반시민을 포함한 다양한 주체들과의 협력이 필요하다는 점 역시 수긍하기 쉽다. 연구의 목표와 방법을 둘러싼 잠재적 갈등의 해결은 연구의 역할과 책임범위의 확대에 대한 과학기술자 사회의 광범위한 동의를 어떻게 끌어낼 것인가의 문제로 수렴하는 것이다.

다만 과학기술 전문가가 연구의 역할과 책임범위의 확대를 수용하더라도 전문가주의가 완전히 극복된 것은 아니라는 점에 유의해야 한다. 이 연구에서 과학기술 전문가들은 연구결과가 최종적으로 사회 발전을 위해 기여해야 하고 또 현실 세계의 문제를 해결하는 데 실험실 밖 일반시민의 조언과 도움이 필요하다는 점을 인정하면서도, 연구수행은 여전히 과학적 전문성을 기반으로 수행되고 평가되어야 하는 폐쇄적인 영역으로 규정하는 모습을 보였다. 심지어 일반시민이 자신들이 예상하지 못한 문제를 지적하고 개선점을 제시하는 긍정적인 경험을 보고한 연구자들조차 이들을 과학기술 전문가와 대등한 협력의 주체로 인정하는 데는 대체로 인색했다. 비록 일반시민과의 협업을 통해 연구결과의 실용화에 유용하다는 것은 인정하지만, 이들의 기여를 부차적이고 예외적인 것으로 한정함으로써 암묵적으로 일반시민의 지식과 전문가 지식의 위계적 차이를 유지하는 것이다. 이처럼 시민참여를 정부와 사회가 요구하는 기술개발에 필요한 보조적인 도구 차원에서만 인식하는 모습은 어쩌면 시민참여의 역할을 '사용자의 피드백'으로 한정한 사회문제 해결형 연구개발사업의 한계를 반영하는 것이다.

이러한 문제를 극복하기 위해서는 무엇보다 연구자들의 시민참여에 대한 인식변화와 과학기술 연구가 전문성을 토대로 한 폐쇄적인 전문가체계에서만 가능하다는 전제에 대한 인식의 전환이 필요하다. 그 첫걸음은 아마도 과학기술연구에 시민이 참여할 수 있는 영역과 역할의 확대에서 찾을 수 있을 것이다. 시민과학을 강조하는 연구자들은 과학기술연구 과정에서 시민의 참여가 과학자들이 주도하는 연구를 보조하는 기여적(contributory) 활동에서, 데이터 수집 방법 설계나 데이터 분석 등에 참여하는 협동적(collaborative) 활동 나아가 연구문제 설정, 연구 방향 의사결정, 연구에 공동 참여하여 과학지식을 함께 생산하는 **공동창조**(co-creation) 활동까지 단계적으로 영역을 확대해 갈 수 있다고 주장한다(Bonney et al., 2009). 이러한 시각에서 볼 때 사회문제 해결형 연구개발사업에서 규정한 시민의 역할은 대체로 기여적 활동에 머물렀다는 한계를 갖는다. 이러한 한계를 극복하고 다양한 혁신의 주체들이 대등한 협업을 통해 혁신을 만들어내는 개방적이고 포용적인 혁신체제를 구축하기 위해서는 연구개발사업 기획에서부터 시민들의 역할 확대를 보장함으로써 시민참여에 대한 연구자들의 인식변화를 유도해야 한다. 또한 사회문제 해결이 기술적인 해결을 넘어 사회-기술 시스템의 변화로 정의되어야 한다(송위진 · 성지은, 2013a). 이때 문제해결은 전통적인 과학기술지식을 넘어서 인간의 생활양식을 새롭게 조직하는 또 다른 역량이 필요하게 되고, 이 과정에서 일반시민이 가진 역량과 역할이 새롭게 조명될 수밖에 없을 것이다.

이런 점에서 과기정통부가 행안부와 공동으로 추진하는 「국민공감 · 국민참여 R&SD 선도사업」은 주목할 만하다. 2020년 시작된 이 사업은 연구자와 지역의 이해관계자(지자체, 지역주민 등)가 문제정의부터 문제해결까지 함께 참여하여 지역 문제를 과학기술적 방법으로 해결하는 것을 목표로 한다. 실제로 이 사업은 사전 기획 과정을 통해 지역 수요자가 직접 연구대상이 될 지역사회의 문제를 제안할 뿐만 아니라, 이를 해결할 연구의 방향에 대한 의사결정에도 참여하고, 나아가 문제해결 리빙랩을 통해 연구단과 지속적인 공동 작업을 수행하는 구조로 설계되어 있다(송위진 · 성지은, 2020). 이처럼 시민의 역할이 기여적 활동을 넘어 공동창조 활동으로까지 크게 확대되었을 뿐 아니라 과학기술 전문가와 시민사회가 보다 대등한 관계에서 협업할 수 있도록 유도하는 방식으로 제도가 진화하고 있는 것은 개방적, 포용적 혁신의 확산을 위해 고무적이다. 또한 최근 포용적 혁신을 강조하는 캐나다 등에서 국가연구개발비 공여기관에 전통적인 연구기관뿐 아니라 비영리기관을 포함시켜 시민사회를 혁신의 중심 주체로 끌어 올리려고 노력하는 점도 주목할 만하다(Rajasekaran, 2017). 이 경우 시민사회가 연구문제와 연구의 방향에 결정적인 영향을 미칠 뿐 아니라 연구비 배분의 주체가 되고, 따라서 과학기술 전문가와 시민사회 간의 비대칭적 협력관계에 변화를 이끌어 낼 가능성이 크다.

마지막으로 시민참여에 대한 연구자들의 인식변화를 위해서는 시민을 사용자로서뿐 아니라 정치적 주제로서 개념화할 필요가 있다. 그동안 포용적 혁신을 지향한 한국의 연구개발사업이나 과학기술 전문가들은 대체로 시민참여의 정당성을 시민의 정치적·사회적 권리라기보다 연구의 기술 실용화를 돕는 사용자의 역할에서 찾았다. 리빙랩을 통한 시민참여의 의의를 물었을 때 시민참여형 연구 거버넌스를 보여준다거나 시민이 혁신 주체로 등장했다는 언급을 한 과학기술 전문가는 아무도 없었다는 사실은 이러한 해석을 뒷받침한다. 그러나 시민의 과학기술혁신 참여는 단지 기술의 실용화로는 담을 수 없는 연구혁신 거버넌스 차원의 가치를 갖고 있다. 특히 공공연구에 있어서 시민들은 어떤 동기와 이해관계에 따라 특정 연구개발사업이 진행되고 있는지를 묻고, 자신들의 가치와 선호가 반영되는 연구가 진행될 수 있도록 요구하며, 자신들의 기준에 따라 연구결과의 질을 평가할 권리를 갖는다(Stilgoe, Lock, and Wildon, 2014). 덴마크의 "INNO+"나 스웨덴의 "CID(Challenge-driven innovation)" 프로그램을 통해 시민들이 국가연구개발의 우선순위 결정에 영향력을 행사하는 것이 한 예가 될 것이다. 여기서 시민들의 판단은 단지 제안된 연구개발사업의 과학적·기술적 고려가 아니라 그 사회가 추구해야 할 사회적 비전과 시민들의 이해관계가 협상되고 타협된 결과물로 받아들여진다(박희제·성지은, 2018). 이러한 시민의 권리가 연구개발 정책에서 널리 인정될 때, 과학기술 전문가 역시 시민사회를 대등한 연구수행의 주체로 받아들이고 협력하게 될 것이다.

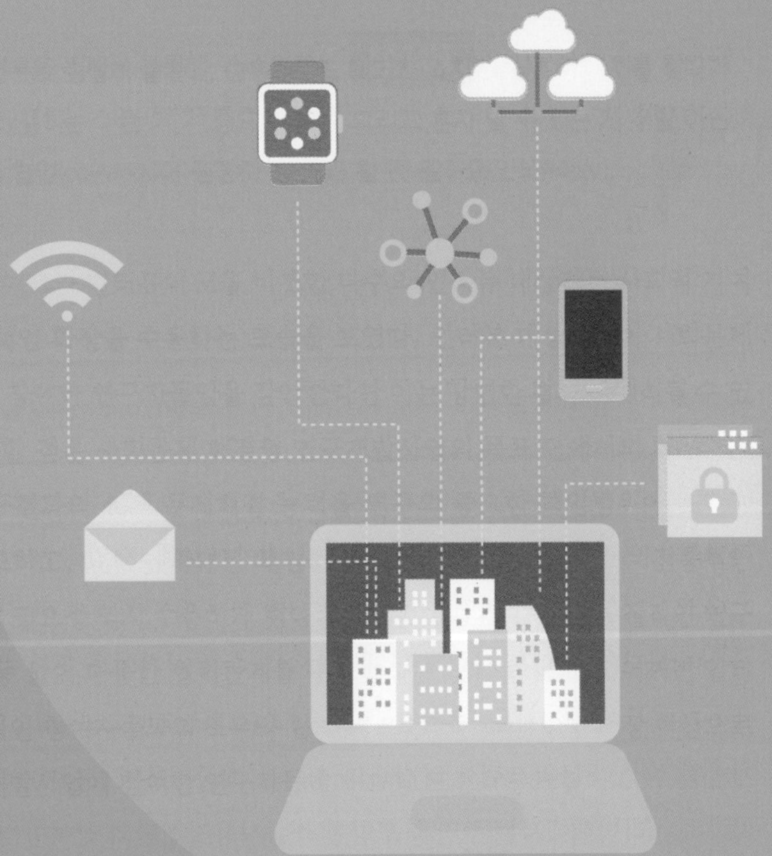

제3부

시민 · 사용자와 리빙랩

제7장
공공문제해결을 위한 리빙랩의 최종사용자집단 구성

정병걸 · 성지은

리빙랩은 여러 주체가 '함께하는 혁신'을 지향하는데, 개인적 민원 해결이나 사익 실현이 아니라 사회적 가치와 비전을 추구하는 시민과 사용자의 주도적 참여가 필요하다. 정부나 시장이 해결할 수 없는 사회적 난제가 늘어날수록 시민의 창조적 발상과 적극적 협력이 필요하기 때문이다(성지은 · 송위진 · 박인용, 2013; Bergvall-Kareborn & Stahlbrost, 2009). 그런데 개방적 혁신 네트워크로서 리빙랩의 성과는 최종사용자집단이 좌우한다. 특히 공공성을 지향하는 리빙랩에서는 주민을 포함한 최종사용자집단의 참여방식과 구성을 어떻게 하는지가 성과에 절대적 영향을 미친다. 따라서 최종사용자집단의 구성과 운영의 특성과 그 과정에서 나타나는 문제가 무엇인지를 파악하고 이를 리빙랩의 구성과 운영에 반영할 필요가 있다.

이 글에서는 대표적 리빙랩 사례인 성대골 '에너지전환 리빙랩'의 최종사용자집단인 **마을연구원**과 '공감e가득사업(주민체감형 디지털 사회혁신 활성화 공모사업)'과 '과학기술활용 주민공감 지역문제 해결사업'의 최종사용자집단인 **스스로해결단**을 중심으로 최종사용자집단의 구성과 운영에서 나타나는 특성과 문제점에 대해 살펴본다. 두 사례는 공공문제해결을 위한 리빙랩 중에서 공공주도와 민간주도 리빙랩을 각각 대표한다. 스스로해결단은 주민공감사업 등 정부 리빙랩 사업의 최종사용자집단이며, 성대골 마을연구원은 매우 드문 민간주도 리빙랩의 최종사용자집단 사례이다.

본 연구의 주요 내용은 다음과 같다. 첫째, 공공문제해결에서 리빙랩의 역할과 최종사용자집단, 집단성과의 영향 요인 등 이론적 논의를 살펴본다, 둘째, 스스로해결단과 마을연구원의 구성과 운영 등을 파악하고, 특성과 한계를 비교 분석한다. 셋째, 집단성과의 영향 요인을 중심으로 사례를 비교하고 효과적 최종사용자집단 구성과 운영을 위한 고려 사항과 개선점을 살펴본다. 이에 더해 다양한 문제해결과 관련된 시사점과 함의를 제시한다.

1 공공문제해결을 위한 리빙랩과 최종사용자집단

1) 공공문제해결과 리빙랩

리빙랩은 사회문제 해결을 위한 민・산・학・연・관 협력, 지역혁신, 스마트시티와 도시혁신, 정부서비스 혁신 등 다양한 공공문제 해결에 활용되고 있다(성지은・송위진・김수은, 2020). 리빙랩은 주도자에 따라 정부・지자체가 중심이 되는 촉진자 주도(enabler-driven), 기업이 중심이 되는 활용자 주도(utilizer-driven), 연구기관 중심의 공급자 주도(provider-driven), 시민사회 중심의 사용자 주도(user-driven) 리빙랩으로 구분된다(Leminen et al., 2012: 8-10; Schuurman, et al., 2013). 이 중에서 촉진자주도 리빙랩과 사용자 주도 리빙랩은 공공문제 해결에 초점을 맞추는 경우가 많다.

리빙랩에서는 혁신의 성패는 사용자가 결정한다고 보기 때문에 사용자인 시민의 역할을 강조한다(Evans & Karvonen, 2011; Schuurman, 2015). 리빙랩에서 혁신은 실제 상황 조건에서 이루어지기 때문에 사용자나 시장의 요구에 잘 부합하는 혁신이 가능하다(CoreLabs, 2007). 특히 리빙랩은 사회적 요구를 반영하는 공공부문 혁신(public innovation)에 유용한 수단으로, 공공서비스에 대한 요구의 표현과 개발에 시민이나 사회적 행위자를 활용함으로써 공공혁신을 설계하는데 큰 도움을 준다(Fuglsang & Hansen, 2022). 그런데 리빙랩이 유용한 혁신을 만들어내기 위해서는 최종사용자집단을 어떻게 구성하고 운영하는지가 매우 중요하다. 이들의 공동창조를 통해 혁신이 이루어지고 유용한 해결책이 만들어지기 때문이다.

| 표 8-1 | 주도기관에 따른 리빙랩 유형과 특징

유형	정의	주요 특징
활용자 주도형 (Utilizer-driven)	리빙랩을 통해 상품과 서비스를 개발 및 테스트하고자 하는 기업이 활용자(utilizer)로서 리빙랩 주도	• 기업은 전략적 R&D 활동을 리빙랩에서 수행하는 것이 목표 • 기업은 전 단계의 활동을 보조 · 지원함과 동시에 목표를 유지할 수 있도록 세부 활동을 조정 • 비즈니스 모델에 가장 근접한 구조를 지니며, 사용자의 참여도가 상대적으로 떨어지기 때문에 지속가능성이 높지 않음
촉진자 주도형 (Enabler-driven)	지방자치단체 등이 리빙랩 활동 기반 및 조력자로서 혁신활동에 참여	• 지자체 주도 리빙랩은 사회문제 해결에 초점을 두는 경향이 있음 • 상대적으로 넓은 대상과 사회적 목표를 둔 활동이 가능 • 지식 · 정보가 네트워크를 통해 참여주체 사이에 쉽게 확산 • 혁신네트워크가 특정 혁신 주체에 편향되지 않았기 때문에 기업주도 리빙랩에 비해 혁신활동의 지속성이 높음 • 지역개발의 맥락에서 접근하는 시각이 강하게 작용
공급자 주도형 (Provider-driven)	대학, 연구소, 고등교육기관 등 연구기능을 가진 주체가 혁신활동을 주도	• 기존 기술의 통합과 활용에 초점을 맞춤 • 리빙랩 네트워크 내에서 혁신 성과를 확산시킴으로써, 혁신플랫폼을 구축하고 리빙랩의 지속성을 향상
사용자 주도형 (User-driven)	협력활동을 통한 문제해결이 주된 목적으로 가장 넓은 활동을 포괄하는 유형	• 사용자 공동체를 중심으로 리빙랩의 네트워크가 형성되며, 혁신활동 또한 사용자의 관심사(지역, 생활 등)에 초점을 맞춤 • 혁신활동이 사용자가 주도하는 상향식(bottom-up) 방식을 띠므로 연구자 중심의 하향식(top-down) R&D 프로세스의 문제점을 극복 가능

자료 Seppo Leminen et al.(2012); 성지은 외(2013)

2) 리빙랩과 최종사용자집단

리빙랩에서 **최종사용자**는 전문가가 아니라 일상에서 체험한 지식을 공유하며 지식의 공동 생산에 나서는 일반인이다(최항섭, 2009: 290). 리빙랩이 사용자의 주도적 역할을 강조하는 주요 논거 중 하나는 현실성(realism)으로, 실제 시장에서 유효하려면 실제 같은 사용 환경에서 혁신활동이 이뤄져야 한다는 것이다(CoreLabs, 2007; Bergvall-Kåreborn & Ståhlbröst, 2009). 혁신의 현실성을 확보하고 혁신역량을 높이려면 행위자 간 상호학습과 개방적 협력이 필요하다(Bergvall-Kåreborn et al., 2009). 따라서 현실성 있는 해결책을 제시하려면 사용자와 일회적으로 만나 의견을 듣는 것이 아니라 최종사용자집단을 구성해서 지속적으로 상호작용하면서 지식을 축적・창조해 나갈 필요가 있다.

최종사용자집단은 본연의 임무를 떠나 특정과제를 수행하고 과제가 해결되면 본연의 임무로 복귀하는 과업집단(김호섭 외, 2011: 173; 백기복, 2012: 230)에 가깝다. 과업집단은 공식 지명된 리더나 관리자가 운영하는 전통적 관리 집단과 공식적 관리자 없이 구성원이 책임을 공유하는 자기관리 집단으로 구분된다. 존속기간에 따라 영구적 업무집단과 임시 업무집단, 기능 수에 따라 단일 기능 집단과 다기능 업무집단으로 구분할 수도 있다(Gordon, 2002: 178-179). 집단운영에서 볼 때 리빙랩 최종사용자집단은 과업집단의 성격을 가지고 있지만 일시적 소속 변경 후 특정 역할에 모든 시간을 투입하는 집단과 달리 원래의 직업이나 직무를 유지한 채 새로운 역할을 병행하다는 점에서 독특성이 있다. 존속기간에서는 활용자 주도는 단기, 사용자 주도는 장기인 반면, 촉진자 주도와 공급자 주도 리빙랩은 장단기 모두 가능하다(Leminen, et al., 2012).

집단은 상호작용을 통해 공동목표를 추구하는 상호의존적 관계에 있는 구성원들의 모임이다(김호섭 외, 2011: 172; 김주엽 외, 2013: 262). 집단을 활용하는 이유는 다양한 전문성이 필요한 과업이나 문제에서는 개인보다 더 좋은 성과를 낼 수 있기 때문이다(Gordon, 2002: 190). 리빙랩의 최종사용자집단의 구성이나 운영, 역할은 리빙랩 유형에 따라 달라질 수 있다. 대개 공공조직이 주도하는 경우 사전 기획에 따라 최종사용자집단을 구성하고 운영할 가능성이 높지만 사용자 주도 리빙랩은 자원을 통한 구성과 자율적 운영의 가능성이 높다. 사용자 공동체 중심으로 만들어지는 사용자 주도 리빙랩은 상대적으로 드물지만, 상향적 원칙이 특징이므로 형성기, 격동기, 규범기, 성과기, 해산기 등 집단 형성과 진화과정[1] (Tuckman, 1965)을 거치며 변화할 가능성이 높다. 하지만 모든 집단이 각 단계를 순차적으로 거치는 것은 아니며, 전 단계로 돌아가거나 단계를 뛰어넘어 바로 성과단계에 진입하기도 한다(김주엽 외, 2013: 267). 최종사용자집단도 집단 형성 과정을 거치지만 경로가 동일한 것은 아니다. 하지만 효과적 집단형성을 위해서는 각 단계의 도전과 문제에 잘 대응하고 다음 단계로 나아가야 한다(Gordon, 2002: 181).

3) 집단성과의 영향요인

집단성과의 영향 요인은 개인 요인, 상황 요인, 집단 요인으로 구분된다. 지금까지의 연구결과에 따르면 집단성과에 영향을 미치는 요인과 그 내용은 다음과 같다. 첫째. 개인 요인으로는 연령, 성, 지식, 능력, 성격 등이 집단성과에 영향을 미친다. 연령이 증가하면 타인에 대한 민감성이 높아지고 대인적 행동의 복잡성이 증가하거나 순응적으로 변하게 된다. 보통 남성이 여성보다 자기주장이 강하며 여성이 남성보다 집단 규범을 더 적극적으로 준

1) 첫째, 형성기는 집단구성원이 서로 알아가는 실험과 교육 단계로, 목적, 규칙, 자신에 대한 기대를 모색하는 단계다. 구성원 역할, 필요 기술・자원, 구조・목표・책임을 정하고 구성원 역할을 교육시켜야 한다. 둘째, 격동기는 조직화와 갈등 단계로 집단 규범과 기준, 작업 규칙이 개발된다. 의사결정이나 의사소통에 어려움을 겪거나 갈등이 발생하는데 갈등이 심화되면서 행동 규범의 필요성이 대두된다. 셋째, 규범기는 규범 정립을 통한 질서 형성과 목표 공유 단계다. 집단 목표와 수단에 대한 합의가 이루어지며 구성원 역할이 정해지고 상호작용이 크게 증가하면서 동료의식과 집단 응집력이 크게 높아진다. 넷째, 성과달성기는 집단 목적 달성에 매진하는 상호의존과 문제해결 단계다. 협조 방법을 학습하고 규범에 따라 갈등이 관리된다. 이에 따라 상호 신뢰가 형성되고 집단 목표를 개인 목표와 동일시하는 수준에 이르게 된다. 구성원간 관계가 복잡해지고 과업수행에서 다양한 문제가 나타나면서 새로운 도전을 극복하거나 굴복하여 위축되기도 한다. 다섯째, 해산기는 목표가 달성되고 집단이 해체되는 단계다. 공식집단은 목표 달성 후 해산기를 맞지만, 비공식집단은 핵심구성원의 이탈 등으로 해산을 맞게 된다(김호섭 외, 2011: 177-179; 백기복, 2012: 230-231; 김주엽 외, 2013: 265-267; Gordon, 2002: 181-183).

수한다. 또 남녀혼성(50 : 50)일 때 더 열심히 일하고 더 위험한 극단적 선택을 하며 분위기가 상호 협조적이다(배기복, 2012: 236). 구성원의 기능(skill), 경험, 성격도 집단성과에 영향을 미친다(Gordon, 2002: 185).

둘째, 상황 요인은 집단의 작동 조건을 형성하는 요인으로 집단구성, 규모, 과제 유형 등이 있다(김호섭 외, 2011: 187-190). 집단 구성(group composition)은 구성원 간 유사 또는 차이 정도(Griffin & Moorhead, 2008: 246)로 구성의 동질성이나 이질성을 말한다(이창원・최창현・최천근, 2014: 222). 과업이 복잡하고 집합적이며, 구성원의 창조성이 필요할 때는 이질적 집단이 더 효과적이다(Moorhead & Griffin, 2004: 292). 집단 규모의 핵심 지표는 구성원 수로, 규모가 크면 의사결정 참여 기회가 줄고 의사소통 장애가 생길 수 있다. 대규모 집단보다 소규모 집단의 구성원이 더 협조적이고 책임 회피 성향도 낮으며(백기복, 2011: 232), 창의성과 혁신성이 중요하면 규모는 줄이고 다양성은 높이는 것이 유리하다(김주엽 외, 2013: 281). 집단적 문제해결에는 문제나 과제 유형도 영향을 미치는데(Gordon, 2002: 190), 과제 유형은 과제 종류와 난이도를 통칭한다. 집단은 과제 목적에 따라 생산 집단, 토론집단, 문제해결집단으로 구분하는데(김호섭 외, 2011: 188), 리빙랩의 최종사용자집단은 문제 검토, 대안 탐색, 최선의 해결책 선택을 요구받는 문제해결집단에 가깝다. 문제해결 집단은 주어진 시간 내에 최소 결함으로 업무 달성을 강조하는 생산 집단 뿐 아니라 높은 문제의식을 갖고 자신의 입장을 명확히 설명, 방어하는 것을 강조하는 토론집단에 요구되는 요소를 모두 갖춰야 한다(김호섭 외, 2011: 188-189).

셋째, 집단성과에 영향을 미치는 집단 특성에는 역할, 지위, 규범, 응집력(cohesiveness) 등이 있다(김호섭 외, 2011: 175-190; 백기복, 2012: 237-244; 김주엽 외, 2013: 268-281). 모든 집단 구성원은 고유한 역할이 있는데 기대되는 역할과 지각된 역할이 조화를 이룰 때 성과가 높아진다(백기복, 2012: 237). 역할이 능력을 벗어나는 역할 과다, 기대 역할이 다르거나 인지된 역할과 수행된 역할 간 괴리로 인한 역할 갈등, 역할을 잘 모를 때 발생하는 역할 모호성 등이 문제가 된다. 역할 갈등은 가치관・신념・태도 등이 역할과 충돌할 때 발생한다(김주엽 외, 2013: 268-270; 김호섭 외, 2011: 180-181). 지위체계가 지나치게 강조되면 상호작용과 의사소통을 줄어 집단 운영에 부정적 영향을 주며(김호섭 외, 2011: 182), 지위 불일치는 불만족이나 동기, 생산성 저하를 초래한다(김주엽 외, 2013: 277).

규범은 집단 구성원이 공유하는 기준으로(백기복, 2012: 238), 상황이 불확실해서 정보가 필요할 때 규범의 영향력은 커진다(김주엽 외, 2013: 275). 엄격한 규범은 획일적 행동을 강요하므로 다양성과 유연성을 제한하여 창의적 집단운영을 저해할 수 있다(김호섭 외, 2011: 183; 배기복, 2012: 242). 응집력은 구성원들이 서로에게 끌려 집단에 계속 남기를 원하는 정도로(김주엽 외, 2013: 278), 응집력이 높으면 의사소통이 활발하고 효율성도 높아진다(백기복, 2012: 243). 하지만 응집력이 높다고 반드시 성과가 높아지는 것은 아니다. 응집력이 높으면 구성원의 사고 다양성을 약화시켜 복잡하고 역동적인 과업에서는 성과를 저하시킬 수 있다(백기복, 2012: 244).

2 사례 1: 리빙랩을 활용한 지역문제 해결과 스스로해결단

1) 공감e가득사업과 과학기술활용 주민공감 지역문제 해결사업

행정안전부가 주관하는 '주민체감형 디지털 사회혁신 활성화 공모사업'(공감e가득사업)은 주민주도로 디지털 기술을 활용하여 해결 가능한 지역현안을 발굴하여 해결하는 과제를 지원하는 사업이다. 재난안전, 환경, 복지, 지역격차 등 다양한 지역문제 해결형 사업이 대상이다. 이 사업은 '사전 조사 → 스스로해결단 구성 → 지역문제 선정 → 해결방안 마련 → 공모 참가 및 사업 선정 → 스스로해결단 운영 및 사업 실행 → 제품·서비스 개발 → 평가 및 사후관리'로 구분하여 진행된다. 2020년에는 장애통합 어린이집 스마트 지킴이 서비스, 디지털 마을리빙랩 플랫폼 '하남e스스로' 구축, ICT기반 생체감지 스마트 맞춤 돌봄 시스템, 시민 주도 아이디어 문제해결 강화를 위한 온라인 플랫폼 구축 사업 등이 선정되었다(행정안전부 사회혁신추진단, 2018).

'과학기술 활용 주민공감 지역문제 해결사업'(주민공감사업)은 과기정통부의 과학기술 전문성과 행안부의 지역 소통체계를 연계, 즉 연구개발과 지역적용의 결합을 통해 지역현안을 해결하려는 과학기술정보통신부와 행정안전부의 부처 협업사업이다. 대학, 출연연 등 공공부문이 보유한 과학기술과 ICT 기술을 활용하여 지역 문제해결과 주민 삶의 질을 향상시키는 것이 목적이다. 이 사업은 3단계(사전 기획, 기술개발, 후속적용) 추진방식으로 진행되는데, 과제당 2년, 6억 원 이내로 지원되며 매년 최종 10개 과제가 선정되었다. 2019년도에는 문제기획 리빙랩 13개 과제가 진행되었으며, 2020년도 최종 10개 과제가 선정되었다. 2020년도에는 15개의 문제기획 리빙랩이 운영되었으며, 2021년도에 최종 10개 과제가 선정되었다(과학기술정보통신부·행정안전부, 2021.8).

2) 최종사용자집단으로서 스스로해결단

공감e가득사업과 주민공감사업의 사업 수행과 추진 주체인 스스로해결단은 리빙랩의 최종사용자집단이다. 좁게는 주민만 지칭하지만 넓게는 주민대표 외에 사회활동가, 연구자, 공무원 등을 포괄한다. 민-관 협의체 성격의 스스로해결단은 이해관계자 간 협업으로 지역사회 문제와 현안을 발굴하고 해결방안을 도출・실행한다.

스스로해결단은 집단형성의 진화과정을 거치면서 만들어진 것이 아니라 사전 기획에 따라 만들어졌다. 행정안전부 주도로 2018년 6월 공모한 "주민체감형 디지털 사회혁신 활성화 공모사업(공감e가득사업)"에서 최종사용자집단을 스스로해결단으로 지칭하면서 구성되었다. 공모를 희망하는 지방자치단체는 협업을 통해 현안을 발굴하고 기술을 활용하여 해결해 나가는 실행조직인 스스로해결단을 구성하고 응모하도록 한 것이다. 이 과정에서 리빙랩에 대한 이론적 논의와 국내외 리빙랩 사례를 참고하여 구성과 활동 원칙을 정하고 사업에 응모하는 경우 의무적으로 스스로해결단을 만들도록 한 것이다. 주민공감사업의 스스로해결단은 공감e가득사업의 스스로해결단에 바탕을 두고 있기 때문에 구성과 역할이 근본적으로 달라진 것은 아니지만 이전 사업의 경험을 바탕으로 다소의 변화가 있었다.

스스로해결단은 주민, 전문가, 공무원 등 11~15명으로 구성하지만 여건에 따라 조정가능하다. 구성 비율은 주민 50% 이상, 지자체 공무원과 전문가 각각 25% 내외다. 스스로해결단의 핵심 주체는 주민으로 공감e가득사업의 경우 주민은 기술적 전문성이 필요한 문제 및 해결방안 검증 활동과 담당 공무원이 수행하는 기술사업자 선정을 제외한 전 과정에서 활동한다. 이때 주민은 생활권을 공유하는 사람들로 넓게 정의하여 다양한 사람들이 참여할 수 있도록 했다. 지자체, 전문가 등도 참여하지만 주민의 적극적 역할을 강조한다. 주민이 지역의 문제에 대해서 가장 잘 알고 있으며 주민, 전문가, 공무원의 협업을 통해 지역문제에 대한 최적의 해결방안을 찾을 수 있다는 것이 기본 관점이기 때문이다(정재은・이상은, 2019: 9).

| 표 8-2 | 공감e사업과 주민공감사업의 스스로해결단 비교

	공감e사업	주민공감사업
기간	1년 내외	2년 내외
구성	• 사전조사 단계이후 구성 • 주민(50% 이상), 공무원(25% 내외), 전문가(ICT 전문가/이슈전문가, 25% 내외), 촉진자, 사회자 • 이해관계주민, 문제당사자 주민	• 수요현안조사서 제출 전에 구성하지만 과제 선정 후에 재구성 • 주민(50% 이상), 공무원 · 전문가(각 25% 내외), 코디네이터 • 주민은 주민단체나 지역사회단체 대표의 참여를 권장. 구성 후 참여자 변경 가능
역할	• 사전 확정된 이슈 중 해결 필요 지역문제 선정 참여 • 공모과정과 연구자 선정 과정 참여 • 연구자와 문제해결방안 구체화 • 제품 · 서비스 개발 참여	• 문제기획단계에 참여, 문제 선정 • 공모과정 · 연구자 선정과정 참여 • 연구자와 문제해결방안 구체화 • 제품 · 서비스 개발 참여

두 사업의 리빙랩 구성과 활동에는 다소 차이가 있다. 먼저 활동기간에서 보면 공감e가득사업은 사업기간이 1년 정도로 스스로해결단의 활동은 세부사업 선정 이후 6개월 내에 이루어지는 물품구매, 설치, 제품 · 서비스 테스트 피드백에 한정된다. 반면 사업 기간이 2년 정도인 주민공감사업에서는 기획 단계부터 참여하기 때문에 활동 기간이 길고, 이들이 연구자를 선정하도록 제도화되어 있어 상대적으로 위상이 높다.

스스로해결단 구성은 공감e사업에서는 사전조사가 끝난 후 구성하는 것과 달리 주민공감사업은 수요현안조사서 제출단계에서 구성해 제출한다. 이에 따라 실제 활동하는 스스로해결단은 연구자 매칭과 오픈테이블을 통해 지자체와 연구자 간 1차 상호소통 후 재구성한다는 점에서 다소 차이가 있다. 주민도 공감e사업은 이해관계자 주민, 문제당사자 주민을 참여시키지만 주민공감사업은 개인보다 주민단체나 지역사회단체 대표의 참여를 권장한다. 구성 후 참여자 변경도 가능한데, 문제기획 리빙랩 진행 과정이나 본 과제 선정 후에도 적합한 이해관계자가 있으면 참여가능하다. 참여 공무원의 인사이동이나 주민・사회단체의 대표 교체에 따른 변동을 반영하고 단계 별로 가장 적합한 지역 참여자를 참여시키려는 것이다. 사업 특성상 공감e사업이 전문가를 IT전문가와 이슈전문가로 구분[2)]하는 데 비해 주민공감사업에서는 특별히 구분하지 않는다. 또 공감e사업에서는 스스로해결단의 원활한 운영과 조정을 위해 의견 수렴 및 토의과정에서 사회 및 중재를 담당할 촉진자와 가능한 중립적 입장에서 논의를 활성화하는 역할을 하는 사회자 선정을 권고하지만 주민공감사업에서는 코디네이터를 두도록 하고 있다.

스스로해결단의 역할에서 보면 양 프로젝트 모두 연구자 선정, 연구자와 협력하여 문제해결방안 구체화, 제품서비스 개발 참여라는 점에서는 동일하다. 하지만 주민공감사업은 '**문제기획 리빙랩**'과 '**문제해결 리빙랩**'으로 구분하고,[3)] 초기 문제기획 단계부터 최종사용자집단이 참여한다는 점에서 그 역할이 강화되었다. 또 문제기획단계에서 문제 해결방법과 현장적용 계획이 제대로 수립되지 않으면 본 과제에서 탈락하게 된다는 점에서 보다 구조화되었다고 할 수 있다.

2) ICT 전문가는 제품・서비스를 직접 개발하지는 않지만 해결방안에 ICT 적용가능성 검증, 적정 기술 제안, 업체 개발 활동 제언 등을 수행한다. 이슈 관련 전문가는 공익성, 시급성, 중요성 등을 검증하고 문제 해결의 방향성 제시 역할을 한다. ICT 전문가는 반드시 위촉해야 하지만 이슈 관련 전문가는 권고사항이며 의무사항은 아니다.

3) 문제기획 리빙랩은 연구자, 지역주민, 지자체 등이 참여하여 지속적 소통을 통해 문제해결 방안을 현장에서 함께 기획한다.

3 사례 2: 성대골 에너지 전환 리빙랩과 마을연구원

1) 성대골 에너지 전환 리빙랩

성대골 리빙랩은 미니태양광의 수용성을 높이기 위해 주민 주도로 미니태양광제품과 금융상품, 홍보물을 개발하는 사업으로, '에너지기술 수용성 제고 및 사업화 촉진사업'을 계기로 성대골 에너지전환 활동 중 새롭고 난이도 높은 과제 수행을 위해 2015년 2월부터 기획, 시작되었다. 2016년 9월부터 2017년 8월까지 한국에너지기술평가원의 공모사업 '도시지역 미니태양광 리빙랩'(이하 성대골 리빙랩) 과제를 진행하는 등 도심 속 미니태양광 수용성 제고, 전력중개를 위한 가상발전소, 도농협동에너지전환 마을 만들기, 마을기술네트워크와 넷제로 건물, 전환센터 등을 추진했다. 에너지기후정책연구소, 성대골 에너지자립마을, 마이크로발전소, 연세대학교 도시공학과 지속가능한 도시전환연구실 등 총 4개의 단체가 컨소시엄을 이뤄 참여했다. 2020년에는 가상발전소, 마을기술네트워크와 넷제로 건물, 전환센터 설립 등을 추진하였다.

성대골 리빙랩은 미니태양광의 비용 부담, 낮은 경제성, 업체에 대한 낮은 신뢰성 등과 같은 문제 극복을 위해 기술, 금융, 교육・홍보 3개의 포커스 그룹을 만들어 실험을 진행했다. 첫 번째 포커스 그룹은 미니태양광의 기술적 문제를 보완하는 실험을 통해 마이크로발전소와 함께 DIY 키트를 개발하고 미니태양광 기술의 개선점을 도출했다. 두 번째 포커스 그룹은 지역친화형 금융기관인 동작신협과의 긴밀한 협력을 통해 미니태양광을 위한 금융상품 개발했다. 세 번째 포커스 그룹은 어린이집 아이들을 위한 연극 기획, 학부모를 위한 리플렛 제작 등 주민 인식을 바꾸는 실험을 진행했다. 2020년에는 '2050 탄소배출제로를 위한 마을기술네트워크와 우리동네 전환센터'라는 리빙랩 과제도 추진했다. 그 결과 기존 옥상형 제품을 개선한 DIY 미니태양광 제품 개발, 미니태양광 설치비용을 동작신협이 우선 지불하고 설치가구가 무이자로 상환하는 금융상품인 우리집솔라론 개발 등 다양한 성과를 산출했다.

성대골리빙랩은 사업 내용과 규모가 확장되면서 발전적으로 진화했다. 에너지 전환 마을 만들기에서 시작하여 미니태양광을 위한 소규모 리빙랩 사업 수행, 지역 스마트 그리드를 구현하는 중규모 리빙랩 사업으로 발전하고 있다. 마을연구원 조직이 확장되어 마을 기술자(설비, 전기, 인테리어, 타일, 페인트, 철물, 샷시, 부동산 등) 네트워크가 만들어지고 주택에너지 효율화 사업을 활성화하기 위한 협동조합으로 확대 진화되었다.

2) 최종사용자집단: 마을연구원[4)]

성대골 리빙랩은 사용자 주도 리빙랩으로 최종사용자집단인 마을연구원은 에너지전환 추진 과정에서 지역주민의 지속적 참여 확대 및 아이디어 도출을 위해 구성했다(김준한・한재각, 2018). 마을연구원은 에너지 절전소, 에너지 슈퍼마켓, 에너지 반상회 등 지역 기반 에너지 전환 실험 등 성대골이 추진하는 리빙랩 사업의 핵심 인력이자 원동력이다. 마을연구원들은 도시지역 미니태양광 수용의 장애요소 파악, 장애 극복을 위한 아이디어 모색 등 문제 파악에서 해결에 이르는 전 과정에서 주도적 역할을 했다. 제품개발 단계에서부터 연구노트를 작성하고 시제품을 설치하며, 에너지활동가가 되어 학교 수업, 에너지 진단 등 수익활동으로 연결하는 역할 수행 등 혁신활동에서 주도적 역할을 하고 있다. 지역주민과 외부 전문가가 협력하는 민-산-학 협력도 이루어지고 있다.[5)]

마을연구원은 명확하게 구분하기 쉽지 않지만 집단형성과정(Tuckman, 1965)을 통해 진화해 왔다. 첫째, 2016년 마을연구원이 처음 만들어진 시기는 형성기에 해당한다. 마을연

4) 마을연구원에 대한 내용은 관련 문헌조사와 함께 성대골 김소영대표와의 심층 인터뷰(2020년 10월 26일)를 바탕으로 정리하였다.

5) 예를 들면 에너지기후정책연구소는 사업 총괄, 성대골 에너지자립 마을은 주민 워크숍 조직 및 마을연구원 관리, 마이크로발전소는 미니태양광 DIY 개발, 연세대학교 지속가능한 도시전환 연구실은 사업 전반에 대한 내부 자문 역할을 수행했다(김준한・한재각, 2018).

구원을 모집할 때부터 역할이나 구조가 명확한 것은 아니었다. 마을연구원 참여는 자원에 따라 이루어졌기 때문에, 리빙랩에 대한 이해와 참여율을 높이기 위해 워크숍 개최 등 다양한 활동이 이루어졌다.

둘째, 이후 의사결정이나 소통에 어려움을 겪고 목표・성과 기준・역할에 대한 이견과 갈등이 발생하는 격동기로 진입하였다. 마을연구원 초기에는 만장일치 합의로 의사결정이 이루어졌기 때문에 빈번한 이견과 갈등으로 시간도 오래 걸렸다. 강의자 선정 같은 작은 문제부터 사업 목표 결정까지 다양한 갈등이 있었다. 공모과제 수행 과정에서는 수행 기간의 절반을 토론으로 보내기도 했다. 이는 격동기의 전형적 특징으로 격동기를 넘기는 데에는 혁신의 주도자, 조정자, 촉진자 역할을 수행한 성대골 협동조합 대표의 역할이 중요했다. 갈등 조정과 동기부여를 통해 구성원 참여와 활동을 촉진함으로써 마을연구원조직이 안정적 문제해결플랫폼으로 자리 잡도록 했다.

셋째, 일정한 규범이 형성되고 안정적 집단으로 자리를 잡게 된 2018년은 규범기에 진입한 것으로 볼 수 있다. 격동기의 갈등을 겪으면서 내부 규범을 정립하고 질서 형성과 목표 공유가 이루어지면서 구성원 역할이 정해지고, 구성원 간 상호작용과 집단 응집력도 높아졌다. 성대골 대표에 따르면 에너지협동조합을 만들고 출자를 받는 과정에서 개인당 여러 개의 계좌를 만드는 등 마을연구원에 대한 이해와 참여 동기가 높아진 것을 보여주는 뚜렷한 변화가 나타나는 등 본격적으로 성과가 나타나는 성과기로 진입하게 되었다.

집단형성과정을 통해 만들어진 마을연구원은 사전 기획에 따라 구성된 최종사용자집단과 몇 가지 차이가 있다. 첫째, 마을연구원은 지역주민이라는 것 외에는 특별한 자격 조건이 없는 개방적 참여를 통해 구성되며 규모도 유동적이다. 의지와 열정, 자발성과 적극성을 기준으로, 거주지 이동 가능성을 고려하여 지역 내 학교, 유치원, 지역금융기관 등에 근무하면서 장기적 활동이 가능한 주민 중심으로 구성하지만 모든 주민에 개방된다. 마을연구원 조직에는 협동조합원이나 임원, 기술자, 주부나 지역청소년 등 다양한 지위와 마을 기술자(설비, 인테리어, 전기, 철물 등), 부동산중개, 식당, 과일가게, 전업주부, 어린이집 교사, 학생, 교사 등 다양한 직업과 배경의 주민이 참여하고 있다. 마을연구원 규모는 2016년 참여자 모집을 위해 실시한 7차례의 워크숍 참여 인원 250~300명 중에서 참여를 희망한 49명에서 시작하여 2019년에는 지역의 10대, 20대가 합류하면서 58명으로 증가했다. 이후 청소년 연구원을 포함한 70여명으로 규모가 증가했다.

둘째, 마을연구원은 특정 의제가 해결되면 새로운 의제를 발굴하고 해결하는 장기적 혁신 플랫폼으로 진화해 왔다. 예를 들면 건물의 에너지 성능 개선에 대한 관심이 미니태양광으로, 전통시장 먹거리 사수 논의가 에너지 자립 이야기로 연결되었다. 이는 복지, 교통과 같은 특정 분야의 주제를 일정 기간 동안 다루고 나면 해체되는 스스로해결단과는 매우 다른 모습이다.

셋째, 마을연구원의 지속적 충원을 통한 유지와 확장이다. 집담회, 워크숍, 포럼, 강좌 등을 자주 진행하고 웹자보, 현수막, SNS 홍보로 주민 참여를 유도한다. 처음 권유받은 주민 대부분은 그런 일을 해낼 수 있을지에 대해 회의적이었다. 그러나 전문가 초청 포럼이나 책읽기 모임에서의 발제와 토론 등을 통해 마을연구원의 역할을 점차 이해하게 되면서 참여를 결심하게 된다. 마을연구원이 일정 궤도에 오른 후에도 마을연구원의 지속적 충원과 역할 이해를 높이기 위해 다양한 교육이 지속되었다. 에너지전환 필요성이나 태양광 발전 기술에 대한 정보 등 문제해결에 필요한 지식과 정보에 대한 학습도 지속적으로 이루어졌다.

4 최종사용자집단의 구성과 운영 비교

1) 스스로해결단과 마을연구원의 구성과 운영

Leminen et al.(2012)의 구분에 따르면, 공감e가득사업이나 지역공감사업의 리빙랩은 촉진자 주도형이며 성대골 리빙랩은 사용자 주도형 리빙랩이다. 지역 문제 해결이라는 점에서는 공통점이 있지만 유형의 차이로 인해 최종사용자집단의 구성과 운영에는 차이가 있다. 스스로해결단의 참여 조건과 구성 방식은 사전 기획을 통해 정해진다. 반면 수요자 주도형인 성대골의 마을연구원은 개방적 참여를 바탕으로 집단 진화과정을 통해 형성되어 왔다. 스스로해결단도 개인보다 대표자 추천을 요구하거나 유연한 참여가 가능하도록 변화했지만 집단형성과정을 통한 진화로 보기는 어렵다.

리빙랩 유형에 따라 최종사용자집단 구성이나 운영 방식에는 상당한 차이가 있다. 공공부문이 주도하는 리빙랩 최종사용자집단은 주민 외에 공무원 등이 참여하는 민-관 혼합 형태로 구성되며 공무원이 사용자인 경우 공무원만으로 구성되기도 한다. 2018-2019년 선정된 공감e가득 총 30개 사업(2018년 20개, 2019년 10개)의 최종 사업계획서상 스스로해결단 총원은 462명이며 최소 9명에서 최대 42명, 평균 15.5명으로 대부분 13~17명 규모로 구성되었다. 참여자 구성을 보면 평균적으로 주민 7.8명, 기술전문가 3.4명, 지자체 공무원이 3.9명이며, 전체 참여자 중 주민이 234명(50.6%)이고, 기술전문가 103명(22.3%), 지자체 공무원 117명(25.3%), 지자체 연구소 연구원 등 기타 8명(1.7%) 순이었다(정재한 · 김석주, 2019: 165). 2021년 '과학기술 활용 주민공감 지역문제 해결사업'으로 선정된 10개 과제의 참여주민은 전남 순천시(3명), 경기도(9명) 외에는 모두 5명이었다. 또 모든 과제에 코디네이터 1명(인천시 미추홀구가 2명)이 지정되어 있다. 이와 달리 지역주민으로만 구성되는 마을연구원은 규모 제한은 없으며 초기 40명대에서 70여명대로 규모가 증가해 왔다.

운영에서는 주민의 주도적 참여를 강조하고 운영목적도 지역사회문제의 해결이라는 점에서는 공통점이 있다. 하지만 스스로해결단이 정부가 사전에 만든 기준에 따라 구성·운영되는 것과 달리 마을연구원은 자원을 바탕으로 구성한다는 점에서 상당한 차이가 나타난다. 마을연구원이 자생적으로 형성된 규칙에 따라 주민의 주도성이 매우 높은 상황에서 운영되는 반면, 스스로해결단은 공무원 주도의 참여주민 선정과 참여주민의 소극적 참여에 따라 의사결정과정에서 주민의 주도성이 낮아지고 공무원의 영향이 커지는 문제가 나타날 수도 있다. 실제 일부 스스로해결단은 관계자 중심으로 구성되면서 실제 운영과정에서 주민 참여가 수동적이고 역할이 제한되는 문제가 지적되기도 했다(정재한·김석주, 2019: 168). 운영 관점에도 차이가 있는데 마을연구원이 공동체의 다양한 문제 해결을 위한 플랫폼 조직 역할을 하는 반면 스스로해결단은 장애인, 저출산·고령화, 안전·환경, 온라인 주민참여, 공동체 지원 등 특정 문제에 한정되어 운영되고 있다. 따라서 스스로해결단이 단기적 시각의 문제해결에 초점을 맞춰 운영되는데 반해 마을연구원은 지속성을 지닌 플랫폼으로 존재하면서 특정문제해결에 그치지 않고 지속적으로 새로운 문제를 발견하고 해결해 나가는 방식을 취하고 있다.

2) 스스로해결단과 마을연구원의 비교

최종사용자집단에 참여하는 사용자들은 사회에 기여한다는 '자기효능감'을 많이 느낀다고 한다. 마을연구원의 경우 제품·서비스 개선과 사회문제 해결에 기여한다는 자부심을 느끼고 이런 경험을 통해 공동창조의 수행주체로 발전하는 것을 볼 수 있다. 두 사례는 여러 면에서 차이가 있는데 집단성과의 영향 요인을 중심으로 두 최종사용자집단의 특성과 한계를 살펴보면 다음과 같다.

첫째, 기능과 경험은 사용자집단의 성과를 제약하는 중요한 개인적 요인이다. 스스로해결단은 전문가를 참여시키기 때문에 전문성 부족 가능성은 낮다. 하지만 참여주민은 일회적 참가에 그칠 가능성이 높기 때문에 리빙랩 경험과 지식 축적이 제한된다. 실제로 최종사용자집단과 참여자 역할에 대한 이해가 없는 상황에서 참여하여 소극적으로만 활동하는 경우도 나타나고 있다. 반면 마을연구원은 지속적 참여를 통해 리빙랩의 문제해결 방식과 문제에 대한 경험 축적에 유리한 측면이 있다. 여러 가지 포럼이나 학습 기회를 통해 지식 부족문제에 대응하고 있다. 전문가의 도움이 필요한 경우 내부참여자 중 전문성을 가진 참여자의 지식을 활용하거나 외부기관과의 협력을 통해 전문성 부족을 해소하고 있다.

둘째, 집단성과를 제약하는 상황 요인으로는 집단구성과 규모가 있는데, 규모와 구성의 제약에 따른 다양성-합의 딜레마(diversity-consensus dilemma)(Shermerhorn, Hunt, & Osborn, 2005: 196)는 중요한 해결 과제다. 집단구성원 간 다양성이 높은 이질적 집단은 지식, 기능, 관점의 다양화로 더 좋은 결정이 이뤄지는 장점이 있다(Gordon, 2002: 185). 과업이 복잡하고 집합적이며, 구성원의 창조성이 요구되는 경우 동질적 집단보다 이질적 집단이 효과적이다(Moorhead & Griffin, 2004: 292). 리빙랩의 최종사용자집단은 문제 검토, 대안 탐색, 최선의 해결책 선택 등을 수행하는 문제해결집단이므로 구성원의 다양성이 필요하다.

이런 점에서 본다면 상대적으로 규모가 크고 누구나 참여할 수 있는 마을연구원이 스스로해결단에 비해 다양성이 높아 더 좋은 결정이 이루어질 가능성이 있다. 그런데 다양성이 높으면 합의에 어려움이 발생한다. 마을연구원의 경우 구성원의 배경이 다양하고 연구원의 수도 많기 때문에 회의 참석이나 발표자 선정 같은 작은 문제부터 미래 의제 선정에 이르기까지 다양한 의견 차이와 갈등이 발생하고 과제가 몇 개월 중단되는 경우까지 있었다. 스스로해결단은 문제와의 관련성이나 이해관계자 등의 참여자 조건이 있고 규모도 11-15명 정도를 원칙으로 제시하고 있다.[6] 참여주민이 50% 이상이어야 하지만 마을연구원에 비해 다양성에는 한계가 있다. 그렇다고 해서 갈등이 발생하지 않는 것은 아니다. 참여 주민 간

6) 실제 규모도 이에 근접하는데, 공감e사업 선정 과제의 규모는 2018은 평균 15.2명, 2019년에는 16.1명이었다(정재한 · 김석주, 2019: 168).

문제 이해와 시각차로 주민 간 합의가 이루어지지 않아 담당 공무원이 결정하는 경우(정재한・김석주, 2019: 168)도 있었다.

셋째, 집단 구성은 최종사용자집단의 성과를 제약하는 상황 요인이다. 동질적 집단은 협력과 의사소통이 잘 이뤄지고 갈등 가능성이 낮지만 구성원 간 지나친 동조성 때문에 비생산적 행동이 발생할 수 있다(김호섭 외, 2011: 189-190). 집단적 의사결정은 긴 의사결정 시간, 개인적 결정보다 위험한 결정을 내리는 극단적 의사결정의 위험, 개인의 전문성 무시(Gordon, 2002: 189-190) 외에 소수 주도(minority domination)의 문제(Schermerhorn, et al., 2005: 208)도 나타난다. 마을연구원의 경우 지역에 거주하는 모든 주민이 참여 가능하기 때문에 연령, 성별, 직업 등에서 상대적으로 높은 다양성을 갖추고 있다. 또 규모가 지속적으로 커지면서 다양성은 더욱 높아지고 있다. 이와 달리 스스로해결단은 어느 정도의 유동성은 허용하지만 참여 주민의 규모가 마을연구원에 비해서는 적다. 또 공무원의 주도로 참여 주민을 선정하는 과정에서 마을이나 기관의 대표 등이 주로 참여하게 되면서 실제 사용자로서 주민의 참여는 제한되기도 한다. 이에 따라 일부이기는 하지만 스스로해결단에서는 특정 이해관계를 가진 관계자가 다수를 차지하고 특정 의견을 지지 또는 반대함으로써 집단을 주도하는 소수 주도 문제가 나타나기도 한다.

| 표 8-3 | 스스로해결단과 마을연구원 비교

	스스로해결단	마을연구원
목적	사용자 공동체의 문제해결을 위한 제품・서비스 개발	사용자 공동체의 문제 해결을 위한 제품・서비스 개발
참여	• 지역주민, 전문가, 공무원 • 전문가 참여와 지원으로 전문성 보완 • 일회적 참여, 학습기회 부족으로 경험과 지식 축적 가능성 저하	• 다양한 직업, 연령, 성별의 지역주민 • 내부참여자의 전문성 활용이나 외부전문기관과 협력으로 전문성 보완 • 장기적 참여와 학습을 통한 경험, 지식의 점진적 축적
구성	• 주민 50% 이상, 전문가/공무원 각각 25% • 15명 내외 규모이나 사업별로 차이 • 상대적으로 높은 합의 가능성 • 다양성 부족과 소수 주도 가능성	• 자발적으로 참여 • 40명대 규모에서 지속적으로 확대 • 합의에 어려움이 있지만 다양성으로 인해 상대적으로 질 높은 결정 가능
규범	• 사전에 정해진 기본적 틀 • 집단규범 형성 곤란, 주어진 외부 규범(공모사업 등) 영향	• 갈등을 경험하면서 장기간에 걸쳐 내부 규범 형성 • 외부 공모사업 진행시에는 내부 규범과 외부 규범의 요구 충돌
역할	• 역할 이해 부족에 따른 역할 모호성 • 역할 혼란 해소를 위한 사전 기회 부족	• 초기 역할 모호성은 장기적 참여를 통해 완화 및 해소 • 역할 이해를 위한 학습 기회 제공

넷째, 규범은 집단성과에 영향을 미치는 집단 요인으로 스스로해결단과 마을연구원의 집단규범에는 차이가 있다. 마을연구원이 지속적인 진화과정을 통해 조직되면서 나름대로의 행동 규범을 형성해 온 반면, 스스로해결단의 행위규범은 외부에서 주어진 것으로 볼 수 있다. 사전에 정해진 원칙이나 절차와 공모사업이라는 틀은 안정적 행위규범의 역할을 한다. 그런데 엄격한 규범은 다양성과 유연성을 제한하여 창의적 운영을 저해한다(김호섭 외, 2011: 183; 배기복, 2012: 242). 공모사업의 규칙이 규범으로 작용하게 되면 해결방안에 대한 실험과 공동창조를 제약하게 된다. 마을연구원의 경우에도 공모사업을 수행하는 경우도

있는데, 이 과정에서 리빙랩의 개방성을 강조하는 구성원과 사업계획서 준수를 강조하는 구성원 간 긴장과 갈등이 발생하기도 했다. 이는 내부적으로 형성되어 온 규범과 외부규범이 충돌하기 때문이다.

다섯째, 역할은 집단성과에 영향을 미치는 집단요인으로, 두 집단 모두 역할 모호성이나 역할 갈등에 따른 문제가 나타났다. 자신의 역할을 자세히 알지 못할 때 발생하는 역할 모호성(role ambiguity)은 성과를 저하시키며(김주엽 외, 2013: 268-270; 김호섭 외, 2011: 180-181), 기대 역할과 지각된 역할이 조화되지 못하는 역할 모호성도 집단성과를 저하시킨다(백기복, 2012: 237). 마을연구원의 경우 초기에는 구성원의 역할 이해가 매우 부족했으나, 경험 축적과 포럼 등을 통한 학습으로 모호성이 많이 해소되었다. 스스로해결단에서도 역할 모호성과 불일치 문제가 발생하고 있다. 스스로해결단에 참여하는 주민은 지속적 참여 기회가 제한되기 때문에 역할 이해가 부족한 상황에서 참여하기도 한다. 연구개발을 수행하는 과학기술자도 처음 참여하는 경우 리빙랩과 최종사용자집단의 역할에 대한 이해 부족과 기존 연구개발과제에서 수행하던 역할과 리빙랩에서의 역할 차이로 혼란을 느끼고 있다. 2020년도 문제기획 리빙랩 참여자 대상 설문조사에 따르면 지역주민이나 지자체에 비해 연구자의 만족도가 상대적으로 낮은 것으로 나타났다(TBNA, 2021). 이는 역할 갈등과 혼란이 주요 원인으로 판단된다. 역할 모호성 문제는 관점의 차이나 갈등을 조정하는 코디네이터나 공동창조를 촉진하는 퍼실리테이터에게도 나타난다. 경험과 지식 부족으로 조정과 촉진 역할을 제대로 수행하지 못하고 갈등을 방관하거나 혼란을 느끼는 경우가 많다는 것이다.

5 결론: 정책적 과제와 함의

리빙랩 유형에 따라 최종사용자집단에는 차이가 있지만 리빙랩 성과를 결정짓는 핵심 요소가 최종사용자집단이라는 점에는 이견이 없다. 하지만 리빙랩의 성과를 높이기 위해 최종사용자집단을 어떻게 구성하고 운영해야 할지는 여전히 과제로 남아 있다. 의도한 성과를 거두기 위해서는 집단성과에 영향을 미치는 개인적, 집단적, 상황적 요인을 고려한 최종사용자집단 구성과 운영이 필요하다. 앞에서 살펴본 두 사례를 통해 볼 때 효과적 최종사용자집단의 구성과 운영에 고려해야 할 중요한 함의를 살펴보면 다음과 같다.

첫째, 운영 초기부터 완벽한 사용자집단 구성은 어렵기 때문에 점진적 규모 확장 전략을 통한 조직화가 필요하다. 스스로해결단처럼 단기간에 다수를 참여시키다보면 대표성 없는 선발이나 리빙랩에 대한 이해 부족, 특정 이해관계자만 참여하는 문제가 발생할 수 있다. 따라서 초기부터 대규모로 구성하기보다 우선 리빙랩 방식을 이해하고 적극적 참여 의사가 있는 소수의 선도적 사용자를 참여시키고 점진적으로 참여자를 확대해 나가는 것이 필요하다. 마을연구원의 경우 장시간이 소요되기는 했지만 집단 진화과정을 통해서 경험과 역량을 갖춘 최종사용자집단으로 진화할 수 있었다.

둘째, 리빙랩과 최종사용자집단을 장기적으로 존속하는 **문제해결 플랫폼**으로 진화시키는 것이 필요하다. 스스로해결단은 마을연구원에 비해 존속기간이 짧고 특정 문제해결에 역할이 제한된다. 공무원의 인사이동이나 주민단체 대표 변경에 따라 구성원이 바뀌기도 한다. 이는 구성의 유연성과 대표성 측면에서는 장점이만, 지속성과 경험 축적에서는 단점이 될 수 있다. 반면 마을연구원이 제대로 된 역할을 수행하기까지는 상당한 시간이 소요되었다. 그 사이 참여자의 변동도 있지만 장기간 활동하면서 축적한 경험과 역량을 바탕으로 새로운 의제를 지속적으로 발굴하고 해결하는 장으로 확장되었다. 따라서 공공기관이 주도하는 리빙랩의 최종사용자집단도 단기간 특정 분야 중심의 개별화된 사업 중심 활동에서 장기간 존속하는 문제해결 플랫폼 조직으로 진화시키는 것이 필요하다. 나아가 특정 영역과 공간 범위를 넘어 여러 영역의 리빙랩과 최종사용자집단을 연계하는 리빙랩 네트워크의 구축과 활용도 필요하다.

셋째, 다양성이 필요하지만 최종사용자집단의 규모를 일정 수로 제한할 필요는 있다. 소규모집단 구성원이 대규모 집단 구성원보다 협조적이며 책임 회피 성향도 낮고(백기복, 2011: 232), 참여규모가 커지면 의사소통과 합의가 어려워지는 문제가 발생한다. 하지만 적정한 최대 규모가 어느 정도인지를 확정하는 것은 쉽지 않다. 따라서 최종사용자집단에서 다양성-합의 딜레마가 발생하는 규모의 임계치가 어느 정도인지를 분석해볼 필요가 있다.

넷째, 리빙랩 최종사용자집단의 역할 모호성과 역할 갈등에 따른 혼란을 방지하기 위해서는 최종사용자집단 참여자에 대한 교육과 학습이 필요하다. 주민 뿐 아니라 과학기술 연구자도 역할에 혼란을 겪기 때문에 리빙랩 이해 제고를 위한 교육과 학습이 필요하다. 리빙랩에 대한 이해가 부족하거나 집단 규모와 다양성이 높아지면 갈등이 발생하거나 목적에서 벗어난 활동이 이루어지기도 한다. 마을연구원에서도 이런 갈등이 발생했지만 성대골 대표가 조정자와 촉진자로서 이를 완화, 해결하는 역할을 적극적으로 수행하면서 이런 문제에 대처할 수 있었다. 공감e사업의 스스로해결단에서는 갈등 때문에 공무원이 결정하는 경우까지 발생했다. 스스로해결단에서는 코디네이터가 있지만 이들이 조정과 촉진 역할을 제대로 수행하기는 쉽지 않기 때문에 역할 이해도와 수행성과를 높이기 위한 사전 교육과 학습이 필요하다. 참여 주민의 다양성 확보를 위해서도 리빙랩 활동과 역할에 대한 이해를 향상시키고 참여 동기를 높이는 주민대상 교육과 학습 기회 제공이 필요하다. 마을연구원은 여러 번의 워크숍 개최를 통해 주민들의 관심과 참여를 높일 수 있었다.

다섯째, 최종사용자의 적극적 참여와 활동의 동기를 자극하고 유발하는 동기화 방안이 필요하다. 집단의사결정에서는 구성원의 동질성이 높거나 특정 소수가 의견을 주도할 경우 잘못된 결정을 내리게 된다. 이런 문제를 방지하려면 다양한 성격의 사용자 참여가 필요하며, 리빙랩의 연구 활동이나 운영방식이 참여하는 사용자의 기대에 부합해야 한다 (Logghe & Schuurman, 2017: 35). 성대골 마을연구원의 경우 지속적 홍보와 교육 등을 통해 주민 참여를 유도해 왔지만, 스스로해결단처럼 새롭게 구성되는 경우 초기부터 적극적, 자발적 참여를 유도하기 어렵다. 문제기획 리빙랩에 참여하는 스스로해결단에 대해서는 리빙랩 회 차마다 15만원의 수당을 지급하기도 하며, 한국시니어리빙랩에서도 일비 지급 기준을 마련하고 있다. 반면 외국의 경우 리빙랩 활동을 지역사회 시민의 권한과 의무로 인식하기 때문에 활동비 지급이 이루어지지 않는 곳도 많다. 금전과 같은 외재적 보상을 제공하면 최종사용자집단 참여가 금전적 보상을 받기 위한 일이 되어 버린다는 점에서 적절한 금전적 보상 수준에 대해서는 충분한 검토가 필요하다. 최종사용자 내재적 참여 동기를 유발하는 동기부여 방안에 대한 연구와 설계가 필요하다.

여섯째, 리빙랩 원리와 목적에 부합하는 최종사용자집단의 운영 원칙 설정이 필요하다. 최종사용자집단이 사전에 결정된 목표, 방식, 내용에 따라 운영될 경우 창의적 문제해결이 어려워지기 때문에 사업 목표나 내용 변경이 가능한 유연한 접근이 필요하다. 일반적 과제집단과 달리 최종사용자집단이 다루는 문제의 정의와 대안은 계속 진화할 수 있다. 그런데 공모사업의 틀이 집단 규범처럼 작동하면 유연한 문제 대응과 창의적 해결을 저해하고 내부 갈등을 발생시킬 수 한다. 따라서 유연한 활동이 가능한 사업계획서와 최종사용자집단 운영 원칙과 시스템이 필요하다. 여러 최종사용자들이 제기하는 모순된 요구를 어떻게 처리, 조정할 지에 대한 원칙 설정도 필요하다. 또 시간과 자원의 제약 때문에 최종사용자집단의 활동과정에서 도출된 개선 사항을 다 반영할 수 없기 때문에 어느 수준까지 반영할 것인지에 대한 원칙 설정이 필요하다. 개선사항이 끊임없이 제기될 경우 기술개발을 담당하는 연구자들이 심각한 혼란과 어려움을 겪기 때문이다. 기회주의적 행동과 특정인의 의사결정 독점과 주도를 사전적으로 예방하고 사후적으로 통제할 수 있는 의사결정 구조와 원칙도 필요하다.

제8장

사회적경제조직의 혁신활동 경험과 과제: 사회문제 해결형 연구개발사업을 중심으로

박희제 · 성지은

과학기술혁신정책의 전환에 대한 논의가 활발하다. 사회·기술혁신(socio-technical innovation), 사회에 책임지는 연구혁신(Responsible Research and Innovation, RRI), 사회문제 해결형 혁신, 전환연구, 포용적 혁신, 사회적 혁신 등 혁신정책의 변화를 지향하며 등장한 다양한 개념들이 과학기술혁신에 관한 국내외 정책적·사회적 담론을 주도하고 있다(송위진·성지은, 2013a; 박희제·성지은, 2015; 2018; 송위진 외, 2018; European Commission, 2012; 2013; Geels, 2004; Stilgoe, Owen & Macnaghten, 2013). 비록 초점은 조금씩 다르지만, 이들 개념은 산업발전에 초점을 맞춘 개발자·전문가 중심의 기존 과학기술혁신정책을 반성하고, 혁신의 사회적 목표를 강조하면서, 다양한 이해관계자들이 참여하는 과학기술혁신을 추구한다는 공통분모를 갖고 있다.

과학기술혁신의 주체를 개발자·전문가 중심에서 시민사회로 확장해야 한다는 주장 자체는 그렇게 새로운 것이 아니며 지난 반세기 동안 시민사회와 과학기술학계에서 꾸준하게 제기되어 왔다. 실제로 이미 많은 사회의 과학기술혁신정책에서 시민참여가 활발하게 시도되었고, 이에 관한 최근 연구들도 시민사회 참여의 정당성을 주장하는 이론적 논의보다 실제로 도입된 다양한 형태의 시민사회 참여를 평가하는 논의가 주를 이루고 있다(박성원·진설아, 2016; 성지은·정서화·한규영, 2018). 그러나 과학기술혁신과정에서 시민사회

참여는 여전히 실험의 성격을 갖는 것으로 인식되고, 다양한 장애요인 때문에 시민사회 참여가 효과적이지 못한 경우가 많은 것도 현실이다. 따라서 특정한 사회문화적 맥락 아래 도입된 구체적인 형태의 시민사회 참여 경험에 대한 평가를 통해 효과적・생산적인 시민참여의 조건을 밝히는 작업은 큰 의미가 있다.

이에 이 연구는 한국의 사회문제 해결형 연구개발사업에서 이뤄진 시민사회 참여의 경험을 평가하고, 이를 통해 시민참여가 효과적으로 이뤄지기 위한 조건을 탐색하고자 한다. 이 연구의 초점은 **사회적경제조직**의 국가연구개발사업 참여 경험이다. 2013년에 시작된 사회문제 해결형 연구개발사업은 사업참여자에게 두 가지 층위에서 특정한 형태의 시민사회 참여를 요구한다는 점에서 국내외의 다른 연구개발사업과 구분된다. 하나는 리빙랩 형태의 시민사회 참여이다. 리빙랩은 제품・서비스 개발 초기 단계부터 최종사용자를 적극 참여시켜 "실제 생활 현장에서 사용자와 생산자가 공동으로 혁신을 만들어가는 실험실이자 테스트베드"로 정의된다(송위진 외, 2018: 31). 사회문제 해결형 연구개발사업에서는 리빙랩을 개발되는 기술을 사용할 최종사용자들이 시제품을 실제 생활 현장에서 사용해보고 평가함으로써 개발자들이 기술을 개선하도록 돕는 방식으로 개념화하고 있다.[7] 다양한 참여자들이 리빙랩에 관여하지만 대부분의 경우 리빙랩의 핵심 참여자는 기술의 최종사용자인 '개인'(지역주민, 환경미화원・안과의사 같은 특정 직업 종사자, 당뇨환자・치매환자 같은 질환자 등)이다(성지은・정서화・한규영, 2018: 193-194).

또 다른 하나는 사회적경제조직이 리빙랩을 주도하게 함으로써 개인 차원을 넘어 '조직' 차원에서의 시민사회 참여를 유도하고, 개발된 기술을 실사용자들에게 공급하는 역할을 부여한 것이다. '개인단위'에서 일반시민이 연구개발에 참여할 경우 공공성・대표성 확보 문제가 중요한 과제로 등장하게 된다. 반면 '조직단위'로서 사회적경제조직이 연구개발

7) 실생활 환경에서 사용자 참여를 기반으로 한다는 핵심적 주장은 공유하나 리빙랩을 실제로 적용하는 과정에서 이를 개념화하고 구현하는 방법은 각 사회의 역사적 맥락뿐 아니라 각 혁신현장의 특징에 따라 크게 달라진다. 다양한 리빙랩 개념과 방법론에 관해서는 성지은・정병걸(2017)을 참조할 것.

에 참여할 경우 개인의 민원해결에서 벗어나 공공성・대표성・전문성을 확보할 수 있는 기반을 마련하게 된다(성지은 외, 2017). 사회적경제조직은 경제활동이라는 측면에서 시장경제조직과 유사하나 구성원 간의 연대와 협력, 참여와 민주적 운영이라는 사회적 가치 실현을 추구한다는 점에서 차이가 있다. 또한 주거복지, 자원재활용, 돌봄서비스, 장애인 지원, 청소, 보육 및 교육 등 업종・분야・품목・가치사슬별 협업[8]이 가능하기 때문에 수요탐색 및 조직화, 새로운 기술・서비스 실험・활용・확산, 규모화 및 확대・확장(Scale-up), 공공구매 등 판로시장개척, 관련 법제도 개선 등을 위한 중간지원조직 및 협업의 플랫폼 기능을 담당할 수 있다(송위진・성지은・김수은, 2018; 산업통상자원부・한국산업기술진흥원, 2019.10.15).

이 연구는 사회적경제조직의 사회문제 해결형 연구개발사업 참여 경험에 초점을 맞추고자 한다. 이는 무엇보다 조직 차원의 시민사회 참여 경험에 관한 연구가 크게 부족하기 때문이다. 그동안 리빙랩 수행 경험에 관해서는 상대적으로 많은 연구가 축적된 반면(성지은・한규영・정서화, 2016; 김준한・한재각, 2018; 성지은・정서화・한규영, 2018; 송위진・성지은, 2018), 국가연구개발사업에서 사회적경제조직의 활동과 역할에 초점을 맞춘 경험적 연구는 매우 부족하다(송위진 외, 2018). 사회적경제조직의 역할과 가능성에 주목해 국가연구개발사업의 참여 주체나 직접적인 사업의 대상으로 진행되는 사업이 최근에야 시작되었기 때문이다. 과기부의 '사회문제 해결형 기술개발사업'(2013년~), 산업부의 '커뮤니티비즈니스 활성화 사업'(2018년~)이 대표적인 사례이다. 그동안 서로 상호작용이 없었던 연구개발 전문조직과 사회적경제조직 간의 협업이 이들 사업을 통해 새롭게 시도되고 있다.

구체적으로 이 연구는 국가연구개발사업에 참여했던 세 개의 사회적경제조직의 경험을 통해 이들이 어떤 기대를 안고 어떤 계기로 사회문제 해결형 연구개발사업에 참여했고,

8) 특히 사회적경제조직은 한국 사회적경제연대회의, 한국 사회적기업중앙협의회, 시민사회단체연대회의 등 정상조직(peak organization) 및 협의체가 조직화되어 있어 공통의 수요나 이해를 결집・실행하거나 효과적인 성공 모델이 도출되면 다른 영역과 지역으로 확대되는데 중요한 이점을 가지고 있다(송위진・성지은・김수은, 2018).

그 과정에서 어떤 어려움과 성취를 경험했으며, 그 경험을 어떻게 평가하는지를 살펴본다. 이를 바탕으로 한국의 국가연구개발사업에서 성공적인 시민참여, 특히 시민사회단체라는 조직단위의 시민참여가 성공적으로 이뤄지기 위한 조건을 논의한다. 이 연구는 귀납적 연구방법을 따른다. 즉 주어진 개념이나 주제를 따르기보다 인터뷰와 문헌자료 분석을 통해 아래에서 위로(bottom-up) 올라가는 방식으로 사회적경제조직의 경험에서 나타나는 주제와 유형을 구성하고 이를 해석하는 전략을 취한다. 나아가 이 연구는 궁극적으로 과학기술혁신에서의 시민사회 참여, 특히 사회적경제조직의 참여를 촉진하거나 가로막는 조건에 대한 이해에 기반해 한국과학기술혁신정책을 위한 정책적 함의를 찾고자 한다. 같은 이유로 이 연구는 개별 사례 중심의 세세한 기술보다 각 사례에서 발견되는 공통적인 경험으로부터 도출된 주제별 기술을 통해 정책적 함의를 찾으려고 노력할 것이다.

이후의 글은 다음의 순서에 따라 전개된다. 먼저 다음 절은 과학기술혁신에서 사회적경제조직이 갖는 함의와 사회적경제조직의 과학기술혁신과정 참여를 촉진하거나 가로막는 요인들에 대한 기존의 논의들을 간략하게 살펴본다. 다음으로 경험적 연구를 위한 방법론에 대해 논의한다. 이후 사회적경제조직의 연구개발 참여 경험 인터뷰를 통해 귀납적으로 도출된 초대와 종속, 익숙함과 낯섦, 주체별 지향의 차이, 학습과 성장이라는 네 가지 주제에 맞추어 살펴본다. 마지막 결론에서는 정책적 함의를 논의한다.

1 사회적경제조직과 과학기술혁신

1) 시민사회의 과학기술혁신활동 참여와 한계

최근 시민사회가 과학기술혁신과정에 참여하는 기회가 확대되고 있다. 사회・기술혁신, 사회에 책임지는 연구혁신, 포용적 혁신, 사회문제 해결형 혁신 등이 주장하는 과학기술혁신정책 전환의 핵심은 과학기술혁신이 사회적 필요에 답해야 하며 그러기 위해서는 전통적인 혁신 주체였던 과학기술자뿐 아니라 시민사회가 연구개발과정에 참여하는 것이 필수적이라는 것이다. 다양한 이해관계자들의 참여는 그 사회의 수요 확인 뿐 아니라 이들이 지닌 사회적 지식을 혁신과정에 활용할 기회를 제공한다. 나아가 과학기술혁신과정에서 소외되어왔던 시민들이 자신의 삶에 커다란 영향을 미치는 결정이 이루어지는 과정에 참여할 수 있는 권한이 부여된다는 정치적 의미도 크다(박희제, 2017; Fischer, 2009; Stilgoe, Lock & Wilsdon, 2014). 이러한 맥락에서 많은 사회에서 시민사회가 혁신과정에 참여하는 것을 제도적으로 뒷받침하는 정책이 크게 증가하고 있다.

그러나 제도의 장이 열린 것과 실제 제도가 제대로 작동하는 것은 별개의 문제이다. 무엇보다 혁신과정에의 시민사회 참여가 기대처럼 이루어지려면 과학기술 전문가와 시민사회의 상호학습 경험과 이를 반영한 세심한 제도적 장치 마련이 필수적이다. 아직 과학기술혁신과정에서 시민사회 참여경험이 미흡하기 때문에, 제도의 시행 과정에서 겪게 되는 예상치 못한 문제들을 신속하게 파악하고 제도를 개선해가는 작업이 필요한 것이다. 최근 사회에 책임지는 연구혁신(RRI) 프로그램의 지원을 받아 이뤄진 Promoting engagement of citizens and third sector actors in research(PROSO) 프로젝트는 이런 점에서 시사적이다.

PROSO 프로젝트 연구자들은 일반시민패널, 시민사회단체 관계자, 전문가 집단의 의견을 종합하여 시민사회의 입장에서 일반시민이나 시민사회단체가 과학기술혁신활동에 참여하는 것을 가로막는 장애물을 확인하고 이를 극복하기 위해 어떤 정책적 고려가 필요한 지를 논의한다. 이 연구는 일반시민과 시민사회단체의 과학기술혁신활동을 방해하는 장애물로 크게 여섯 가지를 발견했다. 첫째, 일반시민과 시민사회단체는 과학기술혁신활동에 참여하는 것이 자신들의 이해관계・관심・목표와 상관없다고 인식할 수 있다. 둘째, 이들은 자신들의 참여가 정치적・사회적 영향을 주지 못한다고 생각할 수 있다. 셋째, 일반시민과 시민사회단체가 과학기술혁신활동 참여를 지원하는 기관의 의도를 불신하거나 과학기술 전문가나 기업 등 다른 혁신 주체들의 동기나 행동방식에 대해 부정적일 수 있다. 넷째, 이들이 혁신을 위한 연구나 정책과정에 참여하는 데 지식이 부족하다고 느낄 수 있다. 이때 지식은 과학적 지식뿐 아니라 의사소통 기구 사용 능력, 토론 능력, 연구비 수주 및 관리와 관련된 지식 등을 포괄한다. 다섯째, 일반시민과 시민사회단체는 과학기술혁신활동에 필요한 시간적・재정적 자원이 부족한 경우가 많다. 마지막은 정당성 문제로 과학기술혁신활동에 참여하는 시민이나 시민사회단체가 소수여서 사회의 다양한 시각을 담지 못하거나 과학기술 전문가만이 혁신활동의 정당한 주체라고 생각할 때 발생한다(PROSO, 2018).

PROSO 연구결과는 그동안 사회적 가치와 목표를 지향하는 과학기술혁신을 강조하며 시민사회를 혁신과정에 참여시키려는 지금까지의 노력이 과학기술자사회와 시민사회의 차이를 충분히 고려하지 못한 채 이뤄져 왔다는 반성을 부른다. 수요자 기반 혁신이라는 규범적 당위성을 강조하면서도 실제로 무엇을 연구・개발해야 할지를 결정하는 과정에서 전문가들의 의견이 압도적인 비중을 차지하게 된다든지, 시민사회의 참여를 혁신과정에서 부차적인 활동이나 심지어 연구의 정당성 확보를 위한 도구 정도로 간주한다든지, 시민사회단체의 참여에도 불구하고 전반적인 의사소통형식이나 연구행정 절차는 이들의 상황에 대한 고려 없이 과거 그대로 운용되는 모습을 흔히 발견할 수 있는 것이다. 이때 어떤 문제점이 두드러지게 나타나는지는 특정한 사회적・역사적 맥락 속에서 전개되는 구체적인 혁신정책에 따라 다를 수밖에 없다. 따라서 이제 걸음마 단계인 시민사회 참여형 과학기술혁신정책이 기대에 부응하는 성과를 낳기 위해서는 구체적인 연구개발사업에 참여한 주체들의 경험을 토대로 지속적인 제도개선을 모색하는 작업이 필요하다.

2) 사회적경제조직과 사회문제 해결형 연구개발사업

최근 사회적경제에 대한 관심과 더불어 사회적경제활동을 담당하는 주체인 사회적경제조직[9] 역시 큰 주목을 받고 있다. 사회적경제조직은 경제적 이윤 극대화보다 사회적 가치 창출을 우선적인 목적으로 삼는 호혜적 경제조직으로 정의할 수 있다. 이들이 추구하는 사회적 가치는 시민사회 혹은 지역공동체의 당면 문제 해결, 복지증진, 일자리 창출, 사회서비스 확대 등을 망라하며, 활동방식은 참여 구성원들의 자발성・개방성・호혜성에 기초한다(송위진 외, 2018). 한국의 사회적경제조직은 크게 협동조합, 사회적기업, 마을기업, 자활기업, 농어촌 공동체 회사로 나뉘는데, 그동안 이들의 혁신활동과 관련해서는 딜라이트 보청기와 같은 기술집약적인 사회적기업 사례가 소개된 바 있다(박노윤・이윤수, 2015). 그러나 아직 개별 기업의 사례를 넘어 다른 과학기술혁신 주체들과의 관계나 과학기술혁신정책의 관점에서 이들을 분석한 경우는 찾아보기 어려운 형편이다(송위진 외, 2018).

사회적경제조직에 대한 국내 과학기술정책 연구자들의 관심은 사회적 혁신에 관한 관심에서 비롯되었다. 일단의 과학기술정책 연구자들이 경제성장과 산업경쟁력 강화에 초점을 맞춰 왔던 전통적인 혁신정책의 한계를 극복하기 위해 보건복지・안전・환경・의료 등의 사회적 문제해결에 초점을 맞추는 새로운 사회적 혁신정책을 도입해야 한다고 주장하면서, 그 핵심 주체로 '기술집약적 사회적기업(technology-based social enterprises)'의 역할을 강조하기 시작한 것이다. 이들에 따르면 사회적 혁신은 단지 새로운 시장의 발굴이나 새로운 제품과 서비스의 공급을 의미하는 것이 아니며, 새로운 사회・기술시스템으로의 전환을 함께 추구해야 하므로 새로운 혁신 주체가 필요하다. 사회적 목표를 추구하는 비즈니스

9) 사회적경제조직은 사회문제를 경제활동을 통해 해결하는 '경제적 주체'로서의 성격과 지역 커뮤니티를 육성하고 지역 연대・통합을 가능케 하는 '사회적 주체'로서의 성격을 동시에 갖고 있다. 사회적기업육성법 제정('07.7월), 마을기업육성사업('11년 본격시행), 협동조합기본법 제정('12. 12월) 이후 다양한 형태의 사회적경제조직이 설립되었다. 현재 사회적경제조직은 사회적기업(고용부, 사회적기업육성법), 협동조합(기재부, 협동조합기본법), 마을기업(행안부, 도시재생활성화특별법), 자활기업(복지부, 국민기초생활보장법) 등으로 각 부처별로 서로 다른 대상과 법률로 지원되고 있다(산업통상자원부・KIAT, 2018; 산업통상자원부・한국산업기술진흥원, 2019.10.15).

모델과 기술혁신 성과를 결합하여 새로운 사회적 재화와 서비스를 제공하는 기술집약적 사회적기업은 이러한 임무에 가장 적합한 혁신 주체이다(송위진·장영배·성지은, 2009).

이후 사회적기업에 대한 과학기술정책 연구자들의 관심은 기술집약적 사회적기업을 넘어 사회적경제조직 전반으로 확대되었는데, 그 주된 계기는 국가연구개발사업의 일부로 사회문제 해결형 연구개발사업[10]이 기획되면서부터일 것이다. 사회문제 해결형 연구개발사업은 '일상생활에서 발생하는 사회문제 해결을 통해 삶의 질과 연관된 건강·안전·편의 등을 증진시키는 연구개발'을 추구하는 국가연구개발사업으로 사회적 혁신을 지향한다(미래창조과학부·한국과학기술기획평가원, 2016: 3). 따라서 사회문제 해결형 연구개발은 직접적인 연구개발뿐 아니라 실제 문제를 해결하는 데 필요한 기반 구축 활동을 포괄하는 것으로 정의된다. 마찬가지로 사회적경제조직을 포함한 사회혁신조직의 역할이 강조되었는데, 이들의 역할 역시 과학기술지식을 활용한 사회서비스 제공이라는 협의의 혁신활동에서 혁신과정에 최종사용자의 참여를 보장하고 개발된 기술과 서비스를 수요자에게 전달하는 광의의 혁신활동으로 확대되었다(성지은 외, 2016).

이러한 모습은 특히 취약계층의 사회적 격차해소가 목적인 **격차해소기술개발사업**에서 두드러진다. 격차해소기술개발사업은 생활환경기술개발사업, 재난안전대응 핵심기술개발사업과 더불어 사회문제 해결형 연구개발사업의 한 축으로 도입되었다. 그런데 사회적 취약계층이 최종사용자인 기술과 서비스의 전달을 일반적인 시장 메커니즘에만 맡길 수 없으므로, 취약계층을 대상으로 개발된 제품과 서비스를 이들에게 전달하는 주체로 사회혁신조직이 제시된 것이다.

10) 사회문제 해결형 연구개발은 과학기술정보통신부(구 미래창조과학부)가 2013년 '사회문제 해결형 기술개발사업'이라는 명칭의 사업을 시행하면서 본격화되었다. 본 사업은 이후 국민생활연구사업, 다부처 사회문제 해결형 기술개발사업, 서울시의 도시문제 해결형 기술개발지원사업 등과 같이 사회문제 해결을 직접적인 목표로 하는 사업으로 확장되었다. 이 사업은 기존 R&D 사업과의 목표 및 추진 방식에서 다르다는 것을 강조하면서 리빙랩 등 새로운 추진체제를 제시하고 있다. 사업의 구체적인 내용에 대해서는 미래창조과학부·한국과학기술기획평가원(2016), 과학기술정보통신부 (2018a)를 참조할 것.

결과적으로 사회문제 해결형 연구개발사업은 국가연구개발사업을 기획하고 구체화하는 과정에서 결과물의 최종 수요자와 더불어 사회적경제조직을 연구개발과정에 포함할 것을 요구했다. 일례로 2015년 격차해소분야 과제제안요구서는 "다양한 수요자가 참여하여 시제품을 제안-점검-체험-적용-개선-검증할 수 있는 리빙랩 운영방안을 제시할 것"과 더불어 "개발된 기술 및 서비스의 상용화 및 보급이 가능하도록 사회적 기업을 포함하여 컨소시엄을 구성할 것"을 명시하고 있다(미래창조과학부, 2015: 13). 사회문제 해결형 연구개발사업은 제도권의 과학기술자와 사회적경제조직이 컨소시엄을 이뤄 지원해야 하는 국내 최초의 국가연구개발사업이 된 것이다.

2 연구의 대상 및 방법

1) 연구의 대상

이 연구는 2015년 가을부터 2년간 사회문제 해결형 연구개발사업 중 격차해소기술개발사업에 참여했던 세 사회적경제조직의 경험을 분석한다. 이 세 조직을 선택한 주된 이유는 대외적으로 성공 사례로 인식되었기 때문이다. 사회문제 해결형 연구개발사업에서 원래 사회적경제조직의 주된 임무는 새롭게 개발된 기술을 이용한 제품이나 서비스를 생산・판매하여 사용자에게 전달함으로써 실질적으로 사회문제가 해결되도록 하는 것이었다. 그러나 아직 사회문제 해결형 연구개발사업을 통해 개발된 기술이나 서비스가 시제품을 넘어 상품의 단계까지 형태로까지 발전하지 못했기 때문에, 실제 연구개발과정에서 이들의 임무는 개발 중인 기술에 대한 사용자의 사용 경험과 과학기술 전문가의 연구개발 사이에 끊임없는 피드백 과정인 리빙랩을 조직하는 것으로 재정의되었다. 그러나 일부 연구책임자는 리빙랩을 수요자 설문조사 정도로 생각했기 때문에 사회적경제조직의 실제 활동은 매우 제한적인 경우가 많았다. 이러한 사례의 경우 사례분석을 하더라도 사회적경제조직의 혁신활동 경험을 밝히고 이로부터 의미있는 정책적 함의를 찾기 어려울 것이다. 따라서 상대적으로 사회적경제조직의 혁신활동 참여가 유의미했다고 여겨지는 사례를 분석하려고 노력하였고, 그 결과 HD건설협동조합, 누리가온 협동조합, 민들레의료복지사회적협동조합(이하 민들레 조합)을 연구대상으로 선택하였다. HD건설협동조합과 누리가온 협동조합은 각각 2018년과 2019년 국민생활연구개발(사회문제 해결형 연구개발사업의 후신)과 진흥에 기여한 공로로 과학기술정통부장관 표창을 수여 받은 점이 고려되었고, 민들레 조합은 사회문제 해결형 연구개발사업 참여 이후 유사한 기술개발사업에 계속 적극적으로 참여하고 있는 점이 고려되었다.

2014년 설립된 HD건설협동조합은 지역의 저소득 취약계층의 주거환경 개선 및 일자리 창출을 목표로 하는 열세 개의 주거복지자활기업이 자금을 투자해 설립했다. 저소득 취약계층이 (재)교육・훈련을 받고 창업한 소규모 자활기업들은 시장경쟁력이 떨어져 주로 관이나 공공공사를 통해 유지될 수밖에 없었다. 이에 건설 분야 자활기업들이 규모의 경제를 통해 경쟁력을 갖추고 사업을 성장시킬 수 있는 토대를 마련하기 위해 사업자협동조합의 형태로 만든 연합체가 HD건설협동조합이다. 주로 주거취약계층에 대한 주거환경개선사업을 수행하며 에너지효율 개선산업, 주거 및 상업공간 인테리어, 교육 및 훈련, 자활센터나 기업에 대한 컨설팅을 수행하고 있다.

HD건설협동조합은 '저가보급형 습도조절용 세라믹 패널 및 도료 개발사업(연구책임기관 한국세라믹 연구원)'과 '공동주택 층간소음 방지용 건축 내장재 개발사업(연구책임기관 한국건설기술연구원)'에 참여하였다. 이들 과제는 습기로 인한 곰팡이나 층간소음으로 고통받는 저소득층의 열악한 주거환경을 개선하고자 고가의 습도조절용 세라믹 패널(조습패널) 및 도료와 층간차음 저감재를 대체할 수 있는 저가형 건축 자재를 개발하는 사업이다. 이들 과제에서 HD건설협동조합의 역할은 주로 개발 중인 습도조절용 세라믹 패널이나 층간소음 방지용 소재를 실생활 환경에서 실험할 대상 가구를 선정하고 이를 직접 시공한 후, 설문조사를 통해 거주자의 평가를 받아 연구진에 전달하는 것이었다.

2012년에 설립된 누리가온 협동조합은 취약계층에게 안정적인 일자리를 제공하는 것이 목적인 소규모 사회적 기업이다. 요양보호사 파견과 취약계층을 고용한 매장운영이 주된 활동이며, 현재 조치원읍의 카페와 세종시로부터 위탁받은 호수공원 매점을 운영 중이다. 누리가온 협동조합은 '야간 작업자의 사고 예방을 위한 자가발전 기술기반 융합형 안전장비 제작 및 실증사업(연구책임기관 한양대학교)'에 참여하였고, 세종시 환경미화원들을 대상으로 한 리빙랩을 운영했다. 이 과정에서 개발 중인 제품에 대한 사용자의 반응을 연구진에 전달하여 개선 방안을 찾는 임무를 수행하였다.

2002년 설립된 민들레 조합은 민간이나 공공부문의 현 제도가 해결하지 못하는 의료 및 건강문제 해결을 위해 주민들이 만든 의료복지사회적협동조합이자 사회적 기업이다. 1차 의료기관들을 운영하면서 적정 진료, 주치의 시스템을 도입하고 있고, 나아가 주민참여 건강증진 센터를 통해 지역사회의 여러 가지 건강 의료 자원과 주민의 필요를 연결하는 플랫폼을 만드는 프로젝트를 수행하고 있다. 현재 대전시 대덕과 둔산에서 의원, 한의원, 치과, 건강검진센터 등을 운영하고 있으며, 다양한 소모임과 마을모임을 조직해 주민참여형 건강증진 활동을 펼치고 있다. 민들레의료복지 사회적 협동조합은 '보급형 저통증 인슐린 주입 기술개발사업(연구책임기관 연세대학교)'에 참여하였다. 민들레의료복지사회적협동조합의 주된 임무 역시 리빙랩 운영이었는데, 저소득층 당뇨환자의 자조모임을 구성하여 개발된 인슐린 주사침에 대한 수요 및 반응을 조사하고 그 결과를 연구진에 전달하여 이를 반영한 기술개발이 이뤄지도록 돕는 역할을 했다.

2) 연구 방법

이 연구는 심층인터뷰와 문헌연구를 통해 사회문제 해결형 연구개발사업에 참여했던 사회적경제조직의 혁신활동 경험을 탐구하였다. 2018년~2019년 이루어진 심층인터뷰는 세 사회적경제조직의 이사장과 과제를 주관했던 연구책임자를 대상으로 하였다. 심층인터뷰의 목적은 사회문제 해결형 연구개발사업 참여경험을 듣는 것이었고, 일대일 형식의 인터뷰는 각각 1시간~1시간 40분가량 이루어졌다. 아울러 당시 사회문제 해결형 연구개발사업을 관리했던 연구재단의 담당자도 인터뷰했다. 이외에 2016년 이뤄진 사회문제 해결형 연구개발사업 「시민연구멘토단」보고서, 사회문제 해결형 연구개발사업 가이드라인, 사회문제 해결형 기술개발사업 과제 공고문 및 과제제안요구서, 각 사회적경제조직의 발간물, 보도자료, 참여사업계획서, 언론 인터뷰자료 등의 문헌을 조사・연구하여 인터뷰 내용과 비교함으로써 인터뷰 내용의 타당성을 검증했다.

3 사회적경제조직의 혁신활동 경험

1) 초대와 종속

사회적경제조직의 사회문제 해결형 연구개발사업 참여는 연구책임자의 초대라는 형식으로 이루어졌다. 현재의 국가연구개발사업 규정을 따르면 이러한 참여방식은 불가피하다. 사회문제 해결형 연구개발사업 신청자격은 기초연구진흥 및 기술개발지원에 관한 법률에 따라 정부출연연구기관, 대학, 의료법인, 기업부설연구소 등 법률로 정해진 기관 및 단체로 제한되어 있고, 연구책임자 역시 학・연・산 전문가로 규정되어 있다. 따라서 사회적경제조직이 연구주관기관이 되거나 사회적경제조직 대표가 연구책임자가 될 수 없다. 반면 사회문제 해결형 연구개발사업의 과제제안요구서는 개발된 기술의 상용화 및 보급을 위해 사회적 혁신조직을 포함하여 컨소시엄을 구성하도록 요구하고 있어, 사업에 지원하려는 연구책임자는 반드시 이들을 연구단에 포함시켜야 한다(미래창조과학부, 2015).

문제는 이러한 형식의 협업체계를 처음 경험하는 과학기술자들이나 사회적경제조직 모두 서로를 알 기회가 없다는 점이다. 일반적으로 연구단은 연구책임자와 세부과제 책임자 그리고 이들의 지휘 아래 연구를 수행하는 연구원으로 구성되며, 보통 연구책임자와 세부과제책임자는 서로의 연구관심과 연구능력에 대한 이해뿐 아니라 연구책임자를 중심으로 한 오랜 인적 연계에 바탕을 두고 참여하게 된다. 반면 대학이나 정부출연 연구기관의 연구단과 사회적경제조직이라는 이질적 조직의 만남은 서로에 대한 충분한 이해가 동반되지 못한 채, 갑작스러우면서도 상당 정도는 우연히 이루어졌다. 과학기술자들에게 리빙랩이나 사회적경제조직과의 협업은 평소에 전혀 생각해보지 못한 것으로, 대부분 연구재단의 요구에 따라 과제제안서를 작성하면서 급작스럽게 고민하게 된 것이다. 당시 사회문제 해결형 연구개발사업을 관리・감독하면서 전체 과정을 옆에서 지켜보았던 연구재단 담당자는 인터뷰에서 이러한 상황을 "연구자들하고 중간에서 죽을 맛이었다"고 표현하고 있다.

결과적으로 연구단으로 초대되는 모습을 사회적경제조직 담당자는 다음과 같이 설명하고 있다.

> 아마 재원 자체가, 이제 갑자기 제도가 새로 만들어지면서 뭐 사회적 기업이라든가 이런 데와 컨소시엄을 맺어야만 할 수 있게 됐다는 거예요. … [연구책임자에게서] 전화가 왔어요. 근데 그때 어떻게 알고 했냐 했더니 그냥 검색을 했다는 거예요. 인터넷에. … 그런 것[사회적 기업]에 대해서 모르는 입장인데도, 어쨌든 찾아야 한다고 하니까 그냥 막 검색을 하셨는데 그래도, 검색하다 보니까 그래도 의료를 담당하고 있고, 주민참여 형태를 가지고 있고 뭔가, "아 여기가 맞겠다!" 이렇게 생각을 했다는 거예요. 뭐, 사회적 기업이 뭔지 이런 건 전혀 모르시고(사회적경제조직1).
>
> 사회적경제조직을 하면서 알게 된 교수님들이 계신데, 이 격차 해소 연구 과제에서 수주가 되려면 사회적 기업이라든지, 사회적경제조직기업들과 협력을 해야 되는 그런 그게 좀 있어나 봐요. 요구사항에. 그래서 이제 사회적경제조직을 하면서 알게 된 교수님이 소개해 주셔가지고 [참여하게 되었습니다](사회적경제조직2).

사회문제 해결형 연구개발사업에 초대를 받은 사회적경제조직의 반응은 대체로 긍정적이었다.[11] 인터뷰 참가자들은 모두 사회문제 해결형 연구개발사업의 취지가 자신들이 추구하는 가치와 일치하고, 여기에서 요구하는 리빙랩과 같은 활동이 자신들이 그동안 해왔던 활동의 연장선에 있어 망설이지 않고 참여를 결정했다고 답했다. 다음 절에서 좀 더 자세하게 논의하겠지만, 사회적경제조직에게 리빙랩이라는 용어는 낯설어도 리빙랩 활동 자체는 익숙한 것이었다. 아울러 인터뷰 참가자들은 공통적으로 사회문제 해결형 연구개발사업 참여를 자신들의 사업을 확장하는 기회로 여겼다. 이들은 본 사업 참여가 새로운 건축자재에 먼저 접근할 기회, 개발된 안전장비의 판권 확보를 통한 일자리 확대의 기회, 또

11) 물론 연구책임자에 대한 인터뷰에서 얼마나 많은 사회적경제조직을 접촉했었는지, 그리고 초대를 거부한 사회적경제조직들이 있었는지를 물어보지 않았기 때문에 이러한 관찰을 일반화하기는 조심스럽다. 그럼에도 불구하고 적어도 사회문제 해결형 연구개발사업에 참여한 사회적경제조직들에게는 일관된 대답을 들을 수 있었다.

는 만성질환 환자들의 자조 모임을 장기적으로 가져갈 기회를 만들어 줄 것으로 기대했고, 이러한 기대 역시 참여를 결정하게 된 이유 중 하나였다.

그러나 사회적경제조직의 기꺼운 참여가 곧바로 매끄러운 협업 관계를 낳지는 않는다. 연구진의 협업관계는 무엇보다 연구책임자의 성향에 달려 있지만, 연구책임자와 세부과제 책임자의 관계는 대체로 비대칭적인 권력관계를 낳기 쉽다. 게다가 한국 사회에서 대학 교수 또는 정부출연 연구원의 책임급 연구원과 시민사회단체 관계자 사이에는 과학기술지식에서뿐 아니라 사회적 위세에서도 큰 차이가 있다. 이러한 맥락은 국가연구개발사업에 처음 참여하는 사회적경제조직의 대표자들이 연구개발과정에서 적극적이고 독립적으로 의견을 개진하기보다 과학기술자 중심의 연구개발과정에 종속적으로 따르도록 만들 개연성을 높인다. 따라서 사회적경제조직이 연구단에서 다른 연구진과 대등한 위치에서 적극적으로 혁신활동을 수행하기 위해서는 위계적 연구문화의 변화뿐 아니라 이러한 변화를 유도하는 제도적 뒷받침이 필요하다. 여기서 흥미로운 점은 과제제안서에 포함된 요구조건의 역할이다. 사회문제 해결형 연구개발사업의 과제제안요구서는 개발된 기술의 상용화 및 보급을 위해 사회적 혁신조직을 포함하여 컨소시엄을 구성하도록 요구하고 있는데, 이러한 요구조건은 특히 소규모 사회적경제조직에게 참여의 동기를 부여할 뿐 아니라 일정 정도 권력을 부여하는 비의도적인 결과를 낳는다. 다음의 언급은 이러한 모습을 잘 드러내고 있다.

과제 공고 시작부터 그런 게[사회적기업 등과 협업이] 명시화되어 있다는 건, 사실 개인적인 생각으론 사회의 엘리트인 교수님들하고 소통할 때도 덜 주눅 들었던 게 있었던 것 같아요. 이게 당당하게 하나의 주체가 되는 거지 않습니까? 과제 공고부터 그렇게 되어 있으니까. … 한편으로 보면 그게 어떤 자존감을 높여주는, 사회적경제조직의 자존감을 높여주는, 그런 명문화가 좀 장점이 있었던 것 같다. 그렇기 때문에 조금 더 어떤 모티베이션, 동기부여가 됐기 때문에 수동적이 아닌 적극적으로 할 수 있었던 것 같아요. … 왜냐하면 이게 교수님들이 "아, 끼워줄게."라는 것과는 다른 개념인 거잖아요(사회적경제조직2).

그러나 사회문제 해결형 연구개발사업의 얼개가 일정 정도 사회적경제조직의 참여와 역할을 보장하는 것과 전체 기술개발과정에서 사회적경제조직이 얼마나 대등한 위치에서 다른 연구자들과 긴밀하게 협업할 수 있느냐는 또 다른 문제이다. 실제로 연구개발과정에서 수행한 역할에 대한 자부심과 별개로, 전체 연구과정에서 한정된 역할만 할 수 있었다는 아쉬움은 모든 인터뷰에서 공통적으로 배어 나오는 정서다. 한 인터뷰 참가자는 이러한 정서를 장식품이라는 표현을 통해 드러냈다.

사실 그 프로젝트가 이미 원천기술을 가지고 있는 사람 측에서, 사실은 그냥 이쪽에서 이제 무슨 장식품처럼 필요로 하니까 요청을 한 상태였단 말이에요. 그러니까 실제로 개입할 수 있는 여지가 별로 없고 …(사회적경제조직1)

어떠한 협업의 형태가 가장 효과적인가는 일반화하기 어려운 문제이다. 다만 여기에서 강조하고 싶은 바는 제도적 장치가 협업의 형태에 큰 영향을 미칠 수 있다는 점이다. 대표적인 것이 사회적경제조직이 연구주제를 결정하는 데 직접 참여했는지 여부다. 한 사회적경제조직은 이미 과제공고가 나가기 전에 어떤 주제의 과제를 추진할지를 논의하는 모임에 참여했다. 이후 자신들의 활동과 관련된 주제가 선정되어 공고가 나오자 여기에서 함께 논의했던 과학기술자로부터 공동으로 과제지원을 하자는 초대를 받게 되었다. 그 결과 무엇을, 어떻게 연구할 것인가를 논의하는 연구개발의 첫 단계부터 연구책임자를 비롯한 다른 연구진과 긴밀하게 논의할 수 있었다. 아래의 인용에서 보듯, 이러한 경험은 이 사회적경제조직이 전체 사업단의 연구계획이나 진행과정에 상대적으로 더 깊이 개입하고 긴밀한 협업을 이루게 한 중요한 요인 중 하나였던 것으로 보인다.

> ○○○○은 처음에 그 단위가 다 모여서 어떻게 해 보자고 얘기를 하는 단계를 거쳐서 이게 시작이 됐잖아요. 그러니까 역할에 대한 부분도, 그 다음에 예산이 나왔을 때 어떻게 나누어 쓰고 이런 것이 다 어느 정도 얘기가 되고 시작을 했으니까 … 각자들 진행되는 자기 단계에서 진행되는 부분들에 대해서 공유하고, 어떻게 할 건지 의견을 내고, "이래 갖곤 안 될 거 같은데 뭐 좀 어떻게 해 보자." 이렇게 그런 토론의 자리는 계속 있었죠. … 그런데 △△△△은 그런 게 없었으니까. 그냥 그 연구용역 과제의 기본적으로 해야 되는 조건들이 있을 때는 뭐 설명을 해야 되거나 뭘 해야 되니까 다 준비하게 해서 모이고. 주도하는 쪽에서, 연구진들 쪽에서 이제 계속 주도해 가면서 필요한 것이 있을 때만 연락이 오고 요청을 하는 식이라서. 약간 이쪽은 우리가 협업하는 구조면, 이쪽은 그냥 이제 그 하청가는 느낌인거에요(사회적경제조직3).

물론 협업의 형태는 연구책임자의 성격이나 선호, 개발 중인 기술의 성격, 개발 중인 기술에 대한 사회적경제조직의 지식수준 등이 더 크게 영향을 미칠 수 있고, 이 연구는 어떤 식의 협업이 바람직한지를 논의하기 위한 것이 아니다. 그럼에도 불구하고 사회문제 해결형 연구개발사업에 도입된 제도적 장치들이 원래의 목적 외에도 연구개발과정에 커다란 영향을 준다는 이 연구의 발견은 적극적인 시민사회의 참여 유도를 위한 조건에 대한 논의에 중요한 함의를 제시하고 있다.

2) 익숙함과 낯섦

대부분의 사회적경제조직에게 연구개발을 위한 과학기술자들과의 협업은 낯선 경험이다. 게다가 사회문제 해결형 연구개발사업은 구체적으로 리빙랩 형식의 시민사회참여를 요구했고, 기술이 상용화되지 않은 상태에서 사회적경제조직의 임무는 리빙랩을 주도하는 것으로 재정의 되었다. 여기에서 리빙랩은 기술개발과정에서 기술의 사용예정자들이 개발 중인 기술을 실제로 사용하고 그 경험을 바탕으로 한 피드백을 연구자들에게 전달하는 과정을 반복함으로써 기술의 개선을 도모하는 기술개발 방식을 의미한다. 이러한 기술개발 방식은 소비자의 반응을 살피는 것이 중요한 기업의 연구개발과정에서는 크게 낯선 것이 아닐 수 있지만, 공공부문 연구자들에게는 무척 낯선 것이다. 연구자들은 이런 낯섦을 다음과 같이 묘사한다.

> 이 사업[사회문제 해결형 연구개발사업]의 특별한 차이점은 뭐였냐 하면은요, 대상이 사람이었다는 것. 다른 연구과제와 큰 차이점은 리빙랩을 해 본 적이 없어요. 이게 리빙랩 개념이 엄청난 차이예요. 엄청난 차이(연구책임자a).

그러나 과학기술 전문가와 달리 사회적경제조직의 경우 리빙랩을 익숙한 것으로 묘사했다. 아래의 인용이 잘 보여주듯 인터뷰에 참가한 모든 사회적경제조직 관계자들은 공통적으로 비록 리빙랩이라는 용어는 낯설지만 리빙랩 활동 자체는 그들이 늘 해오던 활동과 크게 다르지 않다고 대답했다. 맥락은 저마다 조금씩 다르지만 일반시민들의 의견을 듣고 이를 자신들의 활동에 반영하는 일은 이들 조직의 일상적인 활동이라는 것이다. 같은 맥락에서 리빙랩이 아직 보편적으로 알려지지 않은 상황에서 사회문제 해결형 연구개발사업이 사회적경제조직을 연구개발과정에 포함시켜 리빙랩을 주도적으로 조직하고 실행하게 한 것은 적절한 판단으로 보인다.

그 리빙랩이라고 하는 것은 이미 어느 정도 시민참여연구라는 형태로 우리는 많이 알고 있었거든요. 리빙랩이라는 이름을 쓰진 않았죠. 그 당시에는. 시민참여 연구라고 했어요. … 뭐, 과학기술 주민 교육 같은 것도 하고 뭐, 방학 동안에는 여러 가지 프로그램도 해서 시민이나 학생들 참여해서 하는 뭐 연구도 하고 하여튼, 주로 이제 뭐 이런 걸 했단 말이에요. 이제 그런, 그런 바탕 있다 보니까 이제 충분히 쉽게 이해가 됐고, 저는 이제 그냥 그런 흐름의 하나라고 그냥 일단은 생각이 들었어요(사회적경제조직1).

새로운 경험인데 그렇게 뭐 이질적이지는 않았어요. 왜냐하면 취약계층분들하고 항상 소통하고, 어울리고 협업을 해 나갔기 때문에. 제가 이제 사회복지사나 청소년 지도사로 근무했던 경험도 있고 하니까 취약계층분들 모시고 사업을 해서 성과를 내는 게 제 일이었어요. 사회복지사로서 그 취약계층분들하고 어울리고 성과를 내면 일방통행식은 안되거든요. 그분들의 자존감도 있고, 그분들의 의견을 꼭 반영해서 해야 하는 거니까 소통하게 될 수밖에 없는 거예요(사회적경제조직2).

리빙랩 자체에서는 저희가 뭘 걱정하진 않았어요. 일반 시장에서는 그런 공사를 하면은 대부분의 빈 집에다가 공사를 하죠. 이사를 나가고 하거나 아파트처럼 지으면 입주하기 전에 공사를 하거나 하는데, 제가 하는 대부분의 공사는 사람이 살고 있는 상태에서 공사를 하고, 그러다 보니까 그런 식의 사업들을 많이 경험이 있는 거죠. … 대부분의 [주거복지]지원들이 한 번에 더 이상의 집수리가 필요 없을 정도로 많은 자금을 투여해주지 않기 때문에 3년에 한번씩, 요번에 요쪽 고치고 다음에 또 고치고 하는 상황이다 보니까 저희들이 주기적으로 그 집들을 자꾸 방문하는 상황이 오는 거예요. 몇 번 방문 하다 보면 그 자체가 어떻게 보면 리빙랩인 거죠(사회적경제조직3).

사회적경제조직 관계자들은 그들이 맡은 역할인 리빙랩 활동은 크게 어렵지 않게 받아들였다고 응답한 반면, 연구과정에서 가장 낯설고 어려웠던 점으로 연구비 관리와 관련된 행정절차를 들었다. "예산을 다루는 거. 연구비 예산을 다루는 거. 국가연구의 예산을 다루는 것에 대한 행정적인 절차나, 회계기준이나 뭐 이런 것들이 꽤 어려웠고 힘들었던 것 같아요."(사회적경제조직1)와 같은 응답은 모든 사회적경제조직 관계자로부터 공통적으로 들을 수 있었던 불평이다.

국가연구비사업에서 경직된 예산집행이나 많은 서류작업에 대한 불평은 일반 과학기술 전문가들도 자주 제기하는 문제이고, 행정절차는 늘 많은 질문이 제기되는 혼란스러운 영역이다. 국민의 세금으로 운영되는 국가연구개발비 사업의 성격상 엄격한 예산집행과 투명성 확보는 필요하다. 하지만 사회문제 해결형 연구개발사업이 사회적경제조직의 참여와 리빙랩이라는 혁신적인 연구개발방식을 시도했으나 이에 맞는 행정절차의 혁신은 이루지 못했다는 비판은 피하기 어렵다. 인터뷰에서는 특히 사회적경제조직에게 예산집행을 포함한 행정절차에 관한 정보가 전혀 제공되지 않았다는 점이 문제로 지적되었다. 연구지원부서를 갖추고 있는 대학이나 공공연구기관과 달리 사회적경제조직은 대부분 소규모일뿐더러 그때까지 국가연구비를 다루어본 경험이 전혀 없다는 현실에 대한 고려가 부족한 것이다. 한 인터뷰 참가자의 지적처럼 연구비 사용에 관한 사전 오리엔테이션만 충분히 제공되었더라도 행정절차와 관련된 사회적경제조직의 부담은 크게 경감될 수 있었을 것이다.

3) 주체별 지향의 차이

과학기술 전문가와 사회적경제조직의 이질성은 혁신과정에서 무엇을 강조하느냐에서도 명확하게 드러난다. 사회적경제조직 관계자는 공통적으로 과학기술 전문가들이 제품을 개발하려는 의지에 비해 상품화에 대한 의지가 상대적으로 약하다고 지적한다. 이들은 처한 위치가 이러한 차이를 낳는다고 믿는다. 즉 연구개발자로서 과학기술자는 연구에 초점이 맞출 수밖에 없는 반면, 사회적경제조직이나 리빙랩에 참여하는 시민들은 실제 제품의 사용이 더 중요하다.

> 왜냐하면 교수님들은 기본적으로 연구하시는 분들이지 않습니까. 어떻게 보면. 연구하시는 분들은 연구하는 걸로 만족을 얻으면 또 거기서 그 이상을 또 생각하셔도 그게 또 약간 다른 거죠. 제품을 연구개발할 때까지의 열정과는. 연구개발된 그 성과를 제품을 만들 때의 열정은 또 교수님들이 갖기가 어려운 것 같더라고요(사회적경제조직2).

> 우리가 생각하기에는 진짜로 아우, 우리가 이제 환자들을 모아서 할 때도 우선 "[환자들이] 의견을 내서, 원하는 상품, 훨씬 더 덜 아픈 주사침을 사용할 수 있다." 이렇게까지 가잖아요. 그렇게 실제로 기획해서, 뭐, 그런 형태로 만들어지고 피드백 과정을 거쳐 생산되고, 그걸 실제로 사용 가능한 영역까지를 설명을 하지만, 사실 연구하는 사람들은 거기까지 생각을... 물론 그 기획안에는 그렇게 다 되어 있지만, 목표는 그게 아닌 거거든요. 그냥 어느 뭐, 개발까지. 예를 들면 이런 거라면 나머지는 책임이 없어. 근데 당사자들은 개발해서 사용하기 위해서 참여하는 거잖아요. 그러니까 최종 목적지가 약간 다른 거예요(사회적경제조직1).

사실 사회문제 해결형 연구개발사업에 참여한 과학기술자들은 기초과학연구자가 아니라 응용·개발연구를 수행하며, 연구결과의 실용화에 대한 의지가 다른 동료 연구자들보다 훨씬 큰 연구자들이다. 인터뷰에서 정부출연연구소 연구자들은 물론 대학교수들도 한결같이 연구의 상용화, 실용화를 강조했고 이를 지향하는 연구가 더 높은 인정을 받아야 한다고 주장했다. 인터뷰에서 과제의 연구책임을 맡은 한 교수는 심지어 연구의 실용화를 대학의 책임으로까지 연결 짓는다. "여기서 개발한 기술을 가지고 사업 활동을 해서 [사회의] 니드를 맞춰주는, 이게 이제 대학의 역할이라고 전 생각하거든요"(연구책임자b). 그러나 사회적경제조직 관계자들의 눈에는 이들이 여전히 실용화를 통한 '문제해결'보다 '연구개발'에 더 초점을 두는 것으로 비치는 것이다.

연구과정에서 실용화에 대한 이들의 의지의 차이는 때로 잠재적인 마찰을 내포하기도 한다. 예를 들어, '야간 작업자의 사고 예방을 위한 자가발전 기술기반 융합형 안전장비 제작 및 실증사업'에서 환경미화원 의복을 담당하는 공무원이 비싸도 좋으니 시제품 50벌을 구매하고 싶다는 의사를 표시했을 때, 사회적경제조직 담당자는 납품 경력을 쌓아 실제 사업화로 나갈 좋은 기회로 여기며 판매를 적극 지지했다. 그러나 과학기술자들은 특허 등 절차의 문제를 들며 이러한 제안에 부정적이었다. 이 일화를 회고하며 사회적경제조직 담당자는 비록 여러 절차적 난관이 있고 견해가 다를 수 있다는 것을 충분히 인정하면서도, '파는 것'에 대한 열정이 큰 기업가라면 이런 기회를 절대 놓치지 않았을 것이라고 아쉬워했다.

과학기술자와 사회적경제조직의 지향점 차이는 과제의 성공 여부에 대한 평가에서도 잘 드러난다. 연구과제가 성공적이었다고 보느냐는 질문에 사회적경제조직 관계자들은 개발된 기술의 '실용화'에 초점을 맞춰 답하는 경향을 보였다. 그들에게 기술의 비교우위나 완성도는 부차적인 문제일 뿐이다. 그 결과 인터뷰에 참여한 모든 사회적경제조직 관계자들은 자신이 함께 수행한 과제를 결과적으로 실패한 것으로 평가했다. "이 사업이 가지는 취지[사회문제 해결]나 거기에 맞춰서 보면 이 사업이 사실은 실패했다"(사회적경제조직3)는 인식을 모두 공유한 것이다. 반면 과학기술자들은 대부분 기술적 성취(작업복의 시인성, 침의 굵기와 길이 등)에 초점을 맞춰 과제가 성공적이었다고 평가했다. 심지어 이번 연구과제에서 아쉬웠던 점을 언급할 때도 과학기술 전문가들은 시간 부족으로 인해 현장 실험이 더 많이 이뤄지지 못해 기술을 좀 더 개량하지 못한 점을 연구과제의 한계로 들었다. 사회문제 해결이라는 과제의 뚜렷한 지향점에도 불구하고 과학기술 전문가들의 초점은 '연구개발'에 의한 사회문제 해결에 맞춰져 있는 것이다.

한편으로 이 연구에서 사례로 삼고 있는 개별 과제의 연구 기간이 2년에 불과하다는 점을 고려한다면, 연구책임자들이 연구개발에 초점을 맞춘 것을 크게 비난하기 어려워 보인다. 실제로 사회문제 해결형 연구개발 과제의 목표는 기술성숙도(Technology Readiness Level) 7단계인 실제 환경에서 시제품의 성능검증까지 나가는 것이었지 실제적인 상품생산을 기대한 것은 아니었다.[12] 그럼에도 불구하고 연구개발사업을 함께 수행하는 일반 과학기술자와 사회적경제조직 관계자들이 사업에 기대하는 바에 차이가 크다는 점은 향후 유사한 국가연구개발정책을 기획하는 과정에서 중요하게 고려되어야 할 것이다.

12) 현재 과학기술정통부는 사회문제 해결형 연구개발사업의 후속 사업의 하나로 「공공조달 연계형 국민생활연구실증・사업화지원사업」을 통해 우수연구 성과를 초기판매가 가능한 수준까지 실용화를 이루도록 지원하는 사업을 추진하고 있다. 여기에는 사회문제 해결형 연구개발사업에서 이루어진 연구들도 다수 포함되었다.

4) 학습과 성장

사회적경제조직은 실용화에 대한 높은 기대와 지향때문에 참여한 과제를 성공적이지 못했던 것으로 평가했지만, 그렇다고 이들이 국가연구개발과정에 참여한 경험을 부정적으로 인식하는 것은 결코 아니다. 연구개발 참여가 사회적경제조직에 어떤 영향을 미쳤는지를 묻는 질문에 모든 응답자들은 학습과 성장이라는 눈에 띄지 않는 결실을 높게 평가했다. 학습과 성장은 먼저 리빙랩에 참여했던 개인들의 변화에서 잘 드러나는데, 한 인터뷰 참가자는 처음 리빙랩에 참여했던 개인들은 대체로 소극적인 참여자였으나 경험이 쌓이면서 적극적인 주체로 성장하는 모습을 발견할 수 있었다고 보고한다. 처음에는 주어진 기술에 대한 사용 경험을 수동적으로 이야기하다가 차츰 적극적으로 기술의 개선 방향에 대해 논의해 나갔고, 나중에는 연구진이 요청하지도 않은 부분들까지도 먼저 고민하는 모습으로 발전해 나갔다는 것이다. 다음 언급은 이러한 모습을 잘 드러내고 있다.

> 또 리빙랩을 하면 시행착오를 겪고, 또 절차를 밟아야 하는데, 이분들은 어떻게 보면, 훈련되어 있다는 표현이 적절한지 모르겠지만 트레이닝이 되어있는 것이거든요. … 같이 노력하고 소통하면서 입어보고 의견을 반영하고 또 우리가 연구개발할 수 있는 교수님들이 또 빨리빨리 움직여서 제품을 중간에 또 만들어서 개선해서 개량한 걸 계속 만들어내니까, 이 부분이 그러니까 나아지는 게 있었던 거예요. 뭐든지 처음에는 접하기가 귀찮으신 분들도 접해본 다음에 좋다고 하면 이분들도 '어? 좀 좋네?' '어? 더 말하니까 말했던 대로 또 약간 제품이 개량돼서 나오네?' 그러니까 적극적으로 변하시는 거예요. … 그냥 주는 대로 받고, 그냥 일하고. 떨어지면 해달라고 하고. 그런 차원. 어떤 일차원적인 차원이었지만, 이제는 아니라는 거. '아, 이게 좋은 거구나' 그러면서 고민도 하는 거예요. '그런데 이게 비싸면 안 사주실 거야. 값이 또 싸야 돼.' 오히려 거꾸로 가격을 그럼 싸게 만들 수 있는 거냐. 이 제품으로. 어떤 가격까지 걱정을 하게 되시는 거죠(사회적경제조직2).

이러한 학습 경험은 사회문제 해결형 연구개발사업에 참여했던 이들이 더 쉽게 유사한 사업에 참여하도록 만든다. 리빙랩에 참여했던 이들이 무작위로 선정되어 모인 개인들이 아니라 같은 지역, 직장, 조직 등에 속한 공동체라는 점이 중요하다. 무작위로 선정된 개인이 또 다른 연구개발사업에 참여할 가능성은 희박한 반면, 특정한 공통분모를 갖는 집단이 또 다른 연구개발사업에 지원하여 참여할 수 있는 여지는 훨씬 크다. 사회적경제조직과 리빙랩을 활용한 국가연구개발사업이 시민사회가 축적한 집단적 혁신역량을 지속적으로 성장시킬 수 있는 계기를 만들어 주는 것이다. 한 사회적경제조직 관계자의 설명은 이러한 가능성을 잘 보여준다.

왜냐면 그때 참여했던 분들이 계속 사실은 이후 다른 방식으로 자조 모임이나 만성질환관리 시범사업에 참여하거든요. 정부에서 하는 보험공단을 중심으로 하는 만성질환관리 시범사업을 하고 있는데, 사실 그때 참여했던 환자분들이 다 또 지금 이 시범사업에 참여하게 되고 그래요. … 다른 환자들하고 달리, 한걸음 약간 더 앞서 있어요. 느낌이 이분하고는 이제 무슨 문제든 이분하고는 뭔가 의논할 수 있는 거야. 예를 들어서, “이런 사업 있으니까 이렇게 해서 해 보자.” 그러면 딱 개념이 오는 거야. 아~ 그러면 그렇게 하면 돼. 참여해보자. 이러는 게 쉽게 되는 거예요 (사회적경제조직1).

학습과 성장은 조직 차원에서도 발견된다. 한 사회적경제조직의 관계자는 사회문제 해결형 연구개발에 참여한 후 연구개발이 그렇게 추상적이고 과학기술 전문가들만 수행하는 것이 아니라 자신들도 충분히 관여하고 시도해볼 만하다는 것을 깨달았다고 말한다. 국가연구개발 참여가 “[연구개발이] 남의 나라 얘기는 아니다. 이제 그런 거를 알게 된 계기가 되었다.”는 것이다(사회적경제조직3). 현재 이 조직은 테스트베드를 담당할 하위부서 설립 여부를 고민 중이다.

더 나아가 이번 사회문제 해결형 연구개발사업 참여를 계기로 다른 연구개발사업에 적극적으로 참여한 사회적경제조직도 있었다. 민들레 조합이 대표적인데, 이 사회적경제조직은 사회문제 해결형 연구개발사업 참여 경험을 바탕으로 사회복지공동모금회, 산업자원부, 일반 기업 등이 수행하는 유사한 사업에 참여하게 되었다. 일례로 민들레 조합은 산하 주민참여증진센터를 통해 ㈜디멘드가 개발한 낙상 및 치매예방 애플리케이션 '웰패밀리하우스'의 실증사업에 참여했다. 청장년층 건강 리더들이 노년층과 짝을 이뤄 기업이 개발한 IT 애플리케이션을 일정 기간 활용해보고 결과를 피드백해 주는 사업인데, 민들레 조합이 사회문제 해결형 연구개발사업에 참여한 경험을 알게 된 기업이 협업을 요청하고 사업비를 제공해 참여가 이루어졌다(민들레의료복지사회적협동조합, 2019).

더 적극적인 모습은 사회적경제조직이 과제를 제안하고 공모 과정을 거쳐 과제를 수주하는 경험에서 찾을 수 있다. 산자부는 국가균형발전특별법에 근거해 각 광역지치단체 별로 커뮤니티비즈니스 활성화 사업을 추진했다. 2018년 대전시는 사회적경제 중간지원조직인 사회적경제연구원을 통해 이 사업에 적합한 주제를 물색했는데, 민들레 조합은 여기에 참여해 주민참여 커뮤니티 케어 시스템 개발이라는 아이디어를 냈다. 후에 경쟁을 통해 이 아이디어가 선정되어 과제공고가 나가게 되었고, 민들레 조합이 다른 기관들과 함께 컨소시엄을 결성해 지원한 과제가 선정되어 사업참여기관이 되었다. 비록 주관기관은 아니지만 민들레 조합은 충남대 주관의 R&D 사업 "주민참여 커뮤니티 케어 시스템 지원 ICT 통합솔루션 개발"과 사회적경제연구원 주관의 비R&D사업 "주민참여 커뮤니티케어 기반 조성과 의료・건강 지원 커뮤니티 비즈니스 생태계 구축"에 모두 참여하고 있다. 과제 주제에 관한 아이디어 수립에서 실제 연구개발과정에 이르는 모든 과정에 핵심적인 역할을 수행하게 된 것이다. 사회문제 해결형 연구개발사업 참여를 통해 얻은 학습경험이 이어지는 새로운 사업들에 참여하는 데 중요한 역할을 했던 것이다.

한편 사회적경제조직의 학습과 성장의 경험과 별개로 과학기술자들이 이들과의 협업을 통해 얻은 결과를 어떻게 판단하는지 역시 시민사회단체의 연구개발 참여의 미래를 가늠해보는 데 중요하다. 일반적으로 사회적경제기업과의 협업에 대한 평가는 이들과 함께 수행한 리빙랩에 대한 평가와 분리되지 않았다. 이 연구의 사례가 되는 각 프로젝트의 연구책임자들은 모두 처음에는 수동적으로 과업지시서에 따라 사회적경제기업과 협업을 통해 리빙랩을 수행했지만, 이러한 과정을 통해 자신들의 연구와 그 결과물을 실제로 사용할 소비자들의 요구조건과의 간극을 깨닫는 기회가 되었다고 말한다. 이러한 반응은 아무래도 실용화보다 연구에 주안점을 두어왔던 대학의 연구자들에게서 더 두드러지게 나타났다. 일례로 당뇨병 환자를 위한 인슐린 주사바늘을 개발하던 대학의 연구팀은 리빙랩과 사회적경제기업과의 논의를 통해 주사바늘 대신 편의성을 높인 주사침 개발로 방향을 전환했다. 이러한 경험을 이야기하며 이 연구팀을 이끌던 과학기술자는 "사이언스와 테크놀로지를 하는 사람들이 뭘 만들 때, 소사이어티와 커뮤니케이션이 부족했는데 사회적경제기업과 리빙랩이 이러한 부족을 채워주었다"고 고백한다(연구책임자b). 나아가 또 다른 대학의 연구자는 사회문제 해결형 연구개발사업 이후 자신이 수주받은 다른 연구프로젝트에 유사한 형태의 시민참여를 스스로 도입했다. 따라서 적어도 사회적경제기업의 활동이 상대적으로 활발했던 사례에서는 사회적경제기업과 전통적인 과학기술자 모두 학습과 성장을 이룰 수 있었던 것으로 보인다.[13)]

13) 사회문제 해결형 연구개발사업을 경험한 후 이루어진 연구팀의 변화에 관한 좀 더 자세한 논의는 송위진・성지은(2018)을 참조할 것. 물론 다른 경험들과 마찬가지로 제한된 사례에서 도출된 이러한 결론을 전체 사회적경제기업, 과학기술자로 일반화하는 것은 주의를 요한다.

4 결론: 정책적 함의와 과제

PROSO 연구결과가 보여주듯 과학기술혁신과정에 일반시민과 시민사회단체의 효과적인 참여를 가로막는 요인들은 대부분 과학기술자사회와 시민사회의 차이를 충분히 고려하지 못한 채 과학기술혁신정책이 실행되는 데서 비롯되었다. 따라서 특히 사회문제 해결형 연구개발사업처럼 시민사회의 참여를 강조하는 국가연구개발정책은 경험적인 사례연구를 통해 과학기술 전문가와 시민사회 간의 기대와 지향의 차이, 그리고 이로 인해 불거질 수 있는 잠재적인 마찰에 주목할 필요가 있다. 이런 면에서 최근 사회문제 해결형 연구개발사업의 구체적인 개별 사업에 관한 경험적 사례연구가 누적되기 시작한 것은 고무적이다(성지은・정서화・한규영, 2018; 송위진・성지은, 2018).

이 연구 역시 같은 맥락에서 그동안 혁신정책 연구자들의 관심에서 비켜나 있었던 사회적경제조직의 국가연구개발사업 참여 경험을 탐구하였다. 특히 사회적경제조직이 한국의 국가 연구개발사업의 주체 중 하나로 혁신활동에 참여한 경험이 사회문제 해결형 연구개발사업에서 처음 나타났고 따라서 이들의 활동에 관한 개념적・경험적 선행연구를 찾기 어려우므로, 이 연구는 귀납적인 방법으로 각 사례의 경험에서 나타나는 패턴과 주제를 찾고자 했다. 이 연구의 사례에서 발견되는 공통적인 경험은 포용적인 사회적 혁신을 지향하는 국가연구개발정책의 발전에 몇 가지 중요한 함의를 내포하고 있다.

첫째, 사회적경제조직을 포함한 시민사회단체가 연구주제 및 연구단 선정절차를 포함한 혁신활동의 시작부터 참여할 수 있도록 제도적 장치를 강화할 필요가 있다. 앞서 PROSO 연구가 잘 보여주듯 특히 시민사회단체의 적극적인 참여를 유도하기 위해서는 시민사회단체가 과학기술혁신활동 참여를 자신들의 이해관계와 일치하는 것으로 인식하고 과학기술자들의 동기나 의도를 신뢰하는 것이 중요하다(PROSO, 2018). 이를 위해서는 사회적경제조직을 포함한 시민사회단체가 이미 주어진 과제에 초대받는 형식보다 과제의 주제뿐 아니라 과제에 지원한 연구단을 선정하는 절차부터 참여하는 것이 크게 유리할 것이다.

물론 지금도 "사회문제 해결형 R&D사업 운영관리 가이드라인"은 다양한 주체의 참여를 통한 우선적인 해결 문제 선정을 강조하고 있다. 그러나 현실에서는 시민사회보다 과학기술 전문가들의 목소리가 더 크게 반영되어 자신들이 이미 가지고 있는 기술을 '적용할' 사회문제를 선정하는 경향이 크다. 또한 연구 주제를 정하는 자리에 일부 시민사회단체 대표가 참여하지만, 실제 과제를 선정하는 자리에는 전문가들만 참여하고 있다. 이러한 제약은 이 연구에서 보듯 사회적경제조직이 자신들의 참여를 단지 정부 부처나 과학기술자들의 연구개발 활동을 돋보이게 하는 장식물로 인식하도록 만들고, 그 결과 수동적인 참여로 자신들의 역할을 한정하는 경향을 낳는다. 따라서 연구주제 및 연구단 선정절차를 포함한 혁신활동의 시작부터 다양한 시민사회의 주체들이 참여하도록 보장하는 것은 단지 당위적인 차원의 문제가 아니라 이들이 적극적인 연구혁신의 주체로 나서도록 하는 데도 긴요하다.

둘째, 한 걸음 더 나아가 시민사회단체가 자신의 생활문제를 해결하는 기술개발 자체의 주체가 될 수 있도록 국가연구개발비 지원 대상을 확대하는 정책도 고려할 필요가 있다. 현재 전 세계적으로 대학이나 정부 혹은 기업연구소가 아닌 비전통적인 혁신 주체들을 중심으로 한 다양한 혁신활동이 활발하게 진행 중이다(박노윤・이윤수, 2015; Rajasekaran, 2016). 그러나 대부분 사회에서 국가연구개발사업의 주관기관은 여전히 대학, 정부출연연구소, 기업연구소로 한정되어 있었고 과학기술자나 전문가만 연구책임자가 될 수 있다. 그러나 사회문제 해결형 연구개발사업처럼 국민의 생활문제를 해결하는 것이 주된 목적인 사업이라면 오히려 시민사회단체가 혁신의 핵심주체가 될 수 있다는 발상의 전환도 필요하다. 이 연구의 결과가 시사하듯 사회경제적조직은 생활문제에 민감할뿐더러 실질적인 문제해결에 초점을 맞추는 경향이 뚜렷하다. 따라서 상대적으로 연구에 초점을 맞추는 과학기술자들이 중심이 되는 것보다 이들이 혁신과정의 중심이 되는 것이 연구의 실용화를 낳는 데 더 유리할 수도 있다. 유사한 맥락에서 캐나다 정부는 포용적 혁신을 촉진하기 위해 2015년 이래 산하 연구비 공여기관 Mitacs의 연구비 공여 대상에 비영리기관을 포함하기 시작했다(Rajasekaran, 2017).

셋째, 사회적경제조직과 과학기술자들이 서로의 관심과 활동을 알 수 있도록 네트워크 구축을 도울 필요가 있다. 일반적인 공동연구는 연구책임자를 중심으로 한 오랜 인적 네트워크에 바탕을 두고 있다. 반면 이질적인 주체인 사회적경제조직 관계자들과 과학기술 전문가들이 이러한 네트워크를 갖기는 어렵다. 따라서 사회문제 해결형 연구개발사업을 효율적으로 수행하기 위해서는 공통의 문제에 관심을 갖는 과학기술자와 시민사회 관계자들이 함께 논의할 기회가 많아져야 하고, 이러한 교류를 통해 의도적이든 비의도적이든 활발한 네트워킹이 이루어질 필요가 있다. 이러한 네트워킹의 자리는 많을수록 좋겠지만 적어도 해당 연도의 연구주제가 결정되면 그 주제를 중심으로 한 토론의 자리를 연구비 공여 정부기관이나 부처에서 적극적으로 마련할 수 있을 것이다.

넷째, 유사한 맥락에서 실질적인 사회문제 해결까지 이어지려면 민·산·학·연·관이 지속적으로 만날 수 있는 플랫폼 구축이 중요한 과제이다. 단순설문조사나 일회성 만남만으로는 당초 계획한 사회문제 해결까지 이어지기가 어렵다.[14] 연구개발사업이 끝나더라도 참여했던 전문가와 시민조직, 사회적경제조직, 기업들의 관계가 계속 이어질 경우 사회문제 해결형 혁신생태계가 만들어지는 전략적 맹아가 될 수 있다. 사회적경제조직은 본질적으로 신뢰·연대·협력 등 사회적 가치를 강조하고 있으므로 이러한 연구개발 활동을 통해 공공성·대표성·전문성을 확보할 경우, 다양한 사회문제를 해결하는 중요한 축을 담당할 뿐만 아니라 이들의 경험과 지식이 축적될 경우 새로운 가치를 창출하고 사회를 혁신할 수 있는 플랫폼으로 발전할 수 있다. 이러한 변화를 반영하듯, 최근 부산, 대구, 광주, 전라북도 등에서는 지역별 리빙랩 네트워크를 구축하여 지자체, 산·학·연, 사회적경제

14) 수요자의 의견수렴이 상대적으로 활발하다는 사회문제 해결형 기술개발사업·재난안전플랫폼 리빙랩의 경우에도 단순설문조사(58.8%), 일회성 현장방문(5.9%), 워크숍이 5.9%를 차지하고 있으며, 사용자 및 시민사회의 조직화나 지속가능한 플랫폼 구축과는 요원한 상황이다(성지은 외, 2017).

조직 등이 지속적으로 만나 함께 문제를 풀기 위한 기반을 마련[15)]해 나가고 있다.

다섯째, 사회적경제조직을 비롯한 비전통적인 혁신 주체들이 경험하는 낯선 환경에 대한 이해와 고려가 정책실천 과정에 보다 세심하게 반영될 필요가 있다. 이 연구결과에서 반복적으로 언급된 연구비정산문제는 대표적인 예다. 일반 대학이나 정부출연연구소와 달리 대부분의 중소규모 사회적경제조직은 이를 전담할 조직이나 경험이 없다. 상대적으로 국가연구개발사업에 익숙한 교수나 연구원들에게서도 연구비와 관련된 복잡한 행정절차에 관한 불만이 끊이지 않는다는 점을 고려하면 비전통적인 혁신 주체들이 낯선 행정적 절차에 당황할 것이라는 점은 쉽게 예측할 수 있었다. 따라서 이들을 위한 오리엔테이션과 행정 컨설팅 제공이 필요하며, 행정절차를 가능한 간소화하려는 노력이 필요하다. PROSO 보고서도 지적하듯 연구비 수주 및 관리를 포함한 연구 과정 전반에 관한 정보 부족은 시민사회단체의 연구개발 참여를 주저하게 만드는 주요 원인 중 하나이다(PROSO, 2018).

여섯째, 사회적경제조직의 혁신활동 경험은 초기 단계이다. 최근 사회적경제조직의 연구개발 참여 필요성이 강조되고 있으나 기존 연구개발체계 내에서 진행되다 보니 한계를 드러내고 있다. 따라서 각 사업의 활동을 체계적으로 분석·정리해서 지속적으로 학습하는 메커니즘이 필요하다. 우선 각 사업에서 진행된 사회적경제조직의 활동과 역할은 무엇이고, 보완·개선 사항은 무엇인가에 대한 지속적인 모니터링 및 평가가 필요하다. 또한 사회적경제조직의 혁신활동을 촉진할 수 있는 조례·규칙 정립 등의 제도적 지원과 행정적·재정적 지원도 뒤따라야 한다. 나아가 이와 관련된 운영 매뉴얼과 교육프로그램 등을 보다 구체적으로 제시하여 혁신활동에 대한 진입 장벽을 낮춰 참여를 확대해 나갈 필요가 있다.

15) 이러한 플랫폼이 초기 개발사업에 참여했던 소수 관계자만의 폐쇄적인 네트워크가 되지 않고 사회문제 해결을 위한 연구개발 활동에 관심이 있는 모든 개인과 조직에 개방된 네트워크가 되도록 주의할 필요가 있다. 즉 플랫폼의 목적은 초기 참여자들의 경험과 지식을 지속해서 발전시킬 뿐 아니라 이를 다른 조직들과 공유함으로써 한국 사회 전반의 혁신역량을 강화해 나가야 한다.

마지막으로 본 연구의 한계와 후속 연구의 방향을 살펴보면 다음과 같다. 먼저 본 사례에서의 사회적경제조직 경험을 일반화하기에는 한계가 있다. 사회문제 해결형 연구개발사업이 아직 초기라 다양한 시행착오를 겪고 있는 단계이며, 실제로 이 연구가 분석한 사례 수도 적기 때문이다. 앞서 언급했듯 이 연구는 사회적경제조직이 상대적으로 적극적인 활동을 수행한 사례들에서 서로 다른 주체가 만나 공통의 협업을 이끌어낼 때 나타나는 어려움과 한계를 심층적인 인터뷰를 통해 도출했다는 점에서 의의를 찾을 수 있다. 하지만 개별 사회문제 해결형 연구개발 과제에 따라 사회적경제조직의 역할이 크게 달랐다는 점을 다시 한번 환기할 필요가 있다. 일부 과제에서는 사회적경제조직의 활동이 일종의 수요자 만족도 조사 활동에 머문 반면, 일부 과제에서는 리빙랩 활동을 실질적으로 주도하는 등 역할에 큰 차이를 보였기 때문에다. 따라서 앞으로 사회적경제조직의 경험을 보다 일반화 가능한 형태로 분석하기 위해서는 이들의 활동이 활발했던 사례와 그렇지 못했던 사례의 비교를 통해 사회적경제조직이 어떠한 조건 아래에서 활발하게 활동하고 생산적인 결과를 산출할 수 있었는지를 탐구하는 후속 연구가 필요하다.

또한 기존 R&D 시스템에 대한 전면적인 재검토 없이 새로운 실험이 실제 가능한가에 대한 심도 있는 점검이 필요하다. 현재 본 사업은 과기부의 소규모 실험 사업으로서 새로운 R&D 모델을 실험하고 '실행을 통한 학습'을 통해 다른 부처로 확산하는 패턴 메이커 역할을 하고 있다. 기존 R&D체계 내에서 새로운 실험이 이뤄지면서 기존 제도권과의 충돌 양상도 나타나고 있다. 이에 대한 체계적인 분석 및 점검이 후속 연구에서 이루어져야 할 것이다.

제9장

일선행정의 혁신과 리빙랩: 치안현장 문제해결을 위한 폴리스랩사업

정병걸 · 성지은

리빙랩이 새로운 개방형 · 참여형 혁신모델로 관심을 모으면서(성지은 외, 2019: 13) 다양한 리빙랩이 시도되고 있다. 리빙랩이 모든 방법론을 담아낼 수는 없지만(Schuurmann, 2015: 24) 일선행정의 문제 해결에 활용될 여지는 많다. 치안업무는 대표적 일선행정업무로 최근 주요 범죄 근절에 수사역량을 집중하면서 기초치안은 크게 호전되었지만, 국민의 불안감은 여전히 높다(백동수, 2019: 9). 생활 주변의 작은 치안문제에 대한 불안은 여전하기 때문이다(하성도 외, 2017: 2).

폴리스랩사업으로 불리는 「치안맞춤형 현장연구개발사업」은 경찰, 국민, 연구자 등이 연구개발과 실증에 참여하여 현장적용성이 높은 성과물을 개발하여 국민 안전을 강화하는 것이 목표인 사업이다. 정부부문에서 기술 활용은 지속적으로 이루어져 왔지만 일선 관료가 겪는 일상적 문제 해결을 위한 기술개발은 드물다. 폴리스랩사업은 리빙랩을 활용하는 사업으로 일선 관료가 혁신을 주도한다는 점에서 기존의 일선행정의 혁신과는 근본적으로 다른 방식과 접근의 사업이다. 따라서 공공의 문제해결을 위한 일선행정의 혁신에서 리빙랩의 활용가능성과 리빙랩을 통한 혁신의 과정에서 사용자로서의 관료의 역할을 어떻게 설정할 것인가를 살펴볼 수 있는 중요한 사례라고 할 수 있다.

폴리스랩사업은 지속사업이지만 2018년 선정과제는 실질적 연구개발이 완료되었기 때문에 2018년 선정된 폴리스랩사업을 중심으로 일선행정 문제해결에 리빙랩의 활용가능성을 살펴본다. 분석을 위한 자료로는 사업계획서, 보고서 등 문헌 자료와 사업 참여자와 사업단 관계자 인터뷰 내용 등을 활용했다. 구체적 연구 내용은 다음과 같다.

첫째, 폴리스랩사업의 성격과 특성을 살펴본다. 특히 리빙랩 방식이 적용된 폴리스랩 사업이 기존에 추진되었던 치안연구개발사업과 어떤 차이가 있는지에 초점을 맞춰 살펴본다. 둘째, 일선행정 문제해결을 위한 혁신방법론으로서 폴리스랩이 어떻게 활용되는지를 살펴본다. 리빙랩 활용을 위한 방법론은 다양하지만(Almirall, et al., 2012; Corallo, Latino, & Neglia, 2013) 리립랩의 활동 단계는 크게 기획, 공동창조, 실행으로 구분된다(성지은 · 정병걸, 2017: 18). 리빙랩 운영기획, 대안탐색, 대안실험, 대안평가로 구분하기도 하는데(성지은 외, 2019: 21-22). 대안의 탐색과 실험, 평가 등은 공동창조에 해당하는 것으로 볼 수 있다. 리빙랩의 효과적 운영을 위한 리빙랩 운영기획 단계에서는 해결해야 할 문제를 구체화하는 탐색 활동이 이루어진다. 이 단계에서는 추진체제를 설계하고 참여할 사용자 그룹을 선정하며, 리빙랩 운영 장소와 설치해야할 장비를 정한다. 여기에서도 기획, 공동창조, 실행 단계로 구분하여 폴리스랩의 활동을 살펴본다. 셋째, 폴리스랩 사례를 통해 일선행정 혁신방법으로서 리빙랩의 활용 가능성과 함의에 대해 살펴본다. 리빙랩을 일선행정 문제해결에 활용하는 과정에서 나타나는 문제나 고려사항은 무엇인지도 살펴본다.

1 일선행정과 리빙랩

1) 일선행정과 일선 관료

일선 관료는 정부 정책이 최종적으로 전달되는 집행현장에서 정책대상과 직접 접촉하면서 업무를 수행한다(Moore, 1987). 일선 관료는 학교, 경찰, 복지기관, 하급법원, 법률서비스기관 등에 근무하는 이들로(Lipsky, 1980: 3) 인원수나 정부예산 중 인건비 비중이 높으며 그만큼 중요한 역할을 한다(조일홍, 2013: 199). 첫째, 일선 관료는 시민의 일상생활에 중대한 영향을 미친다(조일홍, 2013: 200; 김서용, 2017: 32). 정부를 대신하여 정책을 시민에게 직접 전달하는 존재로(Lipsky, 1980) 분배와 재분배 역할까지 한다(김서용, 2017: 32). 취약계층의 삶에 큰 영향을 미치며(Lipsky, 1980), 공공서비스 의존도가 높은 서민층일수록, 복지행정이 발전할수록 역할이 커진다(조일홍, 2013: 200). 둘째, 정부의 공공정책은 일선 관료를 통해 구현된다(Lipsky, 1980; 김서용, 2017: 32). 일선 관료의 개인적 의사결정이 모여 소속기관의 정책이 되기 때문에 이들이 재량권을 어떻게 사용하는지에 따라 공공정책이 정해진다(조일홍, 2013: 200). 셋째, 행정 성과와 국민의 정부신뢰나 평가를 좌우한다. 일선 관료의 감정은 행정품질과 고객만족을 좌우하며, 정부성과와 경쟁력을 결정하는 주요 요인이다(Guy & Newman, 2004: 289). 국민들은 일선 관료와의 접촉 경험을 통해 정부를 평가하기 때문에 정부에 대한 국민 신뢰가 결정되기도 한다.

일선 관료는 업무 수행과정에서 자원 부족이나 사기를 저하시키는 업무환경 때문에 어려움을 겪기도 한다(Lipsky, 1980; 조일홍, 2013: 202). 업무량에 비해 자원이나 수단 부족에 시달리는 경우도 많다. 자료 수집이나 의사결정 준비 시간이 절대적으로 부족하고 만성적 인력부족에 시달리기도 한다(조일홍, 2013: 201). 대부분 일선 관료가 시민을 지배하는 비대칭적 관계를 암묵적으로 설정하지만, 일선 관료는 시민에게 서비스를 제공하는 서비스 노동자이기도 하다(김서용・박천희, 2017). 모든 시민이 일선 관료에 우호적인 협조자가 아니기 때문에(Guy & Newman, 2004: 290) 감정노동에 무방비로 노출되기도 한다(김상구, 2009: 52).

일선 관료가 어려움 속에서 업무를 수행하지만 관료에 대한 일반적 평가는 매우 부정적이다(윤견수, 2011; 이건 · 이도석, 2018: 210). 민간기업 종사자에 비해 이타적이며 공직봉사동기가 높다는 평가(이건 · 이도석, 2018)에도 불구하고 이기적 사익 추구자로 폄하되기도 한다(Downs, 1967; Niskanen, 1971). 신공공관리론의 확산으로 고객의 중요성이 강조되면서 고객인 시민이 우위에 서게 되고 관료는 개혁 대상으로 인식되고 있다. 재량을 왜곡하고(이철주 · 한승주, 2014) 규정 변용(rule bending)을 일삼는 부정적 존재(임도빈 · 조원혁 · 정현정, 2012)로 인식되는 상황에서 일선 관료는 개혁의 주체가 아닌 대상이 될 수밖에 없다. 따라서 일선 관료가 행정의 혁신 주체로 인식되거나 혁신을 주도하는 경우는 찾아보기 어렵다.

2) 공공문제로서 치안과 과학기술

안전은 인간의 기본적 욕구로 최소정부를 최고의 정부로 보는 자유주의자들조차 정부의 기본적 역할로 인식할 정도로 치안은 정부의 중요한 역할이다. 과학기술의 발전은 범죄 양상을 변화시키기도 하지만 범죄 수법의 고도화와 지능화에 대처하는 새로운 수단을 제공해주기도 한다. 예를 들면 범죄 분석, 범인 인식, 증거수집, 정보처리, 훈련 등을 목적으로 다양한 유형의 기술이 활용된다(Manning, 2003; Lockheed Martin Corporation, 2009; 김연수 · 권창국, 2014: 20-24). 첨단화, 지능화, 광역화, 비가시화 등 미래사회 범죄의 특성 변화(임춘택 외, 2015; 김연수 외, 2018: 137)와 이러한 치안 환경 변화에 대응하기 위해서는 범죄 관련 지식 축적과 대응을 위한 연구개발이 필요하다. 스마트 폴리싱(SMART Policing)이나 디지털 폴리싱(Digital Policing) 등 과학기술을 치안강화에 활용하려는 시도는 빈번하게 이루어지고 있다(하상도 외, 2017: 4). 과학기술과의 융합을 통해 과학수사, 범죄예방 등에 필요한 사전적 또는 사후적 해결책을 발견하고 제공할 수 있기 때문이다. 경찰활동에 활용되는 기술 유형으로는 개인식별기술, 센서 및 감시기술, 범죄분석 및 범죄지도 작성 기술, 훈련기술, 기록관리 및 데이터공유기술, 통신 · 출동 · 상호운용성 기술, 무기 및 장비 · 로봇공학 · 작전 기술 등이 있다(Lockheed Martin Corporation, 2009). 기동기술, 교육훈련기술, 변환기술, 분석기술, 통신기술, 정보처리기술로 구분(Manning, 2003)하기도 한다(김연수 · 권창국, 2014: 20-24).

치안은 공공재적 성격이 강해서 치안 과학기술개발에 민간 투자를 기대하기 어려워 정부가 주도하고 민간이 활용하는 형태가 대부분이다(김연수 · 권창국, 2014). 정부주도의 연구개발은 범죄의 신속한 해결과 시민 보호 및 구제에 초점을 둔다. 그런데 치안을 확보하는 일차적 역할을 담당하는 일선경찰은 치안현장에서 다양한 위협에 처하기도 한다. 범죄의 지능화로 해결하기 어려운 문제에 직면하는 경우도 많다. 따라서 과학기술은 시민을 범죄 위험으로부터 보호하는 것 뿐 아니라 일선행정 집행과정에서 위험과 어려움에 노출되는 경찰관의 안전하고 효과적인 직무 수행에도 기여할 수 있다. 최근에는 경찰 순찰업무, 범행 억제와 범행 발견, 범인 추적과 범인 특정이나 증거 채취 등에 정보통신기술 활용이 적극 추진되고 있다(정재준, 2018: 205).

3) 사회문제 해결형 R&D와 리빙랩

사회문제 해결형 R&D는 건강 · 안전 · 편의 증진 등 삶의 질과 관련된 R&D로, 삶의 질과 관련된 사회문제의 원인 및 현상의 해결 · 개선 · 감소에 기여하는 모든 기술개발 활동을 지칭한다(기획재정부 외, 2013: 4; 미래창조과학부 · 한국과학기술기획평가원, 2016: 3). 사회문제 해결, 수요자 참여형 연구개발, 새로운 사회적 제품 · 서비스 개발 등이 특성인 사회문제 해결형R&D는 과학기술경쟁력 확보, 공급자 위주의 연구개발, 새로운 기술개발과 논문 · 특허 등을 결과물로 하는 전통적 R&D와 큰 차이가 있다(미래창조과학부 · 한국과학기술기획평가원, 2016: 3).

리빙랩[16]은(장용석 외, 2015; 최인수 · 김건위, 2015; 황혜란, 2015; 미래창조과학부 · 한국과학기술기획평가원, 2016; 박봉원 · 유영심, 2016; 임호, 2016; 윤창현, 2018; 성지은 외, 2019) 사회문제 해결 R&D의 핵심 방법론이다. 리빙랩 방식은 기술 · 제품을 먼저 개발하고 활용처를 찾는 기존 혁신모델과 달리 문제를 어떻게 해결하여 어떤 상태에 도달하고 싶은지를 파악하고 실현하는 제품 · 서비스를 개발한다(성지은 외, 2019: 18). 리빙랩은 70여개나 될 만큼 정의가 다양하지만(Leminen, 2015: 15), **사용자 주도의 혁신**, **복수 이해관계자와 공동창조**, **실생활 상황의 실험** 등이 공통적 핵심 내용이다.

첫째, 사용자 주도와 사용자 혁신이다. 리빙랩은 기술이 아닌 사람중심 접근 방법으로(Levén & Holmström, 2012), 제품 · 서비스 개발 초기 단계부터 사용자가 적극 참여하는 사용자 주도 혁신모델(성지은 · 정병걸, 2017: 6)이자 사용자 기반 혁신 플랫폼(성지은 · 한규영 · 박인용, 2016: 7)이다. 전통적 혁신모델에서 사용자는 수동적 소비자지만 리빙랩에서는 전문가들과 함께 문제를 정의하고 대안을 찾는 핵심 주체다(성지은 외, 2019: 18-19). 따라서 연구자는 초기 단계부터 설문조사, 초점집단면접, 합의회의 등을 통해 최종사용자와 소통한다(미래창조과학부 · 한국과학기술기획평가원, 2016: 39). 기술개발을 단일 기관에 맡기는 방식은 성공률은 높지만 결과물의 실용성이 낮은 경우가 많다(강호석, 2018). 하지만 리빙랩은 사용자와 긴밀한 연계를 통해 불확실성을 최소화하고[17](미래창조과학부 · 한국과학기술기획평가원, 2016: 39), 학계, 연구, 산업간 가교 역할을 통해 직접적 사업화 경로 역할을 한다(Azzopardi & Balog, 2011: 36). 이때 사용자 참여는 실용화 성공의 핵심요소다. 리빙랩에서 최종사용자는 정식 출시된 제품이나 서비스를 구매하는 소비자 역할 뿐 아니라 사용성과 유용성 평가, 다른 수요자들에게 널리 알리는 홍보 역할까지 하는 것으로 보기 때문이다(성

---

16) 리빙랩은 현재 문제대응형 민 · 산 · 학 · 관 협력, 문제해결 중심의 지역혁신활동, 스마트 시티와 같은 도시혁신 프로그램 등에도 적용되고 있다(성지은 외, 2019: 13). 2006년 유럽리빙랩네트워크 출범 후 교통, 에너지, 건강, 스마트시티 등을 주제로 전 세계에 약 440개의 리빙랩이 운영되고 있다.

17) 실질적 문제해결을 위해 비영리조직 등 해당 문제에 전문성과 공공성을 가진 조직화된 사용자의 참여를 유도하기도 한다(미래창조과학부 · 한국과학기술기획평가원, 2016: 39).

지은 외, 2019: 18-19).

둘째, 복수 이해관계자가 관여하는 개방성과 공동창조(co-creation)이다. 다양한 관점의 결합은 신속하고 성공적인 개발이나 새로운 시장 발견에 핵심적 역할을 한다(Bergvall-Kåreborn et al., 2009). 따라서 리빙랩은 지속적 상호작용을 통해 다양한 이해관계자의 관점이 반영되도록 개방성을 강조한다(CoreLabs, 2007). 사용자, 기업, 공공부문 등 다양한 행위자간 교차 수정(cross-fertilization)과 개방적 협력을 통해 혁신역량을 강화하는 것이다(Bergvall-Kåreborn et al., 2009). 이러한 개방성을 바탕으로 이해관계자들이 함께 만들어내는 공동창조는 리빙랩의 핵심 가치다(Levén & Holmström, 2012). 리빙랩은 복수 이해관계자가 공동창조에 참여하기 때문에 갈등하는 요구와 상반된 관점 간 충돌을 촉진하는 시스템이다(Lewis, 2000). 이러한 다양한 관점의 충돌과 결합을 통해 좋은 해결책을 만들어 내는 것이다.

셋째, 다른 혁신 방법론과 구별되는 리빙랩의 중요한 특성은 리빙랩이 실생활 상황에서 이루어지는 연구라는 점이다(성지은 · 정병걸, 2017). 실생활 환경은 가정, 회사, 지역 등 혁신과 관련된 실제 활동이나 생활이 이루어지는 모든 환경을 포함한다. 실제 상황 조건에서 혁신이 이루어질 때 시장 등의 요구에 가장 잘 부합하는 혁신이 가능하기 때문이다(CoreLabs, 2007). 실생활 상황의 연구이기 때문에 새로운 수요 발굴에도 유리하다. 일상의 언어나 데이터로 표현할 수 없는 암묵적 수요나 잠재 수요를 발견할 수 있기 때문이다. 또 사용자가 적극적으로 자신의 생활공간에서 수요를 발견하고 시제품을 진화시키면서 수요를 구체화하기 때문이다(성지은 외, 2019: 19). 리빙랩이 진행되는 동안에는 기술적 대안 모색뿐 아니라 법 · 제도 개선, 서비스 구현, 실용화, 공공조달과 관련된 내용도 함께 검토된다(성지은 외, 2019: 13).

2 치안현장 맞춤형 연구개발사업과 폴리스랩

1) 치안문제 해결과 연구개발

최근 경찰관 증원과 예산 증액에 따라 범죄 검거율이 상승하는 성과가 있었지만 국민의 범죄 불안감은 높아지고 있다.[18] 이런 상황에서 국내외적으로 인력투입 중심의 경찰활동 보완과 법집행 효율성 증진을 위해 과학기술 활용을 위한 연구개발이 활발하게 추진되고 있다. 영국 내무부 과학기술국의 범죄퇴치 연구, 일본 과학경찰연구소의 치안연구(백동수, 2019: 10)나 우리나라의 맞춤형 과학기술・장비의 연구개발을 위한 치안과학기술연구개발사업, 국민안전증진기술개발사업, 과학수사 감정기법 연구개발사업, 바이오기반 법과학 원천기술개발사업 등이 이에 해당한다.

최근에는 첨단과학기술과 치안정책의 접목을 위한 연구개발이 활발하게 이루어지고 있다. 빅데이터, 인공지능, 사물인터넷 활용이 상당한 성과를 거두면서(정재준, 2018: 198-199) 우리나라에서도 스마트치안(Smart Policing)으로 치안 패러다임이 전환되고 인터넷, 디지털 등을 활용한 치안역량 고도화가 추진되고 있다. 미국은 데이터 수집・분석을 기반으로 하는 치안문제 해결 방안인 'SMART Policing Initiative(SPI)'를 수립했으며, 빅데이터 기술을 활용한 테러 및 범죄예방시스템 Domain Awareness System(DAS)을 개발, 활용하고 있다(백동수, 2019: 10). 또 Strategies for Policing Innovation(SPI)를 통해 과학기술 활용 성공사례를 발굴하고 유사한 문제가 있는 지역에 적용토록 지원하고 있다(김연수, 2019: 5).

2015년 22억 원 규모로 시작된 우리나라의 치안 R&D사업은 2019년 186억 원으로 규모가 크게 성장했다(김연수, 2019: 5). 그런데 기존의 치안 R&D 사업은 법과학 28%, 교통안전・

18) 2016년 통계청 사회조사에 따르면, 우리 사회가 5년 전보다 안전하다고 믿는 비율은 12.0%에 불과한 반면 위험해졌다는 비율은 50.1%나 된다. 안전을 위협하는 요인의 1위는 범죄(29.7%)로, 이에 대한 불안감은 2010년 63.2%, 2012년 64.2%, 2014년 64.6%, 2016년 67.1%로 높아지고 있다(한국과학기술연구원, 2017).

정보 26%, 과학수사 21% 범죄예방 14% 등 중요범죄 발생 후 증거 수집과 용의자 추적에 필요한 범죄수사 관련 기술개발이 대부분이었다. 이에 따라 치안 R&D와 국민 수요 사이에 간극이 있고 현장에 신속하게 적용되는 실용적 연구는 부족하다(https://www.nrf.re.kr/biz/info/info/view?biz_no=376)는 지적이 제기되고 있다. 이런 문제 인식에 따라 범죄 불안감을 해소하고 실제현장의 문제를 해결하기 위한 사업으로 「치안현장 맞춤형 연구개발사업」이 시작되었다.

2) 사회문제 해결형 R&D로서 「치안현장 맞춤형 연구개발사업」

「치안현장 맞춤형 연구개발사업」은 기술개발이 내용이지만, 산업혁신이 아닌 치안현장 문제해결을 최종목표로 하는 사회문제 해결 R&D사업의 하나다. 국민들은 대형・강력사건뿐 아니라 공동체의 평온을 해칠 수 있는 작은 범죄나 위험 징후의 신속한 해결을 기대한다. 치안관련 사건사고의 대부분은 일상생활에서 발생하며, 112 신고의 97%가 생활형 범죄나 사고다. 2016년 경찰에 접수된 112신고 약 1,950만 건 중 살인, 강도, 납치, 아동학대 등 중요범죄는 약 59만 건으로 3.0%에 불과했다(하성도 외, 2017: 1). 따라서 일상생활에서 발생하는 사건의 신속한 해결이 치안 불안 해소에 더 효과적일 수도 있다. 이에 따라 밤길 여성 안심 귀가를 위한 '여성 안심 귀갓길', 경찰과 지역주민이 협력하는 '아동안전지킴이집', '여성・학생 안전귀가 지원서비스' 등 생활속 치안 불안감 해소를 위한 다양한 대책이 제시되었다.

「치안현장 맞춤형 연구개발사업」은 국민과 현장경찰관의 의견 수용에 그치지 않고 사용자인 경찰관이 적극 참여하여 해결책을 찾아낸다는 점에서 기존의 치안대책과 큰 차이가 있다. 또 아이디어 도출 뿐 아니라 기술개발과정에 경찰관이 직접 참여한다는 점에서 전문가가 주도하는 기존의 치안문제 해결을 위한 R&D 사업과도 큰 차이가 있다. 이 사업은 2018-2020년까지 3년 동안 진행되며 과기정통부와 경찰청이 각각 60억 원을 투입한다. 경찰대상 수요조사(2017년)와 국민대상 설문조사(2018)를 바탕으로 2018년에는 일반과제 5개와 전략과제 1개 등 6개 과제가 선정되었다. 2018년 선정 과제는 다음과 같다(KIST폴리스랩사업단, 2019).

(1) 영상 크라우드소싱 기반 지능형 관제 시스템 개발: 차량 블랙박스 영상제출 과정이 복잡하고 분석시간이 많이 걸리는 문제 해결을 위해 CCTV 외에 차량용 블랙박스, 드론 및 모바일 개인기록 장치 등 모든 영상 장치를 연계・통합하여 활용하는 전시(all-seeing) 시스템 개발이 목표다. 영상제보 효율성 향상과 함께 부적합하거나 조작된 영상을 제외하고 필요 영상만 자동 추천할 수 있도록 블랙박스 영상 자동 요청 및 전송 시스템, CCTV・블랙박스 등 영상 통합 및 인공지능 분석 시스템, 제보요청・영상전송기술 및 차량식별・검색 기술, 영상요약 및 자막작성 등 영상분석 자동화가 주요 개발내용이다.

(2) 버튼식 전개기능이 구현된 초경량 섬유강화 복합소재 방패 개발: 흉기소지자의 공격으로부터 경찰관을 보호할 수 있도록 버튼을 누르면 펴지는 접이식 구조의 방패를 개발하는 사업이다. 방검용 탄소섬유/아라미드섬유 하이브리드 복합소재를 개발하고 이를 활용한 휴대용 접이식 방패를 개발하여 경찰의 신체 방호성 향상과 개발소재의 타산업(스포츠, 의료, 전자 등) 활용을 목적으로 한다.

(3) 성범죄 문제해결 기술개발: 성범죄 추가 피해 방지와 신속한 수사를 위해 성범죄피해자로부터 정확한 진술을 얻는 인공지능 상담형 챗봇(Chat-bot)을 개발하는 것이다. 폭력피해자의 진술을 돕는 비대면 진술 챗봇(상담형 챗봇)을 개발하여 피해자의 심리적 부담을 줄이면서도 피해 특성별로 꼭 필요한 진술을 확보하려는 것이다. 수사진술 데이터를 기반으로 성범죄 질문을 유형화하고, 실제 피해자와의 진술을 위한 대화 시나리오를 설계, 개발하는 것이 주 내용이다.

(4) 모바일 단말기 위치 파악을 위한 통합 측위 연구: 경찰에 신고나 구조 요청 시 위치

파악이 어려운 경우가 많다. 이런 문제 해결을 위해 모바일 단말기 위치를 정확하게 파악하는 정밀 통합위치확인 기술을 개발하는 과제로, 도심 내 50m 이내, 도심 외 200m 이내의 측위 정확도로 모바일 단말기 위치 파악이 가능한 정밀통합측위기법 개발이 목표다. GNSS와 WiFi, LTE를 포함하는 무선 측위 기법을 개발・구현하고 이를 IMU, 지자기 센서, 기압 센서 같이 스마트폰에 탑재된 측위 가능 센서와 융합하는 기술을 개발한다.

(5) 스마트폰 지문식별 및 신원확인 시스템 개발: 치매노인이나 미아 등의 신속한 신원확인을 위해 스마트폰을 활용한 지문식별 및 신원확인 시스템과 기술을 개발하는 사업이다. 모바일 기기를 활용한 비접촉식 지문 스캔과 60초 이내에 신원 확인이 가능한 지문식별・신원확인 시스템 개발이 목표다. 주요 내용은 지문인식, 특징 추출 및 비교를 위한 SW개발 및 경찰이 사용하는 모바일기기와 G/W서버 간 통신플랫폼, 지문데이터 관리 및 분석을 위한 알고리즘 개발이다.

(6) 소형 드론을 활용한 현장 경찰 지원 및 2차 사고 방지 시스템 개발: 경찰청이 자체 선정한 전략과제로, 소형 드론을 활용한 현장 지원과 2차 사고 방지 시스템 개발이 목적이다. 대형교통사고같은 긴급 사건・사고 발생 시 최초 현장 대응과 2차 사고 예방을 동시에 수행하는 것은 매우 어렵다. 따라서 자동 임무수행용 소형 드론을 개발하여 현장상황을 촬영・기록하여 현장경찰을 지원하고, 교통사고 현장에서는 전방의 사고나 정체를 사전 경고하여 2차 사고를 방지하려는 것이다. 정밀 이착륙, 경찰 및 경찰차 인식, 장애물 탐지 및 회피, 경찰 자동추적 및 복귀 등 소형 드론 자동 임무수행 기술개발, 소형 차량휴대용 드론 개발, 경찰차 탑재용 도킹 스테이션 개발, 모바일 GCS 개발, 상황실 관제/미디어 서버 개발 등이 주요 내용이다.

3) 치안현장 문제해결의 장으로서 폴리스랩

「치안현장 맞춤형 연구개발사업」은 국민 공감 이슈를 발굴하고 현장맞춤형 해결책을 창출하는 사업이다(KIST 폴리스랩사업단, 2019: 2). 이 사업의 가장 큰 특징은 연구개발 전과정에 이해관계자 의견을 반영하고 빠른 현장적용을 위해 리빙랩을 활용한다는 점이다. 이를 위해 치안현장에서 발생하는 문제 발굴과 과학기술과 ICT융합을 통한 문제해결 및 실증을 위해 국민, 경찰, 연구자가 협업하는 폴리스랩[19](백동수, 2019: 12-13; KIST 폴리스랩사업단, 2019: 2)을 활용하고 있다. 2018년에는 과제별로 영상 제보 폴리스랩, 접이식 방패 폴리스랩, 성범죄 폴리스랩, 정밀 측위 폴리스랩, 지문 인식 폴리스랩, 드론 시스템 폴리스랩이 설치되었다.

| 표 9-1 | 치안 · 안전R&D사업과 폴리스랩사업 비교

구분	기존 사업	폴리스랩
사업목적	• 치안역량 선진화 • 기술 향상, 성능 향상	• 치안문제 해결 • 실제 현장 문제 해결과 적용
중점분야	• 사후 범죄수사 및 증거 수집 • 중요 · 강력사건 해결	• 생활범죄 · 사고 위험 사전 예방 • 일상생활 주변 사건 · 범죄 대응
개발단계	기초 · 원천-응용 · 개발-실용화	현장 검증을 포함한 실용화
사업기간	장기간(실증 미포함 3~5년)	단기간(실증 포함 2~3년)
사업기획	기술 중심 기획	기술 · 사회 · 치안 통합 기획
연구개발	• 공급자 주도 연구개발 • 기술 융합	• 수요자 주도 연구개발 • 문제해결형융합(기술+인문사회+법제도)
혁신 주체	R&D전문가	R&D전문가, 사용자, 정책전문가
연구결과	논문 · 특허 등	치안 문제해결형 제품 및 서비스

자료 KIST폴리스랩사업단(2019: 5)을 바탕으로 수정

19) 폴리스랩은 치안을 뜻하는 폴리스(Police)와 리빙랩(Living-Lab)의 합성어이다.

치안현장 맞춤형 연구개발사업의 핵심 전략은 치안현장 문제은행 구축·운영, 상시 아이디어 발굴 및 성과 공유·확산, 개방형·맞춤형 선정평가, 폴리스랩 디렉터(PD) 위촉 및 폴리스랩 구축운영, 폴리스랩 네트워크 구축운영, 폴리스랩 운영 시나리오 구축 확산 등이다(KIST 폴리스랩사업단, 2019: 7-9). 이 중에서도 연구자와 사용자간 상호작용 촉진을 위해 실제 환경에서 기술개발이 이루어지는 실증 실험실인 폴리스랩 구축이 핵심 전략이다. 기술은 연구자가 개발하지만 아이디어 제시나 제품·기술 시험 등에는 경찰, 시민, 전문가 등이 함께하는 것이다. 따라서 폴리스랩사업은 사업목적, 중점분야, 연구개발의 성격, 혁신주체, 연구 결과 등에서 기존 사업과 큰 차이가 있다. 특히 연구자 외에 사용자, 정책전문가 등 다양한 이해관계자가 참여하는 사용자 주도 혁신이라는 점에서 큰 차이가 있다.

폴리스랩은 다른 리빙랩과도 차이가 있다. 리빙랩은 공공 또는 기업부문이 지닌 전문성과 시민사회의 시민성을 결합한 사람들과 함께 하는 혁신으로, 전문가 중심 접근과 시민사회중심 접근이라는 이분법적 한계를 넘어서는 모델이다(성지은 외, 2019: 13). 과제에 따라 대학, 연구기관, 기업 등이 연구개발자로 참여하지만 아이디어 개발과 탐색과정에는 수요자인 국민의견이 적극 반영되었다. 하지만 일반적으로 다른 리빙랩에는 시민이 사용자로 참여하지만 폴리스랩사업에는 시민이 아닌 현장경찰관이 사용자이자 혁신 주체로 참여한다는 점에서 차이가 있다.

3 폴리스랩 운영과 활동

1) 폴리스랩 기획

폴리스랩 기획단계에는 문제 구체화, 추진체계 구성, 사용자 선정 등이 이뤄졌다. 문제 구체화는 경찰, 국민, 전문가 대상 수요 확인을 통해 이루어졌다. 폴리스랩사업단은 2015년부터 매년 개최된 '과학치안 아이디어 공모전 우수 아이디어'와 '현장경찰 대상 기술수요 조사' 결과를 취합해 9개의 치안현장 문제 정의서를 만들었다. 폴리스랩 시범사업으로는 국민・연구자 대상 수요조사와 경찰청 수요를 기반으로 경찰・국민이 필요로 하는 공통문제를 도출했다. 현장경찰 R&D지원단 내부 심사를 거쳐 우선 추진과제를 도출하고(KIST 폴리스랩사업단, 2019: 10), 이를 기반으로 연구과제 공모를 진행했다.

폴리스랩사업 과제는 사회문제 해결형 R&D의 성격을 고려해 이미 개발된 기술을 활용하는 치안현장 맞춤형 개선 분야와 범죄・사고 미연 방지와 안전 사각지대를 최소화하는 생활치안 분야를 우선 대상으로 했다. 이에 따라 시급성・적합성・파급성이 큰 국민체감 지향형 기술개발 분야로 한정한 과제 공모가 진행되었다(백동수, 2019: 11). 논문・특허・기술료 같은 정량지표를 최소화하고, 실질적 문제해결 정도 등 문제 해결형 R&D사업의 특성을 반영한 평가를 통해 '18년 6개 과제를 선정하여 8월부터 연구에 착수했다.

폴리스랩 추진체계는 기술개발을 담당하는 연구단, 연구개발을 지원하는 KIST 폴리스랩사업단, 현장경찰로 구성된 폴리스랩 실증단, 이들을 연결하고 연구개발에 대한 멘토링을 하는 폴리스랩 디렉터로 구성된다. 폴리스랩사업단은 국민과 경찰관을 대상으로 과학치안관련 아이디어 공모, 의견 수렴을 통한 시급한 치안연구개발 과제 발굴, 신규 연구 과제 공모・선정, 과제 목표 달성을 위한 지원 역할을 수행한다. 특히 연구자, 폴리스랩 실증단, 폴리스 디렉터의 세 축을 유기적으로 연결하는 역할을 한다. 연구단은 대학과 기업의 연구자로 기술개발을 담당한다. 폴리스랩 디렉터는 치안분야 정책기관인 치안정책연구소 연구위원들로 연구단에 연구개발 방향을 제시하고 관련 법・제도 검토 등을 지원하는 역할을 담당토록 했다. 동시에 실증단과 연구단을 연결하고 조정하는 역할을 담당했다. 사회문제 해결형 R&D를 위한 리빙랩은 전문성과 시민성이 결합된 혁신모델이지만(성지은 외, 2019: 13) 폴리스랩사업에서는 현장경찰관이 사용자로 참여했다. 이에 따라 현장실증관서를 지정하여 사업 수행 초기부터 현장의 요구가 적용될 수 있도록 했다. 실증단에는 과제별 1～3명씩 현장 관서의 담당자를 지정하여 연구자와의 상호작용과 현장실증이 원활하게 이루어지도록 했다. 예를 들면 성폭력 피해자 상담형 챗봇 개발 과제의 경우 여성보호계장과 여성보호 담당경찰관을 배정하는 식이었다. 이들은 연구개발자와 수시로 접촉하면서 의견을 제시하고 실증해주는 역할을 수행했다.

2) 대안탐색/개발을 위한 사용자 혁신과 공동창조

리빙랩은 다양한 참여자를 연계하는 개방형 혁신 네트워크로(Leminen, 2015), 다양한 참여자의 공동창조를 통해 혁신을 만들어 낸다. 공동창조는 단순한 의견 청취가 아니라 문제 규정과 혁신과정을 함께하는 것이다. 현장경찰관은 사용자로 폴리스랩 전 과정에 참여했다. 리빙랩은 혁신 초기단계부터 사용자 관여를 강조하는데(Almirall, Lee, & Wareham, 2012: 15), 최종사용자는 이해관계자이자 공동개발자이며 공동실험자, 채택자, 소비자이다. 수요를 구체화하고, 의미와 비전을 제시하며, 시제품 개발과정에서 적극적 의견 개진으로 프로토타입을 진화시키는 역할을 한다. 또 산・학・연 전문가와 함께 탐색, 실험, 평가를 반복적으로 수행하고 피드백하면서 기술 수용성과 사업화 가능성을 높인다(성지은 외, 2019: 18-19). 궁극적 수요자가 시민이라는 점에서 시민성이 바탕이지만 현장경찰관이 사용자라는 점에서 현장실증관서를 지정하여 사업 수행 초기부터 현장 요구가 적용되도록 했다.

폴리스랩의 공동창조과정에는 현장경찰관 외에 연구자, 치안정책전문가, 기업 등 이 참여했다. 사용자인 현장경찰관은 탐색, 실험, 평가에서 주도적 역할을 함으로써 기술의 수용성을 높였다. 연구자는 현장실증관서를 수시로 방문하여 사용자와 협의하고 연구개발 목표와 내용을 협의, 조정했다. 이에 따라 모든 과제에서 현장경찰관 의견에 따라 연구개발 목표와 내용이 여러 차례 변경되었다. 접이식 방패 개발과제에서는 당초 계획에 없던 고휘도 LED가 부가기능으로 탑재되었다. 순간적으로 범죄자 시야를 방해하면 제압에 도움이 된다는 현장 요구가 수용된 것이다. 영상제보과제에서도 사용자와 협의에 따라 영상 편집 방식이 변경되는 등 사용자 요구에 따라 과제 내용이 지속적으로 조정되었다.

폴리스랩사업에서는 사업 전반의 문제 해결을 위해 사용자(경찰), 수요자(시민), 생산자(연구자・기업)가 참여하는 지속적 협력체계로 폴리스랩 협력 네트워크를 구축하였다. 공동창조를 위해서는 이해관계자들 간 지속적 상호작용이 바탕이 되는 행위자간 공동체 구성과 관리가 중요하기 때문이다(성지은・정병걸, 2017: 19). 멘토링 워크숍, 세미나 등을 진행하여 사업에서 얻은 노하우가 환류되도록 하거나, R&D 전주기에서 혁신 주체간 협력관계 구축을 위해 사전 치안현장 답사, 멘토링 워크숍, 킥오프 회의 등의 상시적 협동 활동이 이루어졌다. 지속적 협력이나 노하우 환류를 위해 인센티브, 임명장 수여 등 사업관심도를 제고하는 방법도 사용되었다(KIST 폴리스랩사업단, 2019: 9).

공동창조과정에서는 경험과 관점에 차이 때문에 연구자와 현장경찰관간에 연구개발 내용 등을 둘러싼 의견 차이가 발생하기도 했다. 폴리스랩 디렉터는 현장경찰관의 추가 기능 요구와 그것이 과도한 요구라는 연구자 불만이 충돌하는 갈등상황에서 의견을 조정하여 합의점을 도출하는 역할을 수행했다. 또 과기부, 현장관서, 경찰청을 연결하여 현장실험이 원활하게 이루어지도록 지원하고, 폴리스랩 진행과정에서 나타나는 법제도적 문제 등을 검토하고 대응 방안을 찾아주는 역할도 수행했다.

3) 실생활 환경으로서 치안현장에서의 실증

리빙랩은 모든 참여자에게 이익이 된다. 연구자는 기술이 사용되는 현장 맥락을 이해할 수 있고, 최종사용자인 시민은 자신들의 문제를 스스로 해결한다. 기업은 적은 비용으로 최종사용자 기반의 실험과 실증을 수행할 수 있다. 정부와 지자체는 공공문제를 시민과 함께 해결하는 기회를 얻을 수 있다. 이 때문에 리빙랩은 사용자 네트워크와 실증기반을 바탕으로 다양한 주체의 참여를 이끌어내는 새로운 지역혁신 플랫폼, 사업화 지원 플랫폼 기능을 수행한다(성지은 외, 2019: 19). 무엇보다 중요한 리빙랩의 역할은 기초연구와 시장・사회적 요구를 연결하여 죽음의 계곡을 넘어서도록 한다는 것이다. 유럽연합이 연구 수준은 높지만 시장 성공률이 낮은 '유럽 패러독스(European Paradox) 극복(Almirall & Wareham, 2011)을 위해 리빙랩 활용을 추진한 것도 이런 역할 때문이다(Schuurman, 2015: 12). 실생활 환경을 혁신 공간으로 설정하는 이유는 혁신적 제품이나 서비스가 사회적 요구에 부합하기 위해서는 현실 상황과 요구를 최대한 반영해야하기 때문이다.

폴리스랩에는 현장경험이 풍부한 현직 경찰관이 사용자로 참여했다. 충분한 예산과 시간을 투자하면 대부분의 기술개발은 성공가능하다. 그러나 실제 현장에서 잘 작동하는 해결책을 만들어내기 위해서는 현장상황의 요구가 반영되어야 한다. 현장요구 반영은 연구개발과정 뿐 아니라 현장문제 정의서를 도출하는 의견 수렴 과정에서부터 이루어져 기술상황과 실제 현장의 요구 간 합의를 이끌어내려는 노력이 지속되었다. 폴리스랩사업 진행과정은 연구개발과 실증과정으로 구성되지만 두 과정은 분절된 것이 아니라 밀접하게 연계된 상태로 진행되었다. 실제 환경에서의 검증이 쉽게 이루질 수 있도록 연구팀과의 물리적 거리를 고려하여 충남 아산서, 경기남부 수원남부서, 서울 송파서, 경기 남부청, 충북청, 서울 영등포서 등이 과제별 현장 실증관서로 지정되었다. 실증관서는 연구과제에 관심이 많거나 전문지식이 있는 현장경찰관으로 현장실증연구단을 구성하고 현장의견 및 자료와 실증공간을 제공했다. 따라서 폴리스랩은 연구개발 실험실과 현장 실증을 수행하는 현장실험실로 구성된 것으로 볼 수 있다. 연구팀은 실험실에서 개발을 진행하면서 현장관서를 수시로 방문하여 경찰관들로부터 현장의 문제점, 필요한 옵션, 스펙 등에 대한 요구를 듣고 지속적으로 조율하는 과정을 거치면서 연구개발을 진행했다.

현장실험실의 중요성은 연구개발 내용과 목표가 현장 적용성에 따라 변동된다는 데 있다. 폴리스랩에는 현장 적용성 정도에 따라 제품・서비스 사양과 기능이 수시로 변경 가능한 무빙타겟(moving target) 방식이 도입・적용되었다. 연구개발 결과물이 바로 일선에 보급될 수 있도록 연구팀 내에는 대량생산이 가능한 기업도 컨소시움 형태로 참여했다. 성능과 실효성 검증이 끝나면 경찰청의 수요에 따라 기업에서 공급할 수 있도록 한 것이다.

4 일선행정 혁신을 위한 리빙랩 활용의 함의

폴리스랩사업은 리빙랩 방식의 사용자 주도 혁신으로 일선경찰이 겪는 문제를 해결한다는 점에서 실질적인 해결책을 찾아내는 유용한 방법이다. 경찰뿐 아니라 다른 유형의 일선행정 문제해결 방법으로서도 긍정적 효과를 기대할 수 있다. 일선 관료의 임무는 상급기관이나 소속기관이 결정한 주요 정책업무를 실행하는 것이다(Pressman & Wildavsky, 1973: xix-xxi). 그런데 자원 부족과 물리적·심리적 위협과 같이 일선 관료가 업무수행 과정에서 겪는 다양한 문제(Lipsky, 1980)를 보완·해결하는 기술적 수단이 있다면 일선 관료의 어려움을 해소하는 것 뿐 아니라 행정의 질 향상까지 기대할 수 있다. 폴리스랩사업 사례를 통해 일선행정문제 해결을 위한 리빙랩 활용의 함의를 살펴보면 다음과 같다.

1) 사용자 혁신 주체로서 일선 관료

폴리스랩사업의 사용자는 현장경찰관이다. 이들은 폴리스랩사업을 통해 일선 관료가 사용자 혁신의 주체로서의 역량을 충분히 갖추고 있음을 보여주었다. 첫째, 사용자 혁신의 주체로서 일선 관료가 보여준 역량과 태도는 매우 긍정적이다. 일선경찰관은 문제 이해와 해결에 매우 적극적으로 참여했다. 접이식 방패에 고휘도 LED 부착을 제안하기도 했으며 영상제보 폴리스랩에서는 새로운 편집방식을 제안하는 등 혁신 주체의 역할을 적극적으로 수행했다. 연구자들은 공통적으로 현장경찰관들이 현장 전문가일 뿐 아니라 상당한 기술적 이해도를 갖췄다고 평가했다. 공직에 대한 관심이 높아지면서 우수 인재의 공직 입직이 늘어나는 상황을 고려하면 일선 관료가 행정혁신을 위한 주체가 되는 리빙랩 방식의 활용가능성은 매우 높다고 볼 수 있다.

둘째, 사용자 요구 반영 수준과 다양성의 조정 문제이다. 폴리스랩이 사용자 혁신 방식이라는 점에서 사용자 관여가 중요하지만 때로는 사용자의 다양한 요구는 연구자와의 마찰을 초래하기도 한다. 영상제보 폴리스랩에서는 새로운 기능을 요구하는 사용자 요구의 지속 상승 문제나 접이식 방패 폴리스랩 과제에서 우산형태의 방패 요구 등은 연구자들로서는 수용하기 어려운 요구였다. 사업 성격상 과제의 목표나 내용이 변경될 수 있지만 당초 수행 수준을 넘어서는 다양한 요구에 연구개발 담당자들의 불만이 제기되기도 했다. 따라서 복수 사용자간 요구 다양성과 연구개발자와 사용자간 기대 격차의 조정은 매우 어려운 문제다. 본질적으로 폴리스랩이 개방성과 다양성을 특질로 하지만 사용자간 또는 사용자와 연구개발자간 조정을 위한 조정체계의 정교화와 조정 원칙의 설정이 필요하다.

셋째, 사용자와 수요자의 불일치에 따른 위험이다. 치안문제 해결의 궁극적 목적은 수요자인 국민 편익 향상이다. 폴리스랩에서는 문제구체화 단계 외에는 국민의견이 직접 반영되지 않는 반면 현장경찰관의 요구는 전단계에 반영된다. 그런데 현장경찰관의 요구가 국민 요구와 반드시 일치하는 것은 아니다. 편리한 지문 인식이 치매노인이나 미아에게 도움을 줄 수 있지만 과도한 활용으로 인권을 침해할 수도 있다. 모바일 단말기 추적도 부정한 사용 가능성을 배제할 수는 없다. 일선 관료는 자원 제약문제 해결을 위해 재량권을 활용하여 서비스 제공수준을 조절하거나 사회적 편견과 고정관념에 따라 서비스 제공 대상을 선별할 수 있다(Lipsky, 1980). 국민의 요구에 반하는 경찰의 요구가 사용자 요구로 반영될 가능성도 있다. 따라서 이런 상황을 해결하기 위해서는 리빙랩을 통한 일선행정의 문제 해결과정에 수요자인 국민의 요구가 대안 탐색과 개발, 평가의 모든 단계에 반영될 필요가 있다. 사용자가 아닌 수요자도 참여시키는 방안을 고려할 필요가 있다.

2) 촉진과 제약의 이중적 관료제 효과

일선 관료인 현장경찰관들은 사용자 혁신의 주체로서의 역량을 충분히 보여주었지만, 이들은 관료제의 일원으로 관료제가 미치는 영향과 제약을 피하기 어렵다. 관료제라는 상황적 특성은 일선 관료가 주도하는 혁신을 촉진하기도 하지만 동시에 제한하는 이중적 영향을 미치는 것으로 나타났다.

첫째, 관료제 상층부의 강한 의지와 지원은 사용자인 일선경찰관의 적극적 참여를 통한 사용자 주도 혁신을 자극하는 효과가 있다. 중앙집권적 국가경찰 체제하에서 일선경찰 조직은 관서장을 중심으로 계층적으로 운영되는 전형적 관료제 조직이다. 경찰은 이런 특성을 바탕으로 업무의 능률성과 효과성을 확보한다. 돌발적 사건 대응이라는 시급성과 업무위험성을 고려할 때 기동성과 협동성을 발휘할 수 있는 조직적 체계성이 필요하기 때문이다(송병주 · 정원식, 1999: 92-93). 그런데 강한 계층적 구조와 상명하복의 위계는 상층부의 요구에 민감하게 반응하도록 만든다. 폴리스랩은 경찰 상층부의 의지를 바탕으로 추진되었다. 경찰 상층부의 높은 관심은 신속한 과제 진행과 현장경찰관의 적극적 참여를 촉진했다. 실제로 모든 과제에서 연구자들은 현장경찰관의 적극적 협력과 참여가 있었다고 평가하고 있다.

둘째, 관료제적 구조는 현장이 아닌 계층제 상층부의 요구가 사용자 요구로 반영되는 변형과 왜곡을 초래할 수 있다. 폴리스랩에 참여하는 경찰관들은 일선행정의 당사자지만 경찰 조직의 일원이기도 하다. '소형 드론을 활용한 현장 경찰 지원 및 2차 사고 방지 시스템 개발' 과제의 경우 현장경찰관 중에는 실효성에 의문을 표하는 경우도 있었다. 하지만 경찰 상층부가 강한 수행 의지를 가지고 있었기 때문에 전략과제로 선정되었다. 그런데 추락시 파손 예방을 위해서는 크기가 작아야 하지만 안전과 운용성을 고려하면 일정 이상 크기가 되어야 하며, 다양한 기후 상황에서 충전이 가능한 2차 전지 문제, 진동시 충전 문제, 경광등이 설치되어 공간이 부족한 경찰차 상부의 도킹시스템 설치 문제 등 다양한 문제가 있었지만 과제는 계속 지속되었다. 경찰만큼 강한 위계구조는 아니더라도 관료제 구조의 정부조직이나 기관이 추진하는 리빙랩 과제의 경우 상부의 의견이나 선호가 사용자 요구로 반영되어 리빙랩의 의도와 목적을 왜곡시킬 수도 있다. 따라서 관료제의 제약을 어떻게 극복하는가가 일선행정 혁신을 위한 리빙랩 활용의 중요한 선결 과제라고 할 수 있다.

3) 과학기술자의 역할 변화와 역할 혼란

폴리스랩사업에서 참여한 대부분의 과학기술자들은 기존 R&D사업과 다른 체계와 방식때문에 연구개발 초반에 상당한 혼란을 느꼈다. 이들이 경험했던 혼란은 크게 두 가지로 구분해 볼 수 있다. 첫째, 사용자 주도 혁신에 따른 과학기술자의 지위 변동과 통제력 약화에 따른 역할 혼란이다. 일반적 연구개발사업에서 연구 목표와 내용은 과학기술자들이 결정한다. 그런데 폴리스랩사업 참여 연구자들은 연구개발 목표나 내용을 직접 결정할 수 없다는 점에서 큰 혼란을 느꼈다고 한다. 접이식 방패나 영상제보 폴리스랩을 포함한 모든 과제에서 연구자의 결정이 아니라 사용자 요구에 따라 연구개발 목표와 내용이 변경되었다. 이에 따라 연구자들은 리빙랩 방식의 연구개발 성과에 만족감을 느끼기도 하지만, 연구에 대한 통제력 약화를 경험하고 이에 따른 역할 지위의 혼란을 토로하기도 한다. 연구자들이 통제력 약화에 저항감을 가질 경우 리빙랩 방식의 과제 참여를 거부할 가능성도 있다. 이는 우수한 연구자의 참여 기피로 이어질 수 있기 때문에 연구자의 역할지위 변동에 따른 혼란과 불안감 최소화가 필요하다.

둘째, 연구 방향과 내용이 고정되지 않은데 따른 불확실성 때문에 발생하는 과학기술자의 역할 혼란이다. 사용자 혁신의 성격상 사용자 요구 반영은 필수적이지만 연구자는 다양한 사용자의 요구 수용 여부와 우선순위 판단이 어려운 난감한 상황에 빠지기도 한다. 폴리스랩사업에서 연구자들은 사용자들의 다양하고 상이한 요구에 큰 혼란을 느끼기도 했다. 또 무빙타겟방식을 취하기 때문에 연구 목표나 내용도 고정되지 않고 계속 변화한다. 이는 사용자 요구의 다양성이 사용자 혁신을 제약하는 모순적 상황을 초래하며 연구자 입장에서는 연구의 불확실성을 의미한다. 이처럼 요구 다양성과 연구의 불확실성은 연구개발을 담당하는 연구자에게 상당한 혼란과 동기 저하를 초래할 수 있다. 따라서 대표성있는 사용자 선발과 다양한 사용자 요구의 조정・중재, 연구개발 내용의 변동성에 따른 연구자의 혼란 문제는 리빙랩 방식을 활용한 일선행정 혁신에서 반드시 고려하고 해결해야 할 문제다.

4) 실생활 실험과 제도적 · 윤리적 제약

리빙랩 방식은 업무가 명확한 경우 개선 효과도 크다. 업무수행의 최종 전달점이 사람에 한정되고 활동수단이 강제적, 직접적이기 때문에 경찰업무의 집행활동은 가시성이 매우 높다(Fyfe, et al., 1996; 송병주 · 정원식, 1999: 93). 대개 일선행정관료들은 업무수행 성과를 평가할만한 뚜렷한 기준이 부족하지만 경찰은 사건해결 건수나 비율과 같은 객관적 지표를 통해 어느 정도 업무 수행정도의 평가가 가능하다. 따라서 연구개발을 통한 일선경찰 업무의 개선 효과가 크고 평가도 용이하다. 그런데 이런 업무 개선효과를 얻기 위해서는 실제 환경에서의 실험이 필요하다.

실제 현장의 실험은 리빙랩의 가장 핵심적 요소지만 제도적 문제로 인해 현장실험이 어려운 경우도 있다. 사용자가 분명하지만 제도적 · 윤리적 문제로 사용자 경험을 활용하기 어려운 경우 실제 환경에서의 실험은 불가능하기 때문이다. 신속한 지문 식별 시스템을 개발하는 '스마트폰 지문식별 및 신원확인 시스템 개발'사업은 좋은 취지에도 불구하고 현장실험에 많은 어려움을 겪었다. 지문 인식 지원을 위한 스마트폰을 개발하려면 연구개발을 맡은 기업이 실효성 검증을 위해 지문 DB에 접속해 빠른 정보 파악이 가능한지 반복 실험이 필요하다. 그러나 개인의 생체정보 검색 권한을 사기업에게 부여하는 것은 불가능하다. 성범죄 피해자의 2차 피해 예방과 정확한 진술 확보를 위해 인공지능 상담형 챗봇을 개발하는 '성범죄 문제해결 기술'은 실효성 있는 챗봇 개발을 위한 사용자의 경험 활용이 매우 어렵다. 이 과제의 사용자는 경찰이기도 하지만 성범죄 피해자이기도 하다. 경찰의 요구는 쉽게 확인할 수 있지만 성범죄 피해자의 진술행동을 파악, 반영하기 위한 사용자 경험은 윤리적 문제때문에 파악과 반영이 매우 어렵다. 판결문 등을 활용하는 대안이 제시되기도 했지만 챗봇 개발에 필요한 상담 기록 확보가 어렵기 때문에 사용자 요구에 부합하는 대안 개발이 어려울 수밖에 없다. 따라서 실생활 실험에서 제도적, 윤리적 제약을 어떻게 극복할 것이가도 반드시 고려해야할 중요한 활용의 조건이다.

4 결론과 함의

폴리스랩사업은 혁신의 대상으로서 일선 관료가 아니라 일선행정 혁신을 주도하는 주체로서 일선 관료의 역할과 가능성을 잘 보여주고 있다. 리빙랩에서는 응용연구, 실증, 서비스나 제품 개발 등이 이루어지는데(European Commission, 2009), 사용자는 문제 발견, 대안 탐색, 실험・실증 등 모든 과정에 참여하여 연구자와 함께 일한다(성지은 외, 2019: 13). 일선 관료로서 현장경찰관은 혁신 주체의 역할을 적극적으로 수행했다. 일선 관료는 공익 추구자나 문제 해결자라기보다 문제의 원인으로 인식되는 경우가 대부분이다. 소극적 업무 수행이나 재량권 오용은 이들에 대한 비판의 단골 소재이기도 하다. 최근 높아진 적극행정에 대한 관심은 일선 관료가 행정 문제의 원인이 아니라 해결자로서의 역할을 수행하기를 기대하는 것이다. 적극행정은 공무원 등이 국가 또는 공공의 이익을 증진하기 위해 성실하고 능동적으로 업무를 처리하는 행위를 말한다(김윤권 외, 2011: 831). 그런 점에서 본다면 폴리스랩사업은 일선 관료가 일선행정 혁신의 대상이 아니라 혁신 주체로서 적극행정을 실현하는 주도자가 될 수 있음을 보여주는 것이다. 나아가 일선행정 문제해결에서 리빙랩 활용의 여지와 가능성을 보여주고 있다.

리빙랩 방식은 다양한 행정현장의 문제 해결수단으로도 활용될 여지가 크다. 일선 관료는 시민과 빈번하고 밀접하게 상호작용하며 국민의 정부신뢰와 평가에 큰 영향을 미친다. 일선 관료인 경찰관의 업무수행대상은 지역적으로 널리 분산되어 있고, 누구나 순간적으로 잘못을 저지를 수 있기 때문에 대부분의 사람이 경찰업무의 수행 대상이 된다(정정길, 1992: 209). 따라서 폴리스랩사업은 국민의 치안에 대한 불안감과 현장 경찰의 업무 수행상의 어려움 해소 뿐 아니라 국민의 정부신뢰를 제고하는 혁신을 위한 의미있는 연구개발사업이다. 폴리스랩사업은 몇 가지 현장치안 문제만 다루고 있지만 향후 리빙랩 방식을 확대 적용할 수 있는 여지도 매우 크다. 지역별 범죄 발생률, 시간대별 교통사고 발생률 등 다양한 기관이 보유한 정보를 활용한 범죄 예방과 대처 등 활용 가능한 분야는 매우 많다. 치안

문제 뿐 아니라 복지, 환경, 교통, 주거 문제 등 다양한 일선행정 문제 해결 수단 개발을 위한 행정혁신의 방법론으로 활용될 여지도 충분하다.

일선행정의 혁신을 통한 행정의 대응성 강화는 조직, 구조, 사람의 변화만이 아니라 과학기술의 활용을 통해서도 가능하다. 폴리스랩사업에서 보는 것처럼 과학기술은 행정의 효율성과 공익 향상을 위한 좋은 수단이 될 수 있다. 특히 소방, 해경, 국방 등 재난・재해와 관련된 특수 영역의 경우 리빙랩 방식의 연구개발을 통한 기술・제품 개발과 실용화가 매우 유효한 방법이 될 수 있다. 하지만 이러한 수단이 특정 부문에 한정되어 활용될 경우 지속적으로 예산 배분이나 투자는 어렵다. 따라서 개발된 제품이나 활동 경험을 타 업무 영역이나 부문에 활용할 수 있는 범용성을 갖출 수 있도록 공통적 플랫폼을 바탕으로 행정개선을 위한 수단 개발을 추진해볼 필요도 있다.

폴리스랩사업에서 일선행정 혁신을 위한 리빙랩의 활용 가능성을 확인했지만 리빙랩을 활용한 혁신의 결과물이 일회적 성과에 그칠 가능성도 있다. 리빙랩 방식의 연구개발을 통해 제품이나 서비스가 개발되어도 지속적 구매가 이루어지지 않으면 리빙랩 방식을 통한 일선행정 혁신의 동기나 효과가 저하될 수밖에 없다. 관련 제품이 계속 생산・사용되려면 공공구매와 연결되거나 공공・민간 수요를 촉진시키는 방안이 필요하다. 폴리스랩을 통해 개발된 제품이 경찰청의 공공구매, 조달청의 혁신적 공공구매 등을 통해 초기 시장을 확보하지 못하면 이후 생산을 통한 제품 개선이나 보급・확산이 어렵다. 따라서 리빙랩을 통한 대안탐색과 실험과정에서 이 제품을 누가, 어떻게 구매할 것인지, 그리고 어떤 방식으로 일선 관료가 활용하고 유지・보수할 것인지에 대한 논의도 병행되어야 한다. 특히 표준・인증문제, 안전성 문제, 기존 업체들의 반발 문제, 법・제도 문제 등 시장 확보와 관련된 다양한 이슈가 존재하기 때문에 이를 종합적으로 고려하는 활동과 정책개발이 필요하다.

원고 작성의 기초가 된 글

제1부 사회문제 해결과 리빙랩

제1장 송위진 (2018). 사회문제 해결형 과학기술혁신을 보는 세 가지 관점. 「과학기술학연구」, 18(2): 233−267.

제2장 정병걸 (2017). 사회혁신의 장으로서 리빙랩과 패러독스. 과학기술학연구, 17(1): 42-69.

제3장 성지은・송위진 (2023). 사회문제 해결형 R&D 모델의 진화과정 분석과 과제. 「기술혁신연구」, 31(2): 83−110.

제2부 전문가 조직과 리빙랩

제4장 송위진・성지은 (2018). 사회문제 해결형 연구개발은어떻게 수행되는가?. 「과학기술학연구」, 18(3): 255-288.

제5장 성지은・김민수 (2018). 대학의 혁신모델로서 리빙랩: 현황과 과제. 「공학교육학회지」. 21(6): 118−127.

제6장 김명심・박희제 (2020). 포용적 혁신의 실천과 한계: 과학기술자들의 리빙랩 인식과 경험. 「과학기술학연구」, 20(3): 65−97.

제3부 시민・사용자와 리빙랩

제7장 정병걸・성지은 (2022). 공공문제해결을 위한 리빙랩의 최종사용자집단 구성과 제약 요인. 「과학기술학연구」, 22(2): 128−152.

제8장 박희제・성지은 (2019). 사회적경제조직의 혁신활동 경험과 과제: 사회문제 해결형 연구개발 사업을 중심으로. 「과학기술학연구」, 19(3): 249−291.

제9장 정병걸・성지은 (2019). 일선행정의 혁신과 리빙랩: 치안현장 문제해결을 위한 폴리스랩사업 사례. 「한국행정학보」, 53(4): 275−296.

참고문헌

과학기술연구회 (2018). 「과학기술 출연(연) 발전방안」.

과학기술정보통신부 (2018a). 「국민생활연구 추진전략」.

과학기술정보통신부 (2018b). 「I-Korea 4.0: ICT R&D 혁신전략」.

과학기술정보통신부 (2021.4). 「현장적용 확산을 위한 사회문제 해결R&D 가이드라인」.

과학기술정보통신부 · 행정안전부 (2021.8.). 「22년도 과학기술 활용 주민공감 지역문제 해결사업 사업공모 추진계획」.

과학기술혁신본부 (2018). 「제2차 과학기술기반 국민생활(사회)문제해결 종합계획」.

국가과학기술위원회 (2012). 「신과학기술 프로그램 추진전략」.

국가과학기술위원회 (2013). 「과학기술기반 사회문제 해결 종합실천계획」.

국가과학기술자문회의 (2018). 「제2차 과학기술 기반 국민생활(사회) 문제 해결 종합계획('18-'22) (안)」.

국가과학기술자문회의 (2020.1.14). 「사회문제 해결형 R&D 실효성 제고방안(안)」

국가과학기술자문회의 (2021. 11. 30). 「실효성 제고를 위한 통합적 공공 R&D 이행전략」.

기획재정부 외 (2013). 「과학기술 기반 사회문제 해결 종합실천계획(안)」.

김병권 (2017). 「사회혁신」. 서울연구원.

김상구 (2009). 공공부문의 감정노동: 일선행정 민원공무원에 대한 실증연구. 「지방행정연구」, 13(1): 51-71.

김서용 (2017). 일선 관료의 고객 대응 유형에 대한 탐색적 분석. 「한국행정학보」, 51(1): 31-64.

김서용 · 박천희 (2017). 일선 관료의 직무탈진과 열의 분석. 「한국행정학보」, 51(2): 61-95.

김연수 (2019). 치안분야의 과학기술진흥을 위한 제언. 「치안정책리뷰」, 63: 4-7.

김연수 · 권창국 (2014). 「치안분야 과학기술발전 중 · 장기 기본계획 수립 연구」. 치안연구소.

김연수 외 (2018). 치안현장 문제해결형 R&D 사업 운영방안 연구. 「치안논총」, 34: 131-308.

김윤권 · 이재호 · 윤수재 · 심호 (2011). 적극행정 면책제도의 분석 및 활성화 방안. 「한국행정논집」, 23(3): 829-853.

김종선 외 (2016). 「디지털, 사회혁신의 활성화 전략 연구」. 과학기술정책연구원.

김주엽 · 송계충 · 정범구 · 박상언 (2013). 「조직행위론」, 3판. 경문사.

김준한 (2017).「에너지전환 리빙랩의 경험: 성대골 도시지역 미니태양광 리빙랩」. ENERZINE FOCUS, 80.

김준한・한재각 (2018). 에너지전환 실험의 장으로서 한국 리빙랩의 경험: 성대골의 도시지역 미니태양광 사례를 중심으로.「과학기술학연구」, 18(1): 219-265.

김호섭・김판석・유홍림・김대건 (2011).「행정과 조직행태」, 대영문화사.

김환석・김동광・박진희・조혜선・박희제 (2010).「한국의 과학자 사회」. 궁리.

김효민・조승희・송성수 (2016). 참여적 과학기술 거버넌스의 전개와 전망.「과학기술학연구」, 16(2): 99-147.

김희연 (2015). 초점: EU의 오픈 이노베이션 2.0 전략: 추진현황과 시사점.「정보통신방송정책」, 27(11): 1-22.

동국대학교(2017a).「동국대학교 Campus Living Lab 추진현황」. 제5차 한국리빙랩네트워크 포럼 발표자료.

동국대학교 (2017b).「동국대학교 Living Lab 간략소개」. 동국대학교 산학협력단.

문만용 (2016). 한국 과학기술 연구 체제의 형성과 발전.「한국과학사학회지, 38(3): 453-483.

미래창조과학부 (2015).「2015년도 사회문제 해결을 위한「시민연구사업」신규과제[격차해소 분야] 재공고」. (공고 2015-0334).

미래창조과학부 (2016).「사회문제 해결형 기술개발사업 시민연구멘토단 구성・운영을 위한 전문기관 선정」.

미래창조과학부・한국과학기술기획평가원 (2016).「사회문제 해결형 R&D사업 운영・관리 가이드라인」.

민들레의료복지사회적협동조합 (2019).「ICT기술 활용한 노인 치매・낙상예방 활동 시작」. 보도자료 2019. 8. 16.

박노윤・이윤수 (2015). 사회적 기업가정신과 기업가의 흡수능력: 딜라이트 사례를 중심으로.「사회적기업연구」, 8(1): 39-75.

박미영・김왕동・장영배 (2014).「전환 연구와 지속가능한 발전: 벨기에 플랑드르 기술연구소(VITO) 사례」. STEPI 동향과 이슈, 18.

박봉원・유영심 (2016).「리빙랩(Living Lab)과 지역사회 개선」. 정책메모 2016-17. 강원발전연구원.

박성원・진설아 (2016). 국민참여형 국가연구개발사업의 의미와 한계: X-프로젝트 사례를 중심으로.「기술혁신연구」, 24(4): 55-99.

박진희 (2018). 한국 시민과학의 현황과 과제.「과학기술학연구」, 18(2): 7-41.

박희제 (2006). 과학의 상업화와 과학자사회 규범구조의 변화. 「한국 사회학」, 40(4): 19-47.

(2007). 한국 과학자들의 과학자사회 규범에 대한 인식과 평가: 물리학 · 화학 · 생물학을 중심으로. 「과학기술학연구」, 7(2): 91-124.

(2017). 과학기술과 사회연구의 현황과 과제. 「기술혁신연구」, 25(3): 155-195.

박희제 · 성지은 (2015). 더 나은 사회를 위한 과학을 향하여: 사회에 책임지는 연구혁신(RRI)의 현황과 함의. 「과학기술학연구」, 15(2): 101-136.

박희제 · 성지은 (2018). 사회에 책임지는 연구혁신(RRI) 연구의 배경과 동향」. 「과학기술학연구」, 18(3): 101-152.

(2019). 사회적경제조직의 혁신활동 경험과 과제: 사회문제 해결형 연구개발사업을 중심으로. 「과학기술학연구」, 19(3): 249-291.

배민기 (2018). 「시민주도형 기후안전정책으로의 전환」. 충북 FOCUS, 2018. 6.

백기복 (2012). 「조직행동연구」. 창민사.

백동수 (2019). 스마트 치안을 위한 치안현장 맞춤형 연구개발사업(폴리스랩사업)의 향후 과제. 「치안정책리뷰」, 63: 9-13.

봉강호 · 배진호 · 박재민 (2019). 혁신 주체별 R&D 및 특허성과의 상관성에 관한 실증연구. 「지식재산연구」, 14(2): 167-192.

사회혁신팀 편역 (2014). 「지속가능한 사회 · 기술시스템으로의 전환: 이론과 실천」. Sterrenberg L., Andringa, J., Loorbach, D., Raven, R., & Wieczorek, A.(2013), Low-carbon Transition through System Innovation: Theoretical Notions and Application. Pioneers into Practice Mentoring Programme 2013. 과학기술정책연구원.

산업통상자원부 · 한국산업기술진흥원 (2019.10.15). 「2020 사회적경제 혁신성장 품목 기획 · 조정 가이드라인(안)」.

산업통상자원부 · KIAT (2018). 「커뮤니티 비즈니스 활성화 사업」 개요 자료.

산학뉴스 (2018). 「현장 연구자가 말하는 리빙랩」. http://www.sanhak.co. kr/news/articleView.html?idxno=428.

서울혁신파크 리빙랩 (2017). 「2016 서울 리빙랩, 100일의 기록」. 서울혁신파크.

서진석 (2021). 「행동주의 기업」. 도서출판획.

성지은 (2006). 과학기술정책결정구조의 변화: 참여정부 과학기술행정체제개편을 중심으로. 「행정논총」, 44(1): 243-264.

성지은 (2009). 녹색성장 추진전략과 정책통합. 「과학기술정책」, 19(1): 82-89.

성지은 (2019). 새로운 R&D-삶터-일터-산업의 혁신모델로서 리빙랩 추진 현황. 「기술과혁신」, 6월호: 16-19.

성지은 외 (2012). 「지속가능한 과학기술혁신 거버넌스 발전방향」. 과학기술정책연구원.

성지은 외 (2017). 「국내 리빙랩 현황 분석과 발전 방안 연구」. 과학기술정책연구원.

성지은・박인용 (2016). 시스템 전환 실험의 장으로서 리빙랩: 사례 분석과 시사점. 「기술혁신학회지」. 19(1): 1-28.

성지은・송위진 (2007). 총체적 혁신정책의 이론과 적용: 핀란드와 한국의 사례. 「기술혁신학회지」, 10(3): 555-579.

성지은・송위진 (2010). 탈추격형 혁신과 통합적 혁신정책. 「과학기술학연구」. 10(2): 1-36.

성지은・송위진 (2019). 포커스 그룹 인터뷰를 통해 본 대학의 사회문제 해결형 연구개발의 현황과 과제. 「적정기술학회지」, 5(1): 25-32.

성지은・송위진 (2020).「중앙부처의 리빙랩 관련 사업 동향과 과제」. 한국리빙랩네트워크.

성지은・송위진・김수은 (2020). 「사회문제 해결형 R&D 활성화를 위한 리빙랩 확산 방안 연구」. 과학기술정책연구원.

성지은・송위진・김수은・이경재 (2019). 「리빙랩 길잡이」. 과학기술정보통신부

성지은・송위진・김종선・장영배・정서화・한규영 (2016a). 「사회문제 해결형 기술개발사업 시민연구멘토단 구성・운영을 위한 전문기관 선정」. 미래창조과학부.

성지은・송위진・김종선・정서화・한규영 (2016b). 「멘토링을 통해 본 사회문제 해결형 기술개발사업」. STEPI Insight, 191. 과학기술정책연구원.

성지은・송위진・박인용 (2013). 「리빙랩의 운영 체계와 사례」. STEPI Insight, 127: 1-46.

성지은・송위진・박인용 (2014). 사용자 주도형 혁신모델로서 리빙랩 사례 분석과 적용 가능성 탐색. 「기술혁신학회지」, 17(2): 309-333.

성지은・송위진・정병걸・전호일・김미영 (2021). 「혁신활성화를 위한 리빙랩에서의 최종사용자 조직화 모델 연구」. 과학기술정책연구원.

성지은・송위진 (2017). 「국내 리빙랩 현황 분석과 발전방안 연구」. 과학기술정책연구원.

성지은・정병걸 (2017). 「리빙랩 방법론: 현황과 과제」. STEPI Insight」, 208.

성지은・정서화・한규영 (2018). 사회문제 해결형 기술개발사업에서의 리빙랩 적용 사례 분석. 「과학기술학연구」, 18(1): 177-217.

성지은・한규영・박인용 (2016). 「국내 리빙랩의 현황과 과제」. STEPI Insight, 184: 1-35.

성지은・한규영・정서화 (2016). 지역문제 해결을 위한 국내 리빙랩 사례 분석.「과학기술학연구」, 16(2): 65－98.

성태현 (2017).「야간 작업자의 사고 예방을 위한 자가 발전 기술 융합형 안전방비 제작 및 실증 최종 보고서」. 한국연구재단.

송병주・정원식 (2009). 일선경찰의 업무수행에 대한 영향요인 분석. 한국행정학보, 33(3): 89－110.

송운석 (2010). 공공기관 업무집단의 특성이 혁신행동에 미치는 영향.「한국행정논집」, 22(3): 693－720.

송위진 (2006).「기술혁신과 과학기술정책」. 르네상스.

송위진 (2012).「Living Lab: 사용자 주도의 개방형 혁신모델」. Issues & Policy, 59. 과학기술정책연구원.

송위진 (2013).「사회문제 해결을 위한 과학기술혁신정책」. 한울아카데미.

송위진 (2014). 사회문제 해결형 연구개발사업의 의의와 과제.「과학기술정책」, 195.

송위진 (2016). 혁신연구와 사회혁신론.「동향과 전망」, 98: 115－146.

송위진 (2018). 사회문제 해결형 과학기술혁신을 보는 세 가지 관점.「과학기술학연구」, 18(2): 233－267.

송위진 엮음 (2017).「사회・기술시스템 전환: 이론과 실천」 한울아카데미.

송위진 (2017.11.1).「과학기술, 국민생활 속으로 들어가다」. 머니투데이.

송위진 (2017).「사회적경제조직의 혁신활동과 과제」.「한국혁신학회지」, 12(2): 1－26.

송위진・성지은 (2013a). 사회문제 해결형 혁신과 사회－기술기획.「과학기술학연구」, 13(2): 111－136..

송위진・성지은 (2013b).「사회문제 해결을 위한 과학기술혁신정책」. 한울아카데미.

송위진・성지은 (2014). 시스템 전환론의 관점에서 본 사회문제 해결형 연구개발사업의 발전 방향.「기술혁신연구」. 22(4): 89－116.

송위진・성지은 (2018). 사회문제 해결형 연구개발은 어떻게 수행되는가?.「과학기술학연구」, 18(3): 255－288.

송위진・성지은 (2019). 전환적 혁신정책의 관점에서 본 사회문제 해결형 R&D 정책: 제2차 과학기술기반 사회문제 해결 종합계획을 중심으로.「과학기술학연구」, 19(2): 85－116.

송위진・성지은 (2020).「중앙부처의 리빙랩 관련 사업 동향과 과제」. 리빙랩 동향과 이슈, 1, 한국리빙랩네트워크.

송위진・성지은 (2021). 사회・기술시스템 전환을 지향하는 기업의 혁신활동에 대한 탐색적 연구: 개념적 틀과 사례 분석.「기술혁신연구」, 29(4): 59－93.

송위진・성지은・김종선・강민정・박희제 (2018).「사회문제 해결을 위한 과학기술과 사회혁신」. 한울아카데미.

송위진・정서화・한규영・성지은・김종선 (2017). 리빙랩을 활용한 공공연구개발의 사업화 모델 도출.「기술혁신학회지」, 20(2): 458-486.

송위진 외 (2017).「사회・기술시스템 전환 전략 연구사업(3차년도): 시스템 전환과 지속가능한 산업형성」. 과학기술정책연구원.

송위진・성지은・김수은 (2018).「사회문제 해결형 R&D사업의 주요 과제와 대안」. 과학기술정책연구원.

송위진・성지은・김종선・강민정・박희제 (2018).「사회문제 해결을 위한 과학기술과 사회혁신」. 한울아카데미.

송위진・성지은・박동오・김병윤・박진희・정병걸・하정옥(2008).「사회적 목표를 지향하는 혁신정책의 과제」. 과학기술정책연구원.

송위진・장영배・성지은 (2009).「사회적 혁신과 기술집약적 사회적 기업」. 과학기술정책연구원.

신현우・이광석 (2017). 한국의 메이커 문화 동향에 대한 비판적 고찰: 국가발전 메이커 담론과 일상 문화 속 저항 사이에서.「인문콘텐츠」, 45: 207-231.

안준모 (2016). 국가연구개발의 새로운 역할과 정책방향: 사회적 효용의 증대와 개방성의 확대.「사회과학연구」, 42(3): 119-139.

알렉산더 오스터왈더・팀 클락・예스 피그누어 (2011).「비즈니스 모델의 탄생」. 타임비즈.

엄정욱 (2018). 민간주도의 국민생활과학자문단 출범의 의미와 안전을 위한 자문단의 역할.「과학과 기술」, 587: 34-37

에너지 설비관리 (2018. 7. 6).「에너지자립마을, 어렵지 않아요」. 성대골 마을 2탄.

윤견수 (2011). 한국행정학의 영역 찾기: 공직과 자리 개념의 재발견.「한국행정학보」, 45(1): 1-22.

윤창현 (2018).「리빙랩(Living Lab)이란 무엇인가: 시민과 현장 그리고 해법을 잇는 사회 혁신 방법론」. 새로운 사회를 여는 연구원.

이건・이도석 (2018). 관료는 이타적인가, 이기적인가? 공사조직 비교를 통한 관료의 속성 탐색.「한국공공관리학보」, 32(1): 209-233.

이광석 (2017).「데이터 사회 비판」. 책읽는 수요일.

이규용・손동원. (2001). BPR의 확산: 합리적 선택과 정당성 추구의 역할.「인사・조직연구」, 9(2): 1-32.

이뉴스투데이 (2019.6.26).「리빙랩으로 세상을 바꾸는 사람들-경찰의 생명 지키는 연구 '폴리스랩'」.

이레나 (2016). 「보급형 소방－방호장비 및 응급구난장비 기술개발의 현황과 과제」. 과학기술+사회혁신 포럼: 사회문제 해결형 연구개발 이렇게 하고 있다! 발표문. 2016.08.24.

이명호 (2017). 「국가 R&D전략과 시산학 혁신체제」. 여시재.

이영석 (2017). 사회문제 해결형 연구개발 정책의 발전과 과제: 정책대상－제도－행위자 상호작용을 중심으로」. 「국가정책연구」, 31(3): 23－48.

이영희 (2002). 기술사회에서의 참여민주주의의 가능성 연구: 과학기술정책 관련 시민참여 모델 평가를 중심으로. 「동향과 전망」, 53: 142－171.

이영희 (2012). 전문성의 정치와 사회운동: 의미와 유형. 「경제와 사회」, 93: 13－41.

이원재 (2018.5.16). 「실험하는 국가가 필요하다」. 한겨레신문.

이원호 (2013). 사회적 혁신과 지역발전 주체로서 공공기관의 새로운 역할: 광역단위 도시・개발공사 사례를 통한 시론적 검토. 「한국경제지리학회지」, 16(2): 310－321.

이창원・최창현・최천근 (2014). 「새조직론」. 대영문화사.

이철주・한승주 (2014). 관료제 구조와 사회복지업무 속성의 충돌, 그리고 재량행위의 왜곡. 「정부학연구」, 20(1): 75－118.

임도빈・조원혁・정현정 (2012). 공무원의 탈관료적 규정변용(rule bending)행태에 관한 연구. 「한국정책연구」, 12(4): 473－495.

임명환 (2018.6.8). 「국민생활연구 추진체계 필요하다」. 디지털 타임즈.

임태호 (2016). 「맞춤형－보급형 표면소독 기술 및 기기개발의 현황과 과제」. 과학기술+사회혁신 포럼: 사회문제 해결형 연구개발 이렇게 하고 있다! 발표문. 2016. 8. 24.

임호 (2016). 「사회혁신 도구, 리빙랩 이용 활성화 방안」. BDI 정책포커스, 315.

임춘택 외 (2015). 「경찰 미래비전 2045」.

임홍탁・송위진 (2017). 「사회문제 해결을 지향하는 초학제적 연구의 특성」. 「동향과 이슈」, 39, 과학기술정책연구원.

장용석・김회성・황정윤・유미현 (2015). 「사회적 혁신 생태계 3.0」. CS 컨설팅&미디어.

장훈교 (2017). 「TRANSIT과 전환적 사회혁신」. 「월간 사회혁신의시선」, 2017년 4월호. 서울혁신센터 사회혁신 리서치랩.

정명곤 (2018.5.25.). [연구자 리빙랩 좌담회] 현장 연구자가 말하는 립빙랩. 「산학뉴스」. http://www.sanhak.co.kr/news/articleView.html?idxno=428.

정병걸 (2017). 「사회혁신의 장으로서 리빙랩과 패러독스」. 「과학기술학연구」, 17(1호, 41－69.

정재은・이상은(2019). 「스스로해결단 구성・운영 길잡이」. 행정안전부・한국지역정보개발원.

정재준 (2018). 사물인터넷(IoT)의 치안대책 활용 방안. 경찰학연구, 18(1): 197−228.

정정길 (1992). 「정책학원론」. 박영사.

정지범 (2013). 지역안전거버넌스 구축의 한계와 과제: 정책사례 분석을 중심으로. 「지방행정연구」, 27권, 1):

조일홍 (2013). Michael Lipsky의 일선행정관료체제에 관한 연구. 오석홍 편, 「행정학의 주요이론」. 199−207. 법문사.

최인수・김건위 (2015). 「지역공동체와 리빙랩을 중심으로 한 지역혁신체계 도입방안 연구」. 한국지방행정연구원.

하성도 외 (2017). 과학치안 R&D 플랫폼 구축을 위한 기획 연구. 한국연구재단.

한경희 (2006). 이공계 대학특성화의 기회와 제약」. 「한국 사회학」, 40(1호, 157−182쪽).

한경희・최문희 (2014). 기술과 정치 사이에서 엔지니어의 사회적 역할과 책임성의 변화: 경부고속도로, 당산철교, 4대강 사업의 비교」. 「한국 사회학」, 48(5호, 173−210쪽).

한국과학기술기획평가원 (2016). 「2015년도 사업계획 적정성 재검토 보고서: 사회문제 해결형기술개발사업」.

한국과학기술연구원 (2017). 과학치안 R&SD 플랫폼 구축을 위한 기획 연구.

한국연구재단 (2014). 「사회문제 해결형 기술개발사업 설명서」.

한국정보화진흥원・과학기술정보통신부 (2017). 「ICT를 통한 착한 상상」.

한재각・장영배 (2009). 과학기술 시민참여의 새로운 유형: 수행되지 않은 과학 하기. 「과학기술학연구」, 9(1): 1−31

행정안전부 사회혁신추진단 (2018). 「주민체감형 디지털사회혁신 공모사업(공감e가득)」.

현재환・홍성욱 (2012). 시민참여를 통한 과학기술 거버넌스: STS의 참여적 전환 내의 다양한 입장에 대한 역사적 인식론. 「과학기술학연구」, 12(2): 33−79.

홍덕화 (2018). 「전환적 사회혁신과 고령사회 대응: 도시 녹색 공유재를 중심으로」. 「경제와 사회」, 117: 317−348.

황혜란 외 (2015). 「대전형 리빙랩의 활성화 방안」. 대전발전연구원.

KIST폴리스랩사업단 (2019). 치안현장 맞춤형 연구개발사업 설명 자료. 2019. 6. 21.

TBNA (2021). 「2020년도 문제기획 리빙랩 만족도 조사 보고서」.

Aldrich, H. & Fiol, M.(1994), Fools Rush in? The Institutional Context of Industry Creation. *Academy of Management Review*, 19(4): 645−670.

Allal−Chéir, O, Guijarro-Garcia, M., & Ulrich, K. (2022), Fostering Sustainable Growth in Aeronautics: Open Social Innovation, Multifunctional Team Management, and Collaborative Governance. *Technological Forecasting and Social Change, 174: 2022, 121269.*

Almirall, E., Lee, M., & Wareham, J. (2012), Mapping Living Labs in the Landscape of Innovation methodologies, *Technology Innovation Management Review* September 2012, pp. 12−18.

Almirall, E. & J. Wareham (2011), "Living Labs: Arbiters of Mid−and Ground−level Innovation", *Technology Analysis & Strategic Management*, 23(1): 87−102.

Avelino, F., et al. (2019), Transformative Social Innovation and (Dis)empowerment, *Technological Forecasting and Social Change*, 145: 195-206.

Azzopardim, L. & K. Balog (2011), *Towards a Living Lab for Information Retrieval Research and Development*, International Conference of the Cross−Language Evaluation Forum for European Languages.

Baum, J. & Singh(eds.) (1994), *Evolutionary Dynamics of Organization*, New York: Oxford University Press.

Bergvall−Kåreborn, B., Eriksson, C. I., Ståhlbröst, A., & Svensson J. (2009), *A Milieu for Innovation: Defining Living Labs*. Available at https://pdfs.semanticscholar.org/ a210/711d9b9bc0a28daa8bb03cfa0f9813a01210.pdf.

Bergvall−Kåreborn, B. & Ståhlbröst, A. (2009), Living Lab: an Open and Citizen−centric Approach for Innovation, *International Journal of Innovation and Regional Development*, 1(4): 356−370.

Berman, E. P. (2012), *Creating the Market University*, Princeton: Princeton University Press.

Bodí, Z., Garatea, J., Robbles A.G., & Schuurman, D.(eds.) (2016), *Living Lab Services for Business Support & Internationlisation: Understanding the Value and Benefit of Cross −border Living Lab Offers for Small and Medium Enterprises,* ENoLL.

Bonney, R., Ballard, H., Jordan, R., McCallie, E., Phillips, T., Shirk, J., & Wilderman, C. C. (2009), *Public Participation in Scientific Research: Defining the Field and Assessing Its Potential for Informal Science Education*, A CAISE Inquiry Group Report. Washington, D.C.: Center for Advancement of Informal Science Education (CAISE).

Breckon, J.(2015), *Better Public Services through Experimental Government*, Alliance for Useful Evidence.

Brown, M. B. (2009), *Science in Democracy: Expertise, Institutions, and Representation*, Cambridge, MA: The MIT Press.

Cayuela, Alberto(2014), *UBC: A Living Laboratory for Sustainability*, COST ACTION FP1303 – First Conference, Kranjska Gora, Slovenia, October 23–24, 2014.

Chandra, Yanto, Liang Shang, & Johanna Mair (2021), Drivers of Success in Social Innovation: Insights into Competition in Open Social Innovation Contests, *Journal of Business Venturing Insights*, 16: 1–11.

Chesbrough, H. & A. Di Minin (2014), Open Social Innovation In Chesbrough, H., W. Vanhaverbeke, & J. West(Eds.), *New Frontiers in Open Innovation*, 16: 301–315.

Cohen, T. & Lovell, B.(2013), *The campus as a living laboratory: Using the built environment to revitalize college education: A guide for community colleges*, American Association of Community Colleges Washington USA.

Cooper, L. & Gorman, D.(2018), *A Holistic Approach to Embedding Social Responsibility and Sustainability in a University—Fostering Collaboration Between Researchers, Students and Operations*, In Leal Filho, W. (ed.), Handbook of .... Research. Springer International Publishing. https://doi.org/10.1007/978-3-319-63007-6_11.

Corallo, A., M. E. Latino, & G. Neglia (2013), Methodology for User–Centerde Innovation in Industrial Living Lab, *ISRN Industrial Engineering* 2013: 1–8.

CoreLabs (2007). *D3.1A - Innovation Aspects, Prerequisites & Requirements*. Luleå: Luleå University of Technology, Centre for Distancespanning Technology.

Curley, M. and B. Salmelin (2013), *Open Innovation 2.0: A New Paradigm*, European Commission.

Czarniawska, B. (1997), *Narrating the Organization: Dramas of Institutional Identity*. Chicago, MA: The University of Chicago Press.

Diercks, G., Larsen, H. & Steward, F. (2019), Transformative Innovation Policy: Addressing Variety in an Emerging Policy Paradigm, *Research Policy*, 48(4): 880–894.

DiMMaggio, P. and Powell, W.(1983), The Iron Cage Revisited: Institutional Isomorphism and Collective Rationality in Organizational Fields, *American Sociological Review*, 29(2): 147–160.

Dosi, G.(1988), Sources, Procedures, and Microeconomic Effects of Innovation, *Journal of Economic Literature*, 26: 1120−1171.

Downs, Anthony (1967). ***Inside Bureaucracy***. Santa Monica, CA, The Rand Corporation.

EC (2002). Introduction, in EC (ed.), ***Innovation Tomorrow***.

EC (2004). ***Integrating Environment Considerations into Other Policy Area - A Stocktaking of the Cardiff Process***, Commission Working Document, COM(2004)394 Final. European Commission, Brussels.

Edler, J., Kuhlmann, S., & Smits, R. (2003). New Governance for Innovation: The Need for Horizontal and Systematic Policy Coordination. Fraunhofer ISI Discussion Paper. No. 2/2003.

Edvardsson, B., Gustafsson, A., Kristensson, P., & Witell, L. (2010), Service Innovation and Customer Co−development, in Maglio, P. P. , Kielieszewski, C.A, & Spohrer, C. (eds.), *Handbook of Service Science – Service Science: Research and Innovations in the Service Economy*, 561−577, New York, NY: Springer.

Eisenhardt, K. (1989), Building Theories from Case Study Research, *Academy of Management Review*, 14(4). https://doi.org/10.5465/amr.1989.4308385

Eriksson, M., V. P. Niitamo & S. Kulkki (2005), *State-of-the-Art in Utilizing Living Labs Approach to User-centric ICT innovation*: A European Approach. Centre of Distance Spanning Technology at Luleå University of Technology, Sweden, Nokia Oy, Centre for Knowledge and Innovation Research at Helsinki School of Economics, Finland.

European Commission (2009), *Information Society and Media*. European Commission.

European Commission (2012), ***Responsible Research and Innovation: Europe's Ability to Respond to Societal Challenges***, https://ec.europa.eu/research/swafs/pdf/pub_rri/KI0214595ENC. pdf.

European Commission (2013), ***Options for Strengthening Responsible Research and Innovation***, http://ec.europa.eu/research/swafs/pdf/pub_public_engagement/options−for−strengthening_en.pdf.

Fischer, F. (2009), *Democracy and Expertise*, London: Oxford University Press.

Fuglsang, Lars & Anne Vorre Hansen (2022), *Framing Improvements of Public Innovation in a Living Lab Context: Processual Learning, Restrained Space and Democratic Engagement*, Research Policy, 51: 1−12.

Fulgencio, Le Fever, H., & Katzy, B. (2012), Living Lab: Innovation through Pastiche, *Proceedings of the eChallenges e −2012 Conference*, 1−8.

Fyfe, J., Greene, J.R., Walsh, W.F., Wilson, O.W. & McLaren, R. (1996), *Police Administration*, New York: McGraw-Hill.

Geels, F. (2004), From Sectoral Systems of Innovation to Socio-technical Systems Insights about Dynamics and Change from Sociology and Institutional theory, *Research Policy*, 33: 897-920.

Geels, F.(2014), 'Reconceptualising the Co-evolution of Firms-in-industries and Their Environments: Developing an Inter-disciplinary Triple Embeddedness Framework, Research Policy, 43: 261-277.

Global University Leaders Forum (2010), *Implementation Guidelines to the ISCN-GULF Sustainable Campus Charter Suggested reporting contents and format*, Available at: http://bildungskoalition.ch/media/medialibrary/2012/02/ISCN-GULF_Charter_Guidelines_.

Gora, Kranjska (2014), UBC: A Living Laboratory for Sustainability, Cost action FP1303-First Conference.

Gordon, Judith R. (2002). *Organizational Behavior: A Diagnostic Approach*, 7th ed. Upper Saddle River, NJ: Prentice Hall.

Grin et. al (2010), *Transition to Sustainable Development: New Directions in the Study of Long Term Transformative Change*, Routledge.

Guy, M. E. & M. A. Newman (2004), Women's Jobs, Men's Jobs: Sex Segregation and Emotional Labour. *Public Administration Review*, 64(3): 289-298.

Hess, D. (2007), *Alternative Pathways in Science and Industry: Activism, Innovation, and the Environment in an Era of Globalization*, Cambridge, MA: MIT Press.

Hess, D.(2016), Undone Science: Social Movements, Mobilized Publics, and Industrial Transitions, Higgins, A. & Klein, S. (2011), Chapter 2: Introduction to the Living Lab Approach, In Stefan, et al. (eds.), *Accelerating Global Supply Chains with IT-Innovation*, Berlin: Springer-Verlag.

International Alliance of Research Universities (2014), *Green Guide for Universities, IARU Pathways towards sustainability*.

Isaksen, A. & Nilsson, M (2013), Combined Innovation Policy: Linking Scientific and Practical Knowledge in Innovation Systems, *European Planning Studies*, 21(12), 1919-1936.

Jespersen, K. R. (2008), *User Driven Product Development: Creating a User-Involving Culture*, Samfundslitteratur.

Katzy, B. R. (2012), Designing Viable Business Models for Living Labs, ***Technology Innovation Management Review***, 2(9): 19−24.

Keith, M. & Headlam, N. (2017), ***Comparative International Urban and Living Labs, Urban Transformations***. https://www.compas.ox.ac.uk/2017/comparative−international−urban−and−living−labs.

Kusiak, A. (2007), Innovation: The Living Laboratory Perspective, ***Computer−Aided Design and application*** 4(6), pp. 863−876.

Leminen, S. (2015), ***Living Labs as Open Innovation Networks: Networks, Roles, and Innovation Outcomes***. Doctoral Dissertations, Alto University, Finland.

Leminen, S., DeFillippi, R. & Westerlund, M. (2015), ***Paradoxical Tensions in Living Labs***, Paper presented at The XXVI ISPIM Conference - Shaping the Frontiers of Innovation Management.

Leminen, S., Westerlund, M. & Nyström, A−G(2012). Living Labs as Open−Innovation Networks, ***Technology Innovation Management Review***, 2(9): 6−11.

Levén, P. & Holmström, J. (2008), ***Consumer Co-creation and the Ecology of Innovation: A Living Lab Approach***, IRIS 31, The 31st Information Systems Research Seminar in Scandinavia.

Lipsky, M. (1980). ***Street-Level Bureaucracy***. New York: Russell Sage.

Lockheed Martin Corporation (2009). Law Enforcement Technology Needs Assessment: Future Technologies to Address the Operational Needs of Law Enforcement, ***Police Executive Research Forum***, 93−98.

Logghe, S. & Schuurman, D. (2017). Action Research as a Framework to Evaluate the Operations of a Living Lab. ***Technology Innovation Management Review***, 7(2): 35−41.

Loorbach, D. & Rotmans, J. (2010), The Practice of Transition Management: Examples and Lessons from Four Distinct Cases, ***Futures***, 42: 237−246.

Lundvall, B.(2008), National Innovation System: Analytical Concept and Development Tool. ***Industry and Innovation***, 14(1): 95−119.

Macq, H., Tancoigne, E. & Strasser, B. J. (2020), From Deliberation to Participation: Public Participation in Science and Technology Policies of the European Commission (1988−2019), Minerva, 58: 489−512.

Manning, P. (2003). ***Policing Contingencies***. Chicago, MA.: The University of Chicago Press.

March, J. G. (1991), Exploration and exploitation in organizational learning, *Organization science* 2(1): 71−87.

Mazzucato, M. (2018), *Mission-oriented Research and Innovation in the European Union*, European Commission.

McNabb, David E. (2002), *Research Methods in Public Administration and Nonprofit Management: Qualitative and Quantitative Approaches*. Armonk, N.Y.: M.E. Sharpe.

Metras, John(2016), *UBC Campus as a Living Lab Program*, University of British Columbia.

Mirijamdotter, A., Ståhlbröst, A., Sällström, A., Niitamo, V. P., & Kulkki, S. (2006), The European Network of Living Labs for CWE: User−centric Cocreation and Innovation, In *Exploiting the Knowledge Economy: Issues, Applications, Case Studies*, 840−847. Amsterdam: IOS Press.

Moore, S. (1987). The Theory of Street−level Bureaucracy; A Positive Critique. *Administration & Society*, 19(1): 74−94.

Moorhead, G. & Griffin, R. (2004). *Organizational Behavior*. Boston: Houghton Mifflin Company.

Morozov, E. (2014), To Save Everything, Click Here: The Folly of Technological Solutionism, *J. Inf. Publicy*, 4: 173-175.

Muir, R. and Parker, I. (2014), J. Inf. Policy, 4(2014), 173−175., Institute for Public Policy Research.

Mulgan, G. (2011), *Social Innovation: What it is, Why It Matters and How It Can Be Accelerated*. 김영수(역), 「사회혁신이란 무엇이며, 왜 필요하며, 어떻게 추진하는가」, 희망제작소.

Mulgan, G. (2012), *Government with People: the Outlines of Relational State*, Institute for Public Policy Research.

Mulgan, G. Ruhanara, A., Halkett, R. & Sanders, B. (2007), *In and Out of Sync: The Challenge of Growing Social Innovation*. NESTA, UK.

Mulgan G., Townsley, O., & Price, A. (2016), *The Challenge-driven University: How Real Life Problems can fuel Learning*, NESTA.

Mulgan, G., Tucker, S. & Wilkie, N.(2006), *Social Silicon Valleys: A Manifesto for Social Innovation −What It Is, Why It Matters, How Can It Be Accelerated*. London: The Young Foundation.

Niskanen, W. A. (1971). *Bureaucracy and Representative Government*. Chicago & New York, Aldine−Atherton.

Nonaka, I. (1994), A Dynamic Theory of Organizational Knowledge Creation, *Organization Science*, 5(1): 14−37.

Nyström, A. G., Leminen, S., Westerlund, M., Kortelainen M. (2014), Actor Roles and Role Patterns Influencing Innovation in Living Labs, *Industrial Marketing Management*, 43(3): 483-495.

OECD (2015), System Innovation: Systhesis Report, OECD.

OECD (2021), *The Design and Implementation fo Mission-oriented Innovation Policies: A New Systemic Policy Approach to Address Societal Challenge*, OECD.

Pestoff, V. (2012). Co−production and Third Sector Social Services in Europe Some Crucial Conceptual Issues. In Pestoff, V., T. Brandsen, & B. Verschuere (eds.), *New Public Governance the Third Sector and Co-production*, 13-34, London: Routledge.

Pfeffer, J. L. and G. R. Salancik (1988), *The External Control of Organizations*, 이종범 외(역), 「장외 영향력과 조직」, 서울: 정음사.

Poole, M. S. & Van de Ven, A. H. (1989), Using Paradox to Build Management and Organization Theories, *Academy of Management Review*, 14(4):562−578.

Pressman, J. L. & Wildavsky, A. B. (1973). *Implementation: How Great Expectations in Washington Are Dashed in Oakland*. Berkeley: University of California Press.

PROSO (2018). *Engaging Society for Responsible Research and Innovation: Lowering Barriers-Innovating Policies and Practices*, http://www.proso−project.eu

Quinn, R. E. & Cameron, K. S. (1988), *Paradox and Transformation: Toward a Theory of Change in Organization and Management*, Cambridge, MA.: Ballinger Pub. Co.

Radjou, N.& Prabhu, J. (2016), 「검소한 이노베이션(Frugal Innovation)」, Mindful Books.

Rajasekaran, V. (2016), *Getting to Moonshot: Inspiring R&D Pratcices in Canada's Social Impact Sector*, http://www,sigeneration.ca/getting−moonshot

Rajasekaran, V. (2017), *Want to Drive Inclusive Growth in Canada? Strengthen the Social Sector's R&D Prowess*, The Philanthropist, https://thephilanthropist.ca/2017/10/want−to−drive−inclusive−growth−in−canada−strengthen−the−social−sectors−rd−prowess.

Robbins, S. P. (2001). *Organizational Behavior*, 9th ed. Upper Saddle River, N.J.: Prentice−Hall.

Rosenkopf, L. & Tushman, M.(1994), The Coevolution of Technology and Organization, in Baum and Singh(eds.) *Evolutionary Dynamics of Organizations*, Oxford, NY: Oxford University Press.

Rosenkopf, L. & Tushman, M.(1998), The Coevolution of Community Networks and Technology: Lessons from the Flight Simulation Industry, *Industrial and Corporate Change*, 7(2): 311−346.

Samlelin, B. (2015), Open Innovation 2.0 Creations New Innovation Space, *in Open Innovation Yearbook 2015*, European Commission.

Schliwa, G. I. (2013), *Exploring Living Labs through Transition Management: Challenges and Opportunities for Sustainable Urban Transitions*, IIIEE Master Thesis.

Schot, J. & Steinmueller, E. (2016), *Framing Innovation Policy for Transformative Change: Innovation Policy 3.0*. SPRU Science Policy Research Unit, University of Sussex: Brighton, UK.

Shermerhorn, J. R., jr, Hunt, J. G. & Osborn, R. N. (2005). *Organizational Behavior*, 9th ed. Wiley & Sons.

Schuurman, D. (2015), *Bridging the Gap between Open and User Innovation?: Exploring the Value of Living Labs as a Means to Structure User Contribution and Manage Distributed Innovation*, Dissertation for Doctoral Degree, Ghent University.

Schuurman, D., Mahr, D., De Marez, L, & Ballon, P. (2013). *A Fourfold Typology of Living Labs: an Empirical Investigation amongst the ENoLL Community*.

Schuurman, D., Mahr, D., De Marez, L, & Ballon, P. (2015), *Living Labs: A Structured Approach for Implementing Open and User Innovation*, 13th Annual Open and User Innovation Conference.

Sclove, R. (1995), *Democracy and Technology*, New York, NY: Guilford Press.

Scott, R. W. (1995), *Institutions and Organizations*. London: Sage.

Seyfang, G & Smith A. (2007), Grassroots Innovations for Sustainable Development: Towards a New Research and Policy Agenda, *Journal Environmental Politics* 16(4): 584−603.

Soetanto, D. P. & van Geenhuizen, M.(2011), Social Networks, University Spin-Off Growth and Promises of 'Living Labs', *Regional Science Policy & Practice*, 3(3): 305−321.

Smith, A., Fressolib, M. & Thomas, H. (2014), 'Grassroots innovation movements: challenges and contributions. Journal of Cleaner Production, 63: 114−124.

Smith, W. & Lewis, M. (2011), Toward a Theory of Paradox: A Dynamic Equilibrium Model of Organizing, *Academy of Management Review* 36(2): 382-403.

Ståhlbröst, A. (2013), A Living Lab as a Service: Creating Value for Micro−enterprises through Collaboration and Innovation, *Technology Innovation Management Review*, November 2013: 37−42.

Steward, F.(2012), Transformative Innovation Policy to meet the Challenge of Climate Change: Socio-technical Networks aligned with Consumption and End-use as New Transition Arenas for a Low-carbon Society or Green Economy, ***Technology Analysis and Strategic Management***, 24(4): 3331-3343.

Stilgoe, J., Lock S. J. & Wilsdon, J. (2014), Why Should We Promote Public Engagement with Science?, ***Public Understanding of Science***, 23(1): 4-15.

Stilgoe, J., Owen, R. & Macnaghten, P.(2013), Developing a Framework for Responsible Innovation, ***Research Policy***, 42(9): 1568-1580.

Stokes, E. (1997), ***Pasteur's Quadrant: Basic Science and Technological Innovation***. Brookings Institution Press.

Schuurman, D. (2017), ***Living Labs***, Mimeo, IMEC.

TEPSIE (2014), ***An Introduction to Innovation Studies for Social Innovation***, TEPSIE.

TEPSIE (2014), ***Social Innovation Theory and Research: A Guide to Researchers***, TEPSIE.

Tuckman, B. (1965). Developmental Sequence in Small Group. ***Psychological Bulletin***, 63: 384-399.

Tushman, M. & Rosenkopf, L. (1992), Organizational Determinants of Technological Change: Towards a Sociology of Technology Evolution, ***Research in Organizational Behavior***, 14, JAI Press Inc.

UNEP (2013), ***Greening Universities Toolkit. Transforming Universities into Green and Sustainable Campuse***. Available at: http://www.unep.org/roe/Portals/139/documents/GE/Greening_university_toolkit.pdf.

Utterback, J. (1994), ***Mastering the Dynamics of Innovation, Harvard Business School Press***. 김인수 · 김영배 · 서의호 역(2002), 「기술변화와 혁신전략」, 경문사.

Van de Ven, A. & Garud, R. (1993), Innovation and Industry Development: The Case of Cochlear Implants, ***Research on Technological Innovation, Management and Policy***, 5: 1-46, JAI Press Inc.

Wade, J. (1995), Dynamics of Organizational Communities and Technological Bandwagons: An Empirical Investigation of Community Evolution in the Microprocessor Market, ***Strategic Management Journal***, 16: 111-133.

Wade, J. (1996), A Community-Level Analysis of Sources and Rates of Technological Variation in the Microprocessor Market, ***Academy of Management Journal***, 39(5): 1218-1244.

Weber, K and Rohracher, H. (2012), Legitimizing Research, Technology and Innovation Policies for Transformative Change. Combining Insights from Innovation Sytems and Multi−level Perspective in a Comprehensive 'Failures' Framework, ***Research Policy***, 41(6): 1037−1047.

Westerlund, M. & Leminen, S. (2011), Managing the Challenges of Becoming an Open Innovation Company: Experiences from Living Labs, ***Technology Innovation Management Review*** October 2011: 19−25.

Yin, R. (2003), ***Case Study Research: Design and Methods, 3rd edition***, Sage Publication, London. 신경식 · 서아영 역, 「사례연구방법」, 한경사.